U0126350

禪的存在體驗與對話詮釋

吳汝鈞 著

臺灣學生書局 印行

序

　　二〇〇三年九月，我辭去香港浸會大學宗哲系的教職，應邀來臺灣中央研究院中國文哲研究所任研究員，五年後升等為特聘研究員。一直都是以研究為本業，很少涉及院內或院外的活動，只是講學、出版著作與發表論文而已。不過，自二〇〇五年開始，我應國立中央大學中文系所及哲學研究所之邀為它們開講哲學課程，是學期性質的，每年講授一個課程，迄今已三年了。期間所開設的課程為純粹力動現象學與京都哲學、禪的哲學與實踐、當代新儒學。這本書的內容，是同學在「禪的哲學與實踐」課程中所作的研究報告與我的回應。這些報告與回應記錄下來，再加以整理，拿來印行，便成本書了。參予的同學有中文所的許家瑞與陳憲中兩位（本來還有另外的同學，但後來因為上課時間有衝撞而放棄了）。按規章，研究所的課程需要有五位或以上同學修習才能開設的，所方認為這課程比較特殊和難得，因此特別與校方商榷申請，課程的開設才能通過。許、陳兩位同學都很用心撰寫議題的報告和宣讀，我則在有關問題方面作出回應；整個講課系列都是以對話方式進行的，氣氛很好。這份小品便是這個講課的全部記錄。在報告的過程中，同學對報告有問題時，可即時提出，我有回應，也是即時作出的。整個課程可說是自由與輕鬆，同學未有感到任何學術上、思維上的困惑。起碼

就我自己所得到或感到的印象是如此。由於師生是以對話的方式溝通的，因此定這小品的名稱為〈禪的對話詮釋〉。正文是同學的報告，回應是我的回應。同學的報告，當然免不了參考一些時賢的觀點，也包括我自己的在內。

以下我想解釋一下所謂「對話詮釋」的意義與作用。在中、港、臺三地的華人社區，在大學中授課，一般都以演講的方式進行。即是，老師在課堂上講課，同學們靜心聆聽，把要點記錄下來。這種方式的好處是老師可以事先把講義整理好，然後在課堂上把講義內容有系統地說明，學生即時記下，有問題或疑難之處，可以即時提出來，由老師回應、解釋。最後同學可以對整個課程的內容有系統地吸收過來。到了考試時，便可以平時在課堂上所記錄下來的筆記來回應試題，拿得頗為可觀的成績。不好的地方是同學在課堂上集中精神聽講和寫筆記，無暇即時對有關問題加以深入的思考，故只有吸收而沒有反思。到有問題要提出時，又礙於時間關係，深怕提出問題與老師的回應，會耽擱時間，影響教課的進度。日子久了，同學會漸漸地、不自覺地變成吸收與記錄的機器，而不作反思，老師也會變成一種只拿著預先準備好的講義，口頭上講解或寫在白板上說明的機器，概括性地把自己所備好的內容、知識傳達給同學。

這種老師講授、學生記錄的上課模式，照我看，只適合於大學中運用。到了研究院，便應該另外考量。研究院的同學已各自有了自己的專業研究議題，他們在自己所選定的研究範圍內，應已具有一定的知識，不必再在課堂上聽老師講解了。同時，既然進了研究院，便應有一定的反思的習慣與能力，我們不必對他們再灌輸許多

知識，卻是應在反省思考的問題上，給他們多一些機會，培養他們甚至讓他們強化（consolidate）自己的獨立思考的能力，讓他們自己在將來能夠獨立處理自己的專業範圍中的問題。因此，講授與記錄的授課的方式已不適宜，而應考慮以另外的方式進行。這即是我在這裏所提出的對話詮釋模式。這種模式的做法是，老師先按選修有關學科的同學的人數，為他們安排自己所感興趣或與他們的研究有較密切關係的議題，讓他們在上課之先，準備出（work out）一個合適的報告來，依序在課堂上提出、說明或宣讀。到有問題時，同學可以隨時提出問題或質疑，負責的老師或教授也會就有關問題提出回應。這個環節其實最為重要。老師在回應中所提的問題，可以讓有關同學對問題作即時的思考和回答。這些問題可以對同學有即時的壓力，把同學的知識特別是綜合的理解逼出來。有些有關問題的答案是要逼出來的，同學在一般的情境或狀態下是不會意識到的。另外，更重要的是，老師的回應中會含有一些關鍵性的論點與核心概念、問題，要求同學作出即時性的整合、檢討，以回應老師，作出解釋。而其他在旁的同學，也可以參與討論，替同學解答，或更提出有關問題。有關同學對老師及同學所提的質疑，需要細心地、認真地回答或交代，這肯定會提高同學的思考能力，抓緊問題的核心概念。

這種授課的特色是，整個過程都在對話的方式中進行，是生氣勃勃，不會有冷場出現。同學需預先對某個哲學家或學派的根本觀點進行研究，寫成報告。在其中，同學與哲學家進行對話。同學可以向哲學家提出問題，然後站在哲學家的立場，為他作答。在課堂上作報告時，他要與其他同學特別是老師進行對話：回應其他同學

的質疑，更重要的是對老師所作出的回應進行理解、澄清有關問題
與概念、觀念，這是同學接受思考訓練、處理哲學問題的最重要的
機會，他當然可以在這種場合中提出自己對回應的反回應，與老師
過招、擦出辯論真理問題的火花。他也可以代表有關的作者（古代
的與現代的）回答老師與其他同學所提出的問題。最後，老師會對同
學的報告、發言和其他同學的反應、發言作出總的評論，指出在理
解上我們應該怎樣抓緊問題與概念。同學也可以就老師的評論再度
提出問題，甚至要求老師在對有關問題作進一步的理解與研究提供
恰當的閱讀資料。一言以蔽之，整個授課都在對話中進行。

　　這樣的授課方式，並不是我自己的發明。在北美洲和日本，研
究院的課程，早就這樣進行了。有時參予授課的教授不止一個，可
以多至兩個、三個，看課程的需要和教授的安排而定。授課中同學
與教授之間有很良好的互動。有時同學的提問，教授未必能回應得
上。但這是很平常的、普通的情況。對於一些較為專門的、特殊的
問題，同學的知識有時比教授還多哩。在日本，例如對梵文文獻的
解讀的授課，也很相像。教授並不會在課堂上作演講式地解讀文
本，而是要同學自己先行演練一番，把文本的意思弄清楚了，然後
在課堂中演習，教授和其他同學一齊聆聽，到遇有困難的地方，或
同學的解讀有錯漏，教授才開口，提點一下，矯正錯誤，補充省
漏，如此而已。結果得益最大的，自然是負責解讀的同學。

　　下面我想交代一下這一小品的經營的細節情況。如上面提及，
這小品是我為中央大學所開設的「禪的哲學與實踐」課程的現場錄
音的記錄。我選取五個在禪方面有代表性的題材：達摩與早期禪、
神秀禪、《六祖壇經》的禪、馬祖禪與臨濟禪。在錄音與記錄方

面，許家瑞同學負責達摩與早期禪、神秀禪與馬祖禪部分，陳憲中同學則負責臨濟禪。至於《六祖壇經》的禪方面，由他們二位分別負責，最後由許家瑞同學加以綜合，而記錄下來。記錄完畢，我把這些記錄細心看過，加上好些必要的補充，在文字上也作過頗多潤飾，便成這一部分了，我把它稱為〈禪的對話詮釋〉，收入在本書中。

　　另外一部分是我自己寫的，叫作〈我對於禪的研習與體驗的心路歷程〉。嚴格言，這不是一篇純客觀的學術研究的文字，卻是自己多年來對禪籍的閱讀、理解、思索的所得，配合著一些在禪的實踐方面的體驗，如坐禪、跑香、在禪院中掛單、念佛（這不單是淨土宗的實踐，也是禪的實踐，所謂禪淨合一也），體會禪與藝術特別是繪畫方面的關連（所謂「禪之美」）和參話頭公案，等等。我不是出家人，更不是禪師，只是以一個哲學研究者（講得冠冕堂皇一些是哲學家）的身分，對禪有些皮毛的體驗而已。這篇文字便是這種體驗的一些記述。其中很多內容，都是透過自己的生命感受而累積、獲致的，說是存在的體驗，亦不為過。

　　本書便是這兩篇不大成氣候的記述、論析合在一起而成，名之為《禪的存在體驗與對話詮釋》。我以體驗的文字先行，以同學的報告和自己的回應殿後。這種次序的安排，並沒有甚麼特殊的原因。要追蹤下去，或者可以從時間上說。我對禪的接觸以至認真學習，是四十年前的事了。而為中央大學開設的那個課程，則是去年（2008）的事。

　　另外，我頗花了一些工夫去製作一個有關禪的研究的書目，供讀者參考，俾能作進深的研究。這樣的書目的編撰，遺漏自然是有

的，也許有不少。至於過去已看過而未有列出來的用書，同學（也包括我自己在內）大抵是看後理解了內容，吸收了，而成為自己的所知，這種情況也是有的，也許相當普遍。希望讀者諒察。

　　最後，關於同學的報告分配，由於憲中君希望以後多研究宋明儒學，家瑞君則擬以佛學特別是禪思想作為日後研究的焦點，因此他做的報告比較多。不管誰多誰少，他們兩位都具有作學術研究的潛能，希望他們繼續加油，成為優秀的學者。這是我對他們的深切期待。

二〇〇九年四月
中央研究院文哲所

禪的存在體驗與對話詮釋

目　次

第二部分　禪的對話詮釋

第一部分
我對於禪的研習與體驗
的心路歷程

　　我很早便接觸禪這樣一種宗教義理，到一九九三年寫完並出版了拙著《游戲三昧：禪的實踐與終極關懷》，便不再過問這種學問了。起碼就義理上的探討與講習方面是如此。即使是在那一年開始不再過問它，由此逆推以至於開始接觸它，也有二十年的時光。為甚麼會是這樣呢？下面便是我與禪為伴的故事。

一、一無所知

　　一九六七年的春夏之交，也正是我在大學中期的年代，我忽然想到禪這種東西，想了解它。我曾聽聞禪的祖師惠（也作慧）能是由於聽人念頌《金剛經》而開悟的，便想找這部文獻來看。找不到，卻找到《心經》這部只有二百多個字的佛經。我知道《金剛經》與《心經》同屬般若思想體系，它們的內容總會有些相通的地

方吧。我的想法是，由於《金剛經》讓惠能開悟，它應該有禪的東西在裏面，而《心經》又與《金剛經》有思想上的關連，也應能反映一些禪的東西。於是便看《心經》，我挑到的本子是鳩摩羅什（Kumārajīva）的譯本，附有倓虛法師的解釋。怎知道《心經》的原文看不懂，倓虛的解釋也沒有用，好像越看越糊塗。看到「空即是色，色即是空」這兩句，便呆住了，看不下去。「空」是甚麼呢？「色」又是甚麼呢？兩種東西怎麼會相即呢？後來我在一間圖書館找到《太虛大師全書》六十冊，我知道太虛是近代的高僧，他的著作中也許有談及禪的地方。高僧的所說，應該可以理解吧。於是便翻其中說到禪的篇章來看，怎知還是看不懂，便算了。

二、有些概念

過了不久，大學方面提供勞思光先生開講的中國哲學史和佛學專題的課程，我都聽了。另外又找到唐君毅先生的《中國哲學原論·原性篇》一書，其中有些篇章是涉及禪的，我都看了。漸漸便好像對禪有些印象，對一般的佛教的概念，如空、有、識、中道、假名、佛性、解脫、涅槃，等等，有些理解；對於一些基本的佛教義理，如三法印、四聖諦、十二因緣、一切眾生都有佛性，等等，也好像懂得一些。後來找到熊十力的《新唯識論》（語體文本），便好像著了魔似的迷上，於是反復閱讀，像看小說般有趣。遇到一些難解的詞彙，如種子、習氣、熏習、轉依、阿賴耶識、末那識等等，便拿他的《佛家名相通釋》來參考，這本書基本上可以解決我所感到的難題。興趣高昂起來。

　　後來我知道，熊十力的書是講唯識學的，這只是佛教中的一系，另外還有般若思想、中觀學，以及由印度傳到中國而有進一步發展的天臺、華嚴、法相諸系。而先前所知道的四聖諦、三法印、十二因緣等說法則是屬於印度佛學本來有的原始佛教系統，這些說法也是比較能反映出佛祖釋迦牟尼（Śākyamuni）的本來的教法。但禪在哪裏呢？釋迦牟尼的教法有沒有禪的講習與實踐呢？還不是很清楚。

　　後來在報紙上看到一則新聞，說香港佛教聯合會已安排讓經過香港回臺灣的印順法師開講根本佛法。我知道印順是太虛座下最有學問的僧人，可以稱為「學僧」，他講說佛法，對我必有裨益，於是便去聽了。那時我正在參加大學畢業學位考試，時間相當緊張，但一想這個機會難得，便不管要溫習應付考試的事了。

　　我依時去到講場，發覺已經坐滿人，而且都是上了年紀的或起碼有四、五十歲的長者，只有我自己是年輕的小伙子。我心想印順既是一代學僧，學問必是既深且廣，在坐的聽眾長者讀書多、人生經驗富足，自己會聽得懂，我這個後生小子不見得便能聽懂。但既然來了，便在最後一排找個位子坐下。甫坐下來，印順法師已升座說法。他由頭到尾都以打坐的方式端坐說法，神氣清朗，看來法相莊嚴，每隔一陣，喜歡把右手舉起，由上額朝臉孔下抹，我猜想這是提起精神專心講說的一種方法。他用普通話宣講，講得很慢，很淺白，不外生老病死的事，接近原始佛教的義理，還有廣東話翻譯（在那個年代，普通話在香港並不流行），與我原先所想像的煞是不同。我嫌他講得太慢哩。

　　印公講了近兩個小時，最後作結謂，釋迦佛（應為太子）最後是

· 3 ·

像他那樣，端坐在菩提樹下，起四弘誓願，若不能覺悟成佛，不會
離座❶。最後終得了脫生死，滅除煩惱，而得解脫。他的覺悟的方
式，是禪坐。我開始對禪有些正確的理解，這即是盤膝而坐，專志
於悟道。這便是禪定（dhyāna）。❷之後我讀了印公不少佛學的論
著，如《中觀論頌講記》、《大乘起信論講記》、《攝大乘論講
記》、《中觀今論》，數之不盡。但自從那次聽講之後，我便沒有
再見到他了。只是在上世紀九零年代初期，我應真華法師之邀，到
新竹他的道場講學，在印公曾經駐錫過的一棟樓宇（精舍）掛單。
在講學期間，真華率領他的徒眾到臺中探訪印順，回來後說他曾向
印順提起過我，印順頻頻點頭，說知道有我這個人，云云。

---

❶ 四弘誓願是：眾生無邊誓願度，煩惱無量誓願斷，法門無盡誓願學，佛道無
　上誓願成。亦有說這四弘誓願是菩薩所起的。但釋迦在成佛前，先經歷菩薩
　階段，這也是說得通的。另外，在文獻學上，這四弘誓願出於《心地觀
　經》，該經卷七謂：「云何為四？一者誓度一切眾生；二者誓斷一切煩惱；
　三者誓學一切法門；四者誓證一切佛果。」（《大正藏》3‧325 中）

❷ 後來我知道，印公不是專精於禪的，他的本學是般若思想與中觀學
　（Mādhyamika），特別是龍樹（Nāgārjuna）那一套。他的《中觀論頌講
　記》，是一個明證。這是一本很好的理解中觀學哲學的入門書，解說龍樹的
　思想，清楚、明快而流暢。不過，這書也有不足之處，便是缺乏梵文文獻學
　的基礎，哲學、邏輯的系統性也不足。後來我吸收了此書的優點，再參照梵
　文原本、宇井伯壽、R. Robinson 和梶山雄一的研究成果，而寫《龍樹〈中
　論〉的哲學解讀》，這是後話了。雖然如此，印公的《中國禪宗史》，仍是
　研究中國禪的早期發展的有用的參考資料，不輸給日本人。

三、東渡日本

　　大學畢業後，我繼續讀研究院。在學習上，我主要著力於德國觀念論，特別是康德和黑格爾的著作方面。碩士的畢業論文則是寫唯識學的轉依或轉識成智的問題，這與禪說不上有甚麼交集。畢業後便留校當助教，課餘時間大部分留意政治哲學亦即是儒家所謂的外王問題，晚上則到哥德學院進修德文。到了助教的後期，我考慮出國留學的問題，當時有三個選擇：德國、英國和日本，都是要領獎學金的。結果到德國的 DAAD 獎學金落空，到英國劍橋大學和到日本京都大學則有希望。由於日本方面的時間比較急，四月便要成行，英國方面則是九月，結果我選取了日本，領文部省（教育部）所頒發的獎學金，在四月初離港赴日。

　　我先在日本大阪的外國語大學唸日本語，為期半年。期間頻頻與京都學派接觸。最初是探訪阿部正雄先生，他是宗教哲學家，又精於日本禪宗的道元學。他送給我一些他自己撰寫的有關道元禪的資料，又邀我參加由他主持的在京都妙心寺舉行的禪坐活動。我於是一邊學習日本語，一邊參加在星期六下午以至晚間進行的坐禪修習，同時也看了不少阿部和他的老師久松真一所寫的有關禪的義理與工夫修行的論文。後來也在京都的大德寺和相國寺參加同樣的坐禪活動，學習的意欲很強。這是我真正接觸禪的義理與工夫的開始。

　　半年後我在大阪的日語學習完結，轉到京都大學隨梶山雄一、服部正明兩位教授研究中觀學與佛教知識論，特別是把學習的重點放在梵文與藏文的演習方面，由小林信彥教授和頓宮勝研究生負責

指導。這些事故,我在另外的文字中已說過了,故在這裏也就從略不談。只是有一件事,值得說一下。在大阪外國語大學的日語學習結業之後,我們一班外國留學生在住了半年的東花園的留學生寮（宿舍）內執拾行李,準備到各自被安排的大學去報到。有一晚,我的房間隔鄰的由菲律賓來的兩個學生邀來大批同學和友人,開大食會來慶祝日語學習的完滿結束。他們大夥兒燒香腸吃熱狗,飲啤酒和日本的清酒（さけ）,彈吉他,大聲唱歌應和,吵吵鬧鬧 high 翻天,讓我在房中感到震動,坐立不安,最後我索性以新近半年學到的坐禪來應付。我把房門反鎖起來,然後端坐在床上,一動不動地打坐,即使天塌下來,也不管了。過了一陣,我聽到一連串的敲門聲,而且越敲越大聲,他們是敲打我的房門哩。我猜想他們是覺得他們在胡鬧的房間太小（大概四、五坪吧）,不過癮,要過來我的房間一齊熱鬧。我對這種瞎鬧的無聊活動毫無興趣,反正門已上鎖,他們也知道宿舍的規矩,不會破門硬闖進來,於是不理不睬,硬是專心打坐不動。過了好一陣子,我突然覺察到一片平靜,隔房一點聲音都沒有了,心想他們大概是玩膩了,大夥兒往別的地方去討快活。我於是鬆了一口氣了。

四、久松真一與京都學派

禪與日本的當代哲學有著密切的關連,特別是與京都學派的哲學為然。在國際認可的京都哲學家中,創始人西田幾多郎不大講禪,但生活於禪中,他的禪坐工夫非常深厚,故常能保持清朗的思考。田邊元初期習禪,及後轉向淨土,創立懺悔道的哲學。久松真

一、西谷啟治、阿部正雄、上田閑照都醉心於禪。武內義範則追隨田邊元，建立諧和的淨土世界。不管是宗禪或是宗淨土，都以絕對無（absolutes Nichts）為核心概念，表示宇宙與人生的終極原理。西田、久松、西谷、阿部和上田的絕對無，植根於禪的「無」一觀念，特別是惠能的《壇經》所說的「無一物」的存有論思想和無住、無相、無念的三無實踐法。田邊與武內則把絕對無關連到淨土的他力大能方面去，以阿彌陀佛所展示的他力大能來說絕對無。

在京都學派傾向於禪的哲學家中，以久松的禪的學養最深、最廣和最具多元性。他的禪的涵養的表現，見於他的哲學著作、畫作、書道、茶道、漢詩、俳句、禪坐、印譜、劃一圓相之中，每方面都有一定的水平。他的漢詩深具哲理性；如下面一首：

一無藏萬法，隻手覆乾坤，妙用何奇特，分明在腳跟。❸

這是說體用問題，以無為體，以萬法為用。但這種體用關係不能以西方哲學的實體與作用的關係來說，無寧應以佛教的根本義理緣起性空來說。無即是空、無自性、絕對無；由於有空、無自性的義理，才能說含藏、成就緣起性格的萬事萬物。萬事萬物顯現在我們的心識面前，千變萬化，歷歷分明，但都不具有常住不變的自性；正是因為這可變性，而成就事物的種種妙用。久松自己又有智體悲用的說法，以般若智慧（prajñā）為基礎，而起種種悲心弘願，救渡眾生。

---

❸ 久松真一著《久松真一著作集 7：任運集》，東京：理想社，1980，頁 290。

至於他創立 FAS 協會，以 Formless Self（F，無相的自我）作為根本的主體；以 All Mankind（A，全人類）表示這主體涵攝全人類，沒有偏私；以 Supra-historical（S，超越歷史而又不斷地創造歷史）來建立歷史。透過這樣導向的協會來進行宗教運動，指導社會向前邁進。另外，他又出任心茶會的會長，以茶道、茶藝來提高大眾的生活品味。

有一次我和阿部先生在一家日本飯館用膳完畢，然後在飯館後面的庭園散步閒聊。我說西田生活於禪中而不說禪，境界最高；久松則是以其獨特的學養來實踐禪，推展最全面的禪的生活，是禪中最全面的人物。阿部頻頻點頭稱是。

不過，久松還是有其不足的地方，那便是動感方面的問題。在那次與阿部聊話之後，我不斷看久松的著作，特別是對他的「無相的自我」觀念與絕對無的終極原理進行思索，終於察覺到久松的這種導向還是有一定的流弊。倘若太強調無相一面來建立超越的自我、主體性，會淪於偏頗與消極。相是世俗層面、經驗的、現實的世界，無相不免含有遠離現實、孤高自處、不食人間煙火的超離（transzendent）狀態的意味，因而不是充實飽滿的圓融境界。相固然不可執，因此要「無」相，但不能、不應停留在孤寂的無相狀態中，無相之後還是要還返回相的、現實的世界，才是上乘的教法。因此我們要「相而無相」，之後也要「無相而相」。再有的是，倘若主體性停駐於、滯在於無相中，便會淪於空寂的靜態中，因而缺乏動感。動感不足，如何能教化、轉化眾生，以成就宗教的目的呢？雖然久松也知道動感的重要性，他寫了一篇稱為「能動的無」

的文字，❹提出兩種的無：能動或自力的無與他動或他力的無。他認為，只有自力的無能說動感，他力的無不能說動感。他自己自然是立於能動的無的立場。這種無有絕對義，他也在這種脈絡下說絕對無、無礙的主體。這是菩薩道的無，是無的主體，能發出悲的妙用，對世間進行教化與轉化。在久松看來，所謂慈悲或愛，不是受動的、被動的性格，而是主動的、能動的性格。終極的佛教生活，並不是依於他者的佛的慈悲而成的受動的生活，卻是充滿自發的對眾生的慈悲與愛的能動的、自動的生活。他又提到「遊戲」這個字眼，這也是很有意思的說法，他是把遊戲與自力成佛關連著來說，表示佛教的本願力，是一種大悲的遊戲力，是絕對的自力的表現。而絕對的他力、絕對的彌陀願力，只是這絕對的自力的客體化而已。❺

五、長尾雅人

　　日本有一份很不錯的佛學研究學報，便是有名的《東方佛教

---

❹　《久松真一著作集 1：東洋的無》，東京：理想社，1969，頁 67-81。

❺　禪籍中常有「遊戲三昧」或「遊戲神通」的說法，這有意思得很。《壇經》、《無門關》等重要禪籍有提這種字眼，西谷啟治也曾提到這種說法。筆者自己的解釋是把它拆分為「遊戲」與「三昧」兩個概念。三昧是主體的修證工夫，在三昧（samādhi）禪定中積累種種功德，工夫圓熟，便步向世間，進行渡化的工作，善巧地運用自己在三昧中積集到的功德、方便法門，引導眾生步向光明之途，在運用中自由無礙、輕鬆自然，一如小孩遊戲那樣。拙著《游戲三昧：禪的實踐與終極關懷》，便是敘述與發揮這方面的旨趣。

徒》（*The Eastern Buddhist*）。這是鈴木大拙創辦的英文刊物，一年出版兩期，時常刊有鈴木自己和京都學派的學者、哲學家的佛學論文。倘若原文是以日文寫的，則先把它翻譯為英文。這份學報一直是西方學者研究佛教的理想的參考刊物。其中也刊有西方學者的論文，內容以宗教方面為主，也有比較宗教（如佛教與基督教）的作品。一般來說，學術性與哲學性都很強。

這份學報的辦事處正是在大谷大學，內有閱覽室、研討室、小型圖書館。很多由外國來的學者、教授和學生都喜歡到這裏來閑聊，及閱讀相關資料，也包括報章雜誌等讀物。我每次到京都，都會來這裏來巡一下，有時結識一些日本和外國的朋友。有一次遇到坂東性純先生，他是大谷大學佛學系的教授，是日本佛教的專家，也是《東方佛教徒》的編輯。他見我來了，便邀我到他的辦公室，拿出一段文字，其中載有阿彌陀佛「指方有在」的字眼，問我就漢文佛學的文本來看，這「指方有在」應該作何解。這段文字來自淨土宗的經典文獻，我不大熟悉淨土文獻，對淨土宗的教法（他力教法）沒有甚麼興趣，起碼在那期間是如此。便回說自己也不能確定「指方有在」的確義，但可以問一下在香港的老師。於是回家寫了一封信給唐君毅先生，向他討教。唐先生很快便有回應了，他回函表示，阿彌陀佛以手指向哪一方，其願力也在那一方落實，以悲願幫助該處正在等待救贖的眾生，讓他們能往生於西方淨土世界。我即以此回告坂東先生，他似乎感到滿意，連聲道謝示好，並邀我到他家裏聊天。

在我逗留於日本的那段時間，大谷大學每週都設有講談會，由西谷啟治講《壇經》，長尾雅人講《維摩經》（*Vimalakīrtinirdeśa-*

sūtra），是開放的，於是我也出席聽講，時間是星期六下午。西谷和長尾都是京大的退休教授，他們的講座分別由上田閑照和梶山雄一接下來。關於西谷，我在他處對他說了不少，也在文字上和他作過討論❻，在這裏也就不多提了。我只集中講一下長尾。長尾雅人是梶山雄一和服部正明的老師，在輩分上是我的師公了。他的專業研究是印度和西藏的佛學，頭腦通達，分析力強，也有很深厚的文獻學根基，梵文與藏文都好得不得了。這樣的文獻學與哲學分析雙軌並兼的學養，在國際佛學研究界自然有很崇高的聲望。他的著作不算很多，特別是與宇井伯壽、中村元這些 prolific 的學者比較是如此。雖然有惜墨如金的作風，但寫得出來發表的，都有很高的學術水平，受到國際學界推重。他曾校定過梵文本的《中邊分別論疏》（*Madhyāntavibhāga-Bhāṣya*），這是唯識學早期的重要論典，傳為彌勒（Maitreya-nātha）所寫，世親（Vasubandhu）作疏，並附有三種索引：梵藏漢索引、藏梵索引和漢梵索引，是日本佛學研究界的文獻學研究的典範。❼不過，他在學術上的功力，更明顯地表現在他對《攝大乘論》（*Mahāyānasaṃgraha*）的研究上。這是唯識學的奠基者無著（Asaṅga）的最主要著作。長尾對這部鉅著作過日譯和注釋，凡兩大冊。❽書中梵、藏、漢、日諸種語文交相涉入與運用，其細

---

❻　拙著《純粹力動現象學》第十三章〈與京都哲學對話：西谷論宗教、道德問題與我的回應〉，臺北：臺灣商務印書館，2005，頁 302-384。

❼　Gadjin M. Nagao, ed., *Madhyāntavibhāga-Bhāṣya*. A Buddhist Philosophical Treatise Edited for the first time from a Sanskrit Manuscript Tokyo: Suzuki Research Foundation, 1964.

❽　長尾雅人著《攝大乘論：和譯と注釋》上下，東京：講談社，1982，1987。

心之處，令人敬佩。平心而論，由於《攝大乘論》的重要性，很多
日本學者都對它作過研究，有專著出版，包括傑出的唯識學者上田
義文的《攝大乘論講讀》和上面提到的宇井伯壽的《攝大乘論研
究》。❾不過，就文獻學功力的扎實性和義理上的分析性來看，我
認為還是以長尾為最強。而且，長尾的書最為後出，可以吸收已有
的研究成果的優點和改正或補充其錯誤或不足。另外，長尾長時期
研究中觀學、唯識學和西藏佛學，在這些方面的著作也很可觀。前
二者有《中觀と唯識》，後者則有《西藏佛教研究》。❿特別是
《西藏佛教研究》，可說是同類書中的權威著作。此書分兩部分：
第一部分載有西藏佛學義理上的研究，第二部分則是宗喀巴（Tsoṅ-
kha-pa）的名著《菩提道次第論》（*Lam-rim chen-mo*，或 *the Greater
Bodhimārga-krama*）中的〈毘鉢舍那章〉（Vipaśyanā）日文翻譯和註
釋。

　　長尾在國際佛學研究界享有崇高聲響，自然本於他的深厚的學

---

❾　上田義文著《攝大乘論講讀》，東京：春秋社，1981。宇井伯壽著《攝大乘
　　論研究》，東京：岩波書店，1966。另外，小谷信千代寫有《攝大乘論講
　　究》（京都：東本願寺，2001），這是以西藏文譯本與玄奘的漢譯本為依據
　　而製作成的（《攝大乘論》的梵文原本已迭，長尾與荒牧典俊曾依藏譯還原
　　其梵文本，載於《攝大乘論：和譯と注釋》中）。小谷信千代的研究，在一
　　定程度上受到長尾的和譯和注釋的影響，他的《講究》可視為長尾的研究的
　　一種補充。

❿　長尾雅人著《中觀と唯識》，東京：岩波書店，1978。長尾雅人著《西藏佛
　　教研究》，東京：岩波書店，1974。《中觀と唯識》的部分論文有英譯本：
　　Gadjin M. Nagao, *Mādhyamika and Yogācāra. A Study of Mahāyāna Philosophies*.
　　Trans. L. S. Kawamura, Delhi: Sri Satguru Publications, 1992.

養，和他教出來的傑出弟子如梶山雄一和服部正明也有關係。在他的八十八歲亦即是「米壽」那年，西方學者 Jonathan A. Silk 編輯了一部慶祝這個大好年頭的年壽的論文集來向他致意，取名為《智慧、同情與知性的探求：長尾雅人的佛學研究的獻書》（*Wisdom, Compassion, and the Search for Understanding: The Buddhist Studies Legacy of Gadjin M. Nagao*）**⓫**，廣邀他的學友與門人撰寫論文，包括服部正明、梶山雄一、狄雍（J. W. de Jong）、舒密特侯遜（L. Schmidthausen）、舒坦恩卡爾納（E. Steinkellner）、高崎直道、桂紹隆、御牧克己，等等。長尾自己也撰寫了一篇長文：〈《大乘莊嚴經論》所述的菩薩的悲願〉（"The Bodhisattva's Compassion Described in the *Mahāyāna-sūtrālaṃkāra*"）。這是一部學術性很強的著書，作者都是能獨當一面的佛學研究的專家。有這麼一本好書作為對自己的獻禮，長尾應該覺得暢懷了。

　　長尾雅人除了撰著了上述的優秀作品外，也翻譯了重要的中觀學與唯識學的論典，也有大乘經典，如下面要提到的《維摩經》。**⓬**作為一個學者、教授，他不單做研究，也喜歡到國外作與他的研

⓫　Jonathan A. Silk, ed., *Wisdom, Compassion, and the Search for Understanding: The Buddhist Studies Legacy of Gadjin M. Nagao*. Honolulu: University of Hawaii Press, 2000.

⓬　長尾雅人在佛學的學養上，特別是哲學性的理解上如何，由於我寫這篇東西不是學術性的論文，因此不便詳述。不過，讀者可以找他的《中觀と唯識》一書中的幾篇論文來看看，例如〈佛陀の沉默とその中觀的意義〉（頁 158-179）、〈佛身論をめぐりて〉（頁 266-292）、〈安慧の識轉變說について〉（頁 341-372）及〈唯識義の基盤としての三性說〉（頁 455-501）等。這些論文我都讀過。特別是〈安慧の識轉變說について〉，可以反映出他在對「識轉變」（vijñāna-pariṇāma）一概念上用思的仔細與清晰。在這個問題

究有關聯的考察。他曾分別以團長的身份到印度與蒙古作宗教文化的考察。我在這裏只對後者作些敘述。考察的結果，他寫了兩本書：《蒙古ラマ廟》與《蒙古學問寺》。我本來未有察覺到他在這方面的活動，直到一九九二年暑假我去看他，他送給我一本《蒙古學問寺》，才有些了解。在此書的序文中，他提到，西藏的喇嘛教由西藏作起點，向北越過崑崙山、祁連山，而達西伯利亞，向東伸展到滿洲、華北地帶，向西北而達蒙古，都有流行。此中沒有國境與民族的分別，構成一個獨特的宗教王國、喇嘛教圈。這種性格的宗教來自印度佛教，重視瞑想與睿思。所謂「學問寺」，即是喇嘛寺廟。這作為佛教的一支的喇嘛教，融合了個別不同地域的原始宗教。不過，由印度到西藏，由西藏到蒙古，以至西域各處，都具有對佛陀的教法的認同性；他強調，這些蒙古學問寺都能展示這種認同性。

　　關於《蒙古學問寺》一書的內容，第一，它概述了學問寺的一般組織與內容，反映眼能見耳能聞的喇嘛的生活。第二與第三，它提供建築與尊像方面的資料。第四，它載有學問寺的藏版目錄與學僧的全集目錄。因此，此書說明了蒙古學問寺的外觀與組織，但未能及於作為學問寺的本質的內容的思想與信仰，特別是有關教理內容方面，幾乎沒有觸及。

上，他和在唯識學上具有同等功力的上田義文的論文〈Vijñānapariṇāma の意味〉（《鈴木學術財團研究年報》，1965）的觀點正相對反，但雙方都言之成理，都根於扎實的文獻學依據與展現流暢的、邏輯性的分析，很難確定地分判誰是誰非。關於這點，參看拙著《唯識現象學二：安慧》，臺北：臺灣學生書局，2002，頁 5-19。

六、《維摩經》與禪

　　長尾雅人教授於二○○四年以九十七高齡去世，可謂上上壽了。我本來打算寫一篇文章悼念他，但一直都在忙東忙西，沒有寫出來。在這裏我就以上面一節所敘述的，來悼念他了。我參加他主持的《維摩經》的講演會，學到很多東西，也體驗他的幽默感。記得有一次，講演還未開始，一個後生小子捧了個大西瓜來，說是要讓大家消暑。當時京都正處於悶熱之際，有一個大西瓜吃，正是求之不得。但可能由於西瓜體大皮厚，他用的舊刀又鈍又生銹，切來切去，總是切不進去，弄得那個小伙子滿頭大汗，也顯得很尷尬，不知如何是好。長尾在一邊微笑著為他加油，說一句「Cutting is no-cutting」，引得大家都笑起來。最後那個大西瓜好歹切開了，大家都吃個快活。

　　長尾說「Cutting is no-cutting」，顯然有玄機在裏頭，其密意是不起分別，是不二，是《維摩經》所說的不二法，或不二法門。此經中有〈入不二法門品〉，敘述維摩（Vimalakīrti）示疾，釋迦便派遣文殊師利（Mañjuśrī）大菩薩率領各大菩薩、緣覺、聲聞眾多弟子前去問疾，而展開如何能悟入不二的絕對的、終極的真理之門的大辯論。先是各菩薩各有所說，到最後文殊自己發言，說：

> 於一切法無言無說，無示無識，離諸問答，是為入不二法門。❸

---

❸　《大正藏》14・551 下。

然後文殊菩薩邀維摩發表高見，維摩卻「默然無言」，文殊馬上領
會維摩的玄意，讚歎不已，認為只有維摩是在超越文字語言的情況
下悟入不二的絕對真理，其他菩薩都做不到，包括他自己在內。長
尾的意思顯然是，在切西瓜這一事上，切與不切是二，切不同於不
切，也高於不切。若能以平等觀看待切與不切，視兩者為不二（不
是兩種不同的東西、動作），便天下太平，沒有尷尬或煩惱。長尾是活
學活用了《維摩經》所說的善巧方法。

　　維摩的這種不二思想，其實很吻合禪的旨趣。禪不正是站立在
這種不二的、絕對的根本觀點或立場上麼？惠能在《壇經》中說
「不思善不思惡」、「但一切善惡都莫思量」，正是要超越善惡的
二元對立性或「二」性，以體證絕待無二的終極真理。菩提達摩
（Bodhidharma）的「教外別傳，不立文字」的宗旨，亦是表示相同
的旨趣，要超越文字言說的分別性，滲透至無二無別的真性之中。

　　這不二自然是《維摩經》與禪在思想上的共同點，但雙方的最
明顯的交集，還是那種具有極端的弔詭性的思考方式：事物的正、
反兩面性格都被等同起來，表面看來自然是邏輯上的矛盾，但內藏
著深厚的人生洞見或智慧。就《維摩經》而言，這種思考方式遍佈
於經中各處，如「不斷煩惱，而入涅槃」（《大正藏》14·539下，以
下《大正藏》字眼略去）、「諸煩惱是道場」（14·542下）、❹「一切
眾魔及諸外道，皆吾侍也」（14·544下）、「婬怒癡性即是解脫」

---

❹　多年前，我讀《維摩經》的藏文譯本，發覺原來的說法是諸煩惱的熄滅是道
　　場，不是漢譯在這裏的說法。現在一時找不到該藏文譯本來對照，此點只能
　　擱下。

（14・548 上）等等。這種弔詭式的思維，經中以「不思議」來說，這即與可思議的常識、一般見解相對反的意思，是不可以常識的邏輯來理解的。天臺宗智顗有「不思議解脫」的說法，不斷煩惱而證菩提，不離生死而證涅槃，都是同一形態的思路。類似的說法，更多地出現於禪宗的典籍中。如《壇經》的「蘊之與界，凡夫見二；智者了達其性無二。無二之性即是佛性」（《大正藏》48・349 下，以下略去《大正藏》字眼）、「色類自有道，各不相妨惱」（48・351 中）、「善惡雖殊，本性無二。無二之性，名為佛性」（48・354 下）、「無一法可得，方能建立萬法」（48・358 下）、「明與無明，凡夫見二；智者了達，其性無義」（48・360 上）、「問有將無對，問無將有對，問凡以聖對，問聖以凡對」（48・360 下）。《馬祖語錄》也說即心即佛，非心非佛。《臨濟錄》說外不取凡聖、無佛無眾生、求佛求法是造地獄業，等等。另外，禪門中流行一些奇怪的行為、說法，如在南泉斬貓的公案中，說到趙州從諗把鞋子往頭上戴，又有人說人在橋上過，人流水不流，等等。這都是違背常識、常理、顛倒的說法與行為。其弔詭性格，歷歷分明。

　　關連著《維摩經》，我要提一下長尾雅人教授的一篇書評，刊於《東方佛教徒》。❶事緣居於香港的一位佛書翻譯家陸寬昱（Charles Luk），翻譯了《維摩經》為英文。❶他是根據漢譯亦即鳩摩羅什的譯本來譯成英文的。按《維摩經》一直找不到梵文原本，

❶　Charles Luk: *The Vimalakīrti Nirdeśa Sūtra* (Nagao Gadjin). *The Eastern Buddhist*, New Series, Vol. VI, No. 2, October, 1973, pp.157-161.

❶　Charles Luk, trans. and ed., *The Vimalakīrti Nirdeśa Sūtra*. Berkeley and London: Shambala Books, 1972.

但有西藏文譯本，另外又有三種漢譯：支謙譯的《佛說維摩詰經》二卷、鳩摩羅什譯的《維摩詰所說經》三卷和玄奘譯的《說無垢稱經》六卷。不過，近年有學者在布達拉宮內找到《維摩經》的梵文卷子，於是加以校訂出版流通。**⓱**在現代語的翻譯方面，有 Étienne Lamotte 的法譯，Jakob Fischer 等的德譯，和 Idumi Hokei 的英譯。Richard Robinson 也作過英譯，但是油印機本子，未有正式出版。基於這些文獻學的背景，長尾對陸氏的英譯作出嚴刻的批評。例如，陸氏大體上不懂藏文，因而沒有參考藏譯。在三個漢譯中，只依鳩摩羅什的本子來翻譯，未參考其他兩個漢譯。又沒有指涉法譯與德譯。這怎麼行呢？最嚴重的是，就學術性的角度看，陸譯犯了很多嚴重的錯誤，幾乎到處都有（Misunderstandings and mistranslations are found almost throughout the book）。長尾也透露，陸氏的梵文學養非常薄弱。

　　我看完長尾的書評，內心委實感到難過。陸氏以這樣的對佛教學（Buddhology）的淺薄的學養，又沒有英文以外的其他語文（如法文、德文、日文等）的知識，不通梵藏這樣的古典語文，怎能拿一個漢譯本，而不參考其他兩個漢譯本，便進行翻譯呢？真讓人無話可說。倘若國際佛學研究界以這種翻譯來評估我國對佛學的研究水平，那便糟透了。

⓱ Study Group on Buddhist Sanskrit Literature, The Institute for Comprehensive Studies of Buddhism, Taisho University, ed., *Vimalakīrtinirdeśa*. A Sanskrit Edition Based upon the Manuscript Newly Found at the Potala Palace. Tokyo: Taisho University Press, 2006.

七、鈴木大拙與胡適

現在我要回返到禪方面來。在這裏要關心和討論的，是禪是否可以透過言說以至理性思維來了解的問題。對於這個問題，日本的鈴木大拙認為禪的理解，或更確切地說，禪的體證，終極地說，不能透過言說或理性思維來極成，它最後牽涉到神秘經驗，這則非要靠直覺的瞑證不可。他顯然是就宗教實踐的角度來看這個問題。胡適則是史學家，他是就歷史發展以至自然科學的角度來看，認為禪可以透過言說、追蹤它的發展過程（歷史的發展過程）來理解。雙方的所學的專業不同，對這個問題的回應有異趣，是可以理解的。

鈴木與胡適對於禪，都寫了好些東西，特別是鈴木，以流暢而淺白的英語來闡釋禪，在西方很流行。西方的宗教界，以至哲學界和心理學界，很有一些人是透過看鈴木的書來了解禪的。在義理特別是哲學分析方面，我對鈴木的禪學詮釋並沒有很高的評價，特別是拿他的著作與後來的京都哲學家如久松真一、西谷啟治、阿部正雄、上田閑照等和禪修行者如柴山全慶、山田無文等的著作比較來看，鈴木的說法近乎常識，有一般性與普及性的傾向，對一些重要觀念如空、自性、見性、無相、大疑團、大疑團的突破、己事究明，等等，說法不是很確定，甚至意義含糊，哲學性不足。在這些方面，京都哲學家早已超過他了。但他畢竟是一個身體力行的宗教家、禪者，他的說法讓人有親切感，覺得他不止是在說禪，更是生活於禪之中。胡適則完全是另一形態。他喜歡從文獻著手，依據文獻（他認為可靠的文獻）來追蹤禪的歷史的、思想史的發展，特別擅長於對文獻作者的考證，而不注意相關問題與義理的一致性，這在

他考定《壇經》不是惠能所作，也不代表惠能的思想，而是神會所撰著，以確立他作為禪宗第七祖師的地位、身份一點上，至為明顯。有關胡適對禪的研究及他所校訂的資料，柳田聖山把它們蒐集起來，而成《胡適禪學案》一大書，❶內中也刊有胡適與他本人、入矢義高等的討論禪學特別是禪史的函件。

　　有一年年末，阿部正雄先生邀了好些佛學與宗教學方面的研究的友人和門人在一家精緻的日本館子用晚膳，也包括我自己在內。我們邊吃邊聊，不知是誰，提到鈴木與胡適在理解禪方面的論爭問題，阿部是鈴木的弟子，當然知道鈴木的禪的學養，但對於胡適，好像不大熟悉，便問我對兩人的禪學的看法。我回應說胡是史學家，對禪宗史作過研究，也引用過敦煌出土的禪的卷子，這些資料都不易獲得。就歷史的角度看，胡氏的研究有一定的參考價值，但若從哲學特別是宗教學來說，他一起步便錯了，便捉錯用神。他把禪學特別是神會禪的首要觀念「靈知」的知，看作一般的知識或知性的「知」來了解。實際上，《壇經》是依般若講知的，神會與後來的宗密講靈知，都是順著般若智來講的。這種知不是一般的知識的知或知性（Verstand）、理論理性（theoretische Vernunft），不是邏輯性的推理，而是帶有神秘意味的「睿智的直覺」（intellektuelle Anschauung）的知，像康德所說那樣。胡適走的是科學主義、自由主義之路，與睿智的直覺沒有交集。我又進一步說，胡適對《壇經》作者的考證，最後認定《壇經》的作者是神會，不是惠能的結論是錯的，他認為神會偽作《壇經》以確定自己作為禪宗七祖的地位也

---

❶　柳田聖山編《胡適禪學案》，京都：中文出版社，1975。

站不住腳。因為從思維的方式以至哲學的導向（orientation）來說，《壇經》所展示的思路，是綜合性格，有弔詭傾向，它以平常心來說道，提出一切善惡都莫思量，都類似天臺宗智顗的「煩惱即菩提，生死即涅槃」（具見於《法華玄義》的末後部分）的思維形態，一切修行，都從平常一念妄心開始，不是從清淨的真心開始。神會雖然是惠能的首座弟子之一，但在這一點上，背離了惠能。他先分解地預設一作為超越的清淨的真心真性，作為心的元始形態，這便是所謂「無師智」、「自然智」。但眾生有後天的迷惑，為煩惱所覆蓋，通過善友的開示，才能轉迷成覺。這明顯地是繼承達摩禪的「捨妄歸真」與北宗神秀禪的「看心、看淨」、「時時勤拂拭」的實踐方法。即是說，《壇經》是綜合的、弔詭的思路，神會則是分解的、邏輯的思路，義理形態不同。神會不可能是《壇經》的作者。❾胡適是經驗主義者，不具有綜合、分解的不同的意識，他的判斷自然是不對的。阿部和在坐各位學者都點頭稱是，似乎認同我的說法。

在禪學與禪修方面，胡適都不能和鈴木相比肩。鈴木以流暢的英語把禪傳揚到西方去，這是大家都知道的事。令人驚異的是，鈴木的梵文水平非常高，他是第一次把梵文《楞伽經》翻譯成現代語文（英文）的學者。❿他也為人幽默，有很多讓人樂道的生活趣事。據說有一次他和兩個年輕的小伙子要上他在鎌倉的方丈去，那

---

❾　有關神會禪，請參考拙著《中國佛學的現代詮釋》，第十三章〈神會禪：靈知的光輝〉，臺北：文津出版社，1995，頁 175-198。

❿　Suzuki, D. T., *The Lankavatara Sutra*. Translated for the first Time from the Original Sanskrit.　London: Routledge and Kegan Paul Ltd., 1973.

是建築在一個相當高的山上的。鈴木已是高齡，但還有興緻與兩個後生小子比賽，看誰能先上到方丈。那兩個小子欺他年老，以為他們贏定了。怎知上到山上，已看到鈴木端坐在方丈裏，法相莊嚴。他們更不知道，鈴木上去後，沐浴一翻，才更衣端坐哩。鈴木以九十五高齡往生，和他每日禪坐活動大有關連。胡適的修為不及鈴木，七十出頭便去世了。他做學問也有取巧的傾向。他到美國留學，唸博士，所寫的論文是關於中國名學的，這是中國土產，外國指導教授不好多作批評，以免犯錯。回到中國，他竟大講杜威（J. Dewey）的實用主義，這是洋貨，聽者所知有限，也不敢怎樣提出批評。胡適真是兩邊討便宜呀。

八、柳田聖山與《中國禪思想史》

我離開日本，回到香港，停留了超過半年。在那段期間，我以翻譯為主。翻譯了梶山雄一的《龍樹與中後期中觀學》和柳田聖山的《中國禪思想史》。❷就原書來說，梶山的書較柳田的書好，但由於不是有關禪的，故不擬多談。另外，在那段時間，我又翻譯了一些京都學派所寫的與禪有關的論文，收入於拙著《佛學研究方法論》中。❷❷

---

❷ 梶山雄一著、吳汝鈞譯《龍樹與中後期中觀學》臺北：文津出版社，2000。柳田聖山著、吳汝鈞譯《中國禪思想史》，臺北：臺灣商務印書館，1982。後一書好像在大陸有毛丹青的譯本，題為《禪與中國》。

❷❷ 吳汝鈞著《佛學研究方法論》，臺北：臺灣學生書局，1983。（1989 年再刷，1996 年第一次增補，2006 年第二次增補）

　　柳田是一個純粹的禪佛教的學者，熟諳禪佛教的資料、文獻，對它們有相當全面的理解。畢業於大谷大學，其後在京都大學人文科學研究所任職，一直著作不綴。他的成名作是《初期禪宗史書の研究》，處理了相當數量的敦煌文獻，深獲學界好評。他的研究路數，介乎文獻考據與思想史之間，與胡適所走的禪學之路很近似，因此時有書信往還。

　　《中國禪思想史》是以思想史的研究方法作成。它從印度的瞑想方式寫起，敘述印度的禪思想如何傳到中國來，如何與中國民族原有的觀念相結合，特別是道家的觀念。然後說到中國人如何建立自己的具有獨特風格的禪思想與禪宗，及如何發展出公案禪。書的篇幅不算多，但所籠罩的面相當廣。透過這本書，我們大體上可以對中國禪思想的發展，有一頗全面的了解。所謂思想史的研究，範圍相當廣泛，幾乎可以無所不包。它是思想與歷史的結合，與哲學和考據都可以結成關係。我們大抵可以這樣理解，倘若把重點放在歷史方面，則成考據；倘若重於哲學概念，則成哲學史，甚至哲學的研究；倘若順著歷史發展的脈絡，而描述其思想流變，則成思想史。柳田的書是以後者的方式寫成。

　　話雖如此，但若以一種嚴格的哲理思考來看，柳田的書還有相當多的改正空間。其中主要的問題，是在闡述禪中的重要的人物、宗派的思想形態、方向方面缺乏哲學方面的明晰的區別性。根據筆者多年的、多方面的研究，禪的哲學性格可以簡約為兩種：一是超越分解，先置定一個超越性的心或清淨心，由此心的下墮或被客塵所染而淪於虛妄心，對此虛妄心用工夫，讓它由染污的客塵解放開來，捨妄歸真，回復原來的清淨性格。另一則是綜合辯證，從平常

一念無明妄心說起，在這妄心中，清淨與染污的要素交纏在一起，而成一個背反（Antinomie）。要消解背反，便得從背反的內裏或底層求突破，突破其中的淨染二元對峙關係，讓心靈的明覺能透顯它的光輝。不管是哪一種形態的禪，最後都能歸於覺悟、成道、解脫。大體而言，由達摩到弘忍的早期禪、神秀的北宗禪和神會、宗密所講的靈知真性禪，都屬於超越分解一系。由惠能開始，經懷讓、南泉、馬祖到臨濟的南宗禪，則屬於綜合辯證一系。神會的禪法則介乎兩者之間，他的靈知真性屬清淨心系統，他的頓悟的方法則傾向於一念妄心或平常一念心系統。

柳田的《中國禪思想史》未能突顯禪的這兩種形態，對於神會禪的闡明，尤其含糊。他總是強調禪愈向後期發展，便愈趨通俗化、世間化，到處都隱藏著禪悟的契機。譯完此書後，我曾去信柳田，說他在處理神會禪的含糊，欠缺清晰性，可惜他沒有回應，可能是感到不高興了，我把他激怒了。但願不是這樣。

九、西飛德國

從日本回來半年多以後，我又到德國去，目的是要廣覽歐美方面的佛學研究資料，特別是方法論方面，為自己以後作佛學研究在方法上把關。我主要是在漢堡大學（Universität Hamburg）作研究，那裏有漢學、日本學、印度學、西藏學等幾個研究部門或學部（Seminar）。我幾乎天天都往除漢學外的幾個部門鑽，找有關的書來看，看不完，便帶回住所。我的住所離漢大很近，五分鐘步行便到了。漢大的圖書館非常自由開放，下午五時職員下班後，我們有

關研究人員還是可以進去看書，若要借書出外，也只需在一個名單冊上寫上所借的書的名字、書號，和借閱人的姓名便成。這給我很大的方便，我可以隨時（很多時是在晚上）在需要用一些手頭沒有的書時，到有關學部去取回家應用。

　　要研究方法論，需要有一個固定的研究題材才行，看相關學者在這個題材上所作的研究，然後探尋他的研究方法，拿來與其他學者的研究方法比較，俾能定其優劣，而知所取捨。我把題材定在禪方面，因為在印度、西藏、中國和日本的佛學中，都有禪的發展。經過長時期的廣泛閱讀，我發現日本和歐美各地的學者以多種不同的方法來研究禪，因而形成多元的不同形態的禪佛教的學者。我把他們的研究方法歸納為以下諸種：文獻學方法、考據學方法、思想史方法、哲學方法、比較宗教方法、白描法、實踐修行法。我在拙著《佛學研究方法論》中，都曾論述及這些方法，在這裏也就不再一一解釋。胡適的禪學研究，所用的是考據學方法。柳田聖山和印順在他的《中國禪宗史》❷❸中所用的方法，是思想史方法，但略有不同，柳田較傾向思想方面，印順則重於歷史的發展方面。唐君毅、牟宗三等當代新儒家談到禪，基本上是就哲學來看，故是哲學方法那一路。京都學派的久松真一也以哲學家的姿態來說禪。其他的成員，如西谷啟治、阿部正雄和上田閑照則喜歡透過與西方宗教特別是基督教的比較來說禪，這是比較宗教式的研究。很多日本的禪師或佛教徒，如芳賀洞然、大森曹元、柴山全慶、梶谷宗忍、林惠鏡、關牧翁、秋月龍珉之屬，則是透過實踐修行的方式來接觸

---

❷❸　印順著《中國禪宗史》，臺北：慧日講堂，1971。

禪，這是實踐修行法了。鈴木大拙也有這方面的表現，但也作學術研究和運用比較宗教方法。他的學術研究表現於他對《楞伽經》的英譯中，這是文獻學研究法的一個成分，下面我們會涉及這一種方法。

德國人研究禪，有兩種形態，其一是神秘主義的研究法，把禪視為一種神秘主義，與其他神秘主義比較，當然他們也認為基督教也有神秘主義的色彩。這也可以說是比較宗教的方法。對於這種研究方式，杜默林（Heinrich Dumoulin）作了很多工夫。他寫了以下論文和著書：

Dumoulin, H., übers., "Allgemeine Lehren zur Förderung des Zazen von Zen-Meister Dōgen." *Monumenta Nipponica*, XIV, 1958/59, S.183-190.

Dumoulin, H., "Bodhidharma und die Anfänge des Ch'an-Buddhismus." *Monumenta Nipponica*, 1951, VII, S.67-83.

Dumoulin, H., *Der Erleuchtungsweg des Zen im Buddhismus*. Frankfurt a. Main, 1976.

Dumoulin, H., "Die Entwicklung des chinesischen Ch'an nach Hui-nêng im Lichte des Wu-mên-kuan." *Monumenta Serica*, 1941, VI, S.40-72.

Dumoulin, H., übers., *Mumonkan: Die Schranke ohne Tor*. Mainz, 1975.

Dumoulin, H., *Östliche Meditation und christliche Mystik*. Freiburg-München, 1966.

Dumoulin, H., "Östliche und westliche Mystik," *Geist und Leben*.

1947, XX, S.133-147.

Dumoulin, H., "Technique and Personal Devotion in the Zen Exercise." *Studies in Japanese Culture*, trans. J. Roggendorf, Tokyo, 1963, S.17-40.

Dumoulin, H., *The Development of Chines Zen after the Sixth Patriarch in the Light of Mumonkan*. Trans. R. F. Sasaki, New York, 1953.

Dumoulin, H., *Wu-mên-kuan. Der Paβ ohne Tor*. Tokyo, 1953.

Dumoulin, H., *Zen: Geschichte und Gestalt*. Bern, 1959.

杜默林的著作，我基本上都看過，他是一個神父，有很強烈的宗教意識，思想也很開通。很多時只是以描述的方式來展示某些人或學派的說話，不涉入自己的意見，讓讀者自己去作判斷，或者可以說，讓他所敘述的說法展示自己。這接近白描手法，因此，他研究禪所運用的方法，也可以說是白描法。他有深厚的西方宗教的學養，又深入並廣泛地研究禪，特別是日本禪，非常用功。一九八三年我到東京，到愛智大學（Sophia Universität）的教授宿舍探訪他，那時他應該有八十歲，應已退休，但很健談，並說他還在進行禪宗史的研究。

另外有一些德國學者以文獻學的方法來研究禪，代表人物有貢特（W. Gundert）和邊爾（O. Benl）。他們主要是閱讀公案禪的文獻，細心推敲公案的字面意思和埋藏在內裏的密意，也就是與覺悟關連起來的消息。他們的專長是日本學（Japanologie），其中的重點是中國禪和日本禪的公案，所謂 kōan。貢特曾把《碧巖錄》翻譯為德

語，也留意過日本的文學與宗教問題。❷邊爾則是道元研究的專
家，並及於曹洞宗等其他方面的研究。❷我在漢堡大學期間，和他
有相當頻密的來往，他是日本學部的講座教授，勤於翻譯日本的公
案禪的文獻。他邀我每週六到他的辦公室一齊解讀公案禪，其時所
選取的文獻是《聖一國師語錄》，聖一是日本臨濟禪的一個代表人
物，邊爾要把他的語錄譯為德語，另外又弄了一個英譯本。他把這
兩個譯本都交給我，要我比對原文來閱讀，到週六便在他的辦公室
一齊討論。這讓我對德國學者對禪的研究留下了深刻的印象。邊爾
是貢特的學生，他下面又有一些研究生，這樣便成了所謂「漢堡學
派」（Hamburg-Schule）。當時邊爾年事已高，且已升到講座級了，
還是那樣虛心地進行學術研究，令我非常佩服和尊敬。我後來積極
地編著《佛教思想大辭典》，在解說一些公案禪的話頭時，作出很
詳細的解釋，也把原文引出來。我取這種煩瑣而又細緻的做法，的
確是受到邊爾的影響。直到我回香港後的一段時間，我還與他有書
信往來。後來我到西安開會，遇到西谷啟治的高足花岡永子，提起
邊爾教授，她說邊爾已經不在了，他是在一樁交通事故中被撞倒而

---

❷　W. Gundert, übers., *Bi-yän-lu*. Die Niederschrift von der smaragdenen Felswand. 3
　　Bde. München, 1964/1967/1974; W. Gundert, *Die japanische Literatur*. Wildpark-
　　Potzdam, 1929; W. Gundert, *Japanische Religionsgeschichte*. Tokyo-Stuttgart,
　　1935.

❷　O. Benl, "Der Zen-Meister Dōgen in China." *Nachrichten der Deutschen
　　Gesellschaft für Natur-und Völkerkunde Östasiens*, Nr. 79/80, 1956, S. 67-77; O.
　　Benl, "Die Anfänge der Sōtō-Mönchsgemeinschaft." *Oriens Extremus*, VII, 1960, S.
　　31-50; O. Benl, "Musô Kokushi. Ein japanischer Zen-Meister." *Oriens Extremus*, II,
　　1955, S. 86-108.

死去的，我聽後委實難過得很。花岡在德國作過研究，拿到博士學位，她所就讀的學校，正是漢堡大學。

十、韜光養晦

　　我本來可以留在德國，繼續做研究，而且這是我原先計劃好了的。後來我改變了主意，要把研究擱置，做一些實際的工作，例如教學、培養人才，把自己原來的所學，和在日本、德國的研究所得，貢獻出來，自己也可以改變一下活動、生活的方式。我先到臺灣，參觀多個佛教道場，又訪晤過一些有名氣的法師，如曉雲、聖嚴、星雲等。曉雲法師很友善，帶我參訪她的清淨而幽雅的禪堂，又說到不久便要創辦以佛教信仰為基礎的大學。由於當時的政治與教育的環境，不能馬上便成立有由政府認可其學位的大學，只能慢慢來做：先成立工學院，再以此為基礎，擴張學院的教學內容，例如增加人文學部、工商管理學部，最後才成立一般性的有綜合性的、多元內容的大學。最後果然成立了華梵大學。曉雲法師以一介尼師，竟然能創辦一所規模整備的大學，實在難得，令人欽敬與隨喜。我又參訪星雲法師的佛光山道場在臺北的別院，並與星公上人有過面對面的談話。我當時說佛光山具有發展佛學研究（佛教的學術研究）的兩項最主要條件，那即是人才與經濟實力，應該在這方面多用心思，看看有些甚麼具體的工作可以先實行。我特別提到佛學的古典語文如梵文、藏文的學習的重要性，表示可以先從這些方面著手去做。上人頻頻點頭微笑，表示認同我的說法。後來我又到他們的大本營：高雄縣大樹鄉佛光山走了一遭，覺得各方面都很理

想，只是學術氣氛淡薄，還有很大的發展、開拓的空間。當時我覺得該處並不是我留下來發展的適當處所，最後在大樹鄉佛光山和它在臺北的別院分別作了一場演講，並寫了〈論我國佛學研究的現代化問題〉一長文，交給他們的《普門》雜誌發表，便回香港了。

這一次在香港逗留，有五年之久，我在這段時間韜光養晦，生活處於半關閉狀態，只在外邊兼一些大學和大專的佛學課程來教，以解決生活問題，很少與人接觸，大部分時間都在讀書與編著《佛教思想大辭典》。這些書很有一部分是禪的典籍，主要是由日本與德國帶回來的。在那段時間，我的閱讀興趣很濃。最初參照漢堡學派的文獻學的研究方法來進行，其後轉到京都學派的方法方面去，那是以比較宗教、比較哲學的方法來進行研究，對禪的發展過程、義理開拓和公案解讀都做過工夫。到了最後，便把重點放在禪的實踐、修行方面了。有一個月，我到新界藍地的妙法寺掛單。這妙法寺的整體是一座大雄寶殿，一樓是飯廳，飯廳的東側是廚房和雜物室，另一側則是小客室，供過客作短暫停留之用。我便被安排在其中一間小室中。日間看書、打座、唸佛，晚上則上二樓大殿跑香，以一炷香為限，點燃一個小時。在那段時間，我主要是繞著大殿來回漫步，盡量不思不想，甚至連「不思不想」也要不思不想。一炷香完結後，便向被供奉在大殿的三尊佛像：釋迦佛、藥師如來和阿彌陀佛作三鞠躬，便下樓回小室中睡覺。

妙法寺是佛教之地，理應清靜，但實況並不是如此。飯廳天天客至如雲，大殿更是熱鬧，很多善信都來參拜，香火不輟。我在小房間裏，雖和客人隔了一道木門，主觀上感覺還是很近。我時常試圖透過閉目打坐來淡化外面的聲音；有時有效，有時仍然感到外面

的煩囂，這自然是由於工夫火候未足的緣故。這種狀況只能順其自然，求慢慢改變，勉強不得。傍晚過後，善信一個一個離去，飯廳和大殿變得一片寂然，又讓人有孤獨之感。自我意識開始活動，甚至膨脹起來。宋代廓庵禪師的〈十牛圖〉的第八圖的「人牛俱忘」的無我的境界，說來簡單，但做起來，很不容易達致，更不用說下面第九、十圖的「返本還原」與「入鄽垂手」了。

　　日本的道元禪師有過一則很有意義的對話。有一次他和信眾閒聊，談到佛學的問題。信眾問：「甚麼是佛學呢？」道元回答：「佛學即是學佛。」又問：「甚麼是學佛呢？」答謂：「學佛即是學自己。」又問：「怎樣才能學自己呢？」答謂：「學自己便要忘記自己。」這忘記自己正是人牛俱忘的境界，這裏沒有人牛、人我的對待關係。但這不是一片虛無的消極的意涵，卻是烘托出夐然絕待的最高主體，一切是自然法爾。「庵中不見庵前物，水自茫茫花自紅」（〈十牛圖〉第九圖返本還原的頌文）。庵中者是主體，庵前物是客體，主體不見客體，不視庵前的外物為客體，卻是主客如如，一歸於冥寂。冥寂不是了無生氣的死煞狀態，卻是任物流轉，悠然呈現。湖中的水矇矓地泛起漣漪，看過去是茫茫一片，湖邊的花朵則任運地展示鮮紅的姿彩，無拘無束，一切自然天成。這是藝術、美感的絕高境界。一切都是得之於無心、無我。❷❻

---

❷❻　柴山全慶提出，倘若我們以第八圖人牛俱忘展示一種「全體即真」的境界的話，則第九圖返本還原和第十圖入鄽垂手應是全體即用的境界。而在全體即用方面，也可以再分為第九的受動的妙用與第十的能動的妙用兩種情況。受動的妙用以觀照的方式展示柳綠花紅的世界，能動的妙用則在行為上開拓出一個癡聖遊戲的世界。（鈴木大拙監修、西谷啟治編集《講座禪第六

　　由我到德國開始，回香港停留，到後來又去加拿大和美國，這段頗長的時間中，我接觸最多的，是禪的典籍，探討問題最力的，也是禪的問題，這中間的媒介，是禪的公案。我主要留意《無門關》、《碧岩錄》、《從容錄》和《景德傳燈錄》這幾部名著所記載的，中間自然參考了多種日本學者、修行者的評唱、講評。這些資料有時有用，有時沒有甚麼用，其中一個重要的關鍵點是對於當事人心中所經驗到的困惑、疑團，那些個別的公案能否發出一種即時而又相應的訊息，能否當機地予當事人一種頓然的啟示。能即是有用，不能即是無用，此中的分野是很明顯的和深刻的。某一公案對甲可能有用，對乙則沒有用，是很平常的事。在實際的、即時即地的環境中，公案不能說普遍性，更不能說邏輯性。關鍵點在是否

卷：禪の古典～中國》，東京：筑摩書房，1974，頁 90）柴山在這裏提出「癲聖遊戲」一語詞，煞是善巧，讓人大開眼界。在禪籍與《維摩經》中，遊戲或遊戲三昧、遊戲神通是指在一種自由無礙、宛如兒童遊玩般的天趣下進行教化、轉化的宗教活動的狀態。柴山在這裏以「癲聖」字眼來說遊戲，的確非常巧妙與傳神。癲是無明，對一切都起惑，而加執著。癲聖或癲而聖則完全不同，它直指在宗教救贖活動中的那種一方面隨順另方面又引導眾生趨赴覺悟的目標的善巧手法；這種手法是表面糊塗而實際不糊塗的「難得糊塗」。這是絕高的道德的教化、宗教的轉化的開示方式，只有聖人或佛、菩薩才能做到。關於〈十牛圖〉，可參看拙文〈十牛圖頌所展示的禪的實踐與終極關懷〉，載於拙著《游戲三昧：禪的實踐與終極關懷》，臺北：臺灣學生書局，1993，頁 119-157；或剛才指涉及的柴山全慶的〈十牛圖〉，《講座禪第六卷：禪の古典～中國》，頁 73-92。較精鍊的，可參考久松真一著〈十牛圖提綱〉，載於《久松真一著作集 6：經錄抄》，東京：理想社，1973，頁 509-520。較詳盡的，可參考上田閑照、柳田聖山著《十牛圖：自己の現象學》，東京：筑摩書房，1990。

能應機、對機。基於此，我們便不難理解在公案中時常出現一些讓人無法開解、甚至莫名其妙的師徒的對話，特別是禪師對生徒的提問所展現的回應。例如有人向祖師問如何是達摩的「西來意」，如何能有效地見性成覺，覺悟的境界是怎樣的，等等，對方總是隨便（生徒認為是隨便）回他一個答案：「麻三斤」、「喫茶去」、「庭前柏樹子」，或者粗暴地掌摑他，斥罵他，甚至用力捏他的鼻子，拿起木棒打他一頓，等等。對於這些讓人無法以理性來解讀的對話與動作，我曾稱之為「無厘頭禪」，這即是怪誕的、不知所云的、讓人越搞越糊塗的「禪法」。

　　像這樣的讓人困惑而失望的情況，我自然經驗到不少。不過，間中也碰到自己認為是有道理的、啟示性的、洞見性的，便感到雀躍。我自己也曾構思過一些公案，例如述說一個小沙彌在馬大師座下做了多年粗活，目的是要得到覺悟。但一直都是被安排做無意義（他自己認為無意義）的事，總是沒有機會聽到或聽不到一些如何能覺悟得解脫的教導。失望之餘，在一個清晨竟偷偷地蹓走了。下得山來，經過一個村莊，一切都是那樣靜悄悄的，猛然聽到近處傳來雞鳴的聲音，便止住步伐，心中若有所悟，立即掉頭回轉，衝上山頭，向馬大師請罪去。云云。

　　這樣的作品好像有些創意，但實際上只是模仿而已，雞鳴象徵甚麼東西，內行的人只要動一下腦筋便知道了，我自己對它也不很滿意，後來連再寫公案的意欲也消失了。禪應該是一種生活，像大乘佛教其他宗派那樣。禪學應該是一種生命的學問，它指向一種生命的理想形態，是要實踐的，不是拿來研究的。禪的公案更是如此。你要處於它的脈絡的內裏，確認那種價值的目標，而真正生活

於其中才行，作短期出家，是不算數的。光是拿這些公案推敲東推敲西，也是沒有用的。我自己在禪院禪寺（妙心寺、相國寺、大德寺）待過一段時間，頗知道他們的刻苦的生活與修行。大清早天還未亮便要起床，做早課，然後幹活。跟著是讀經、聽師父（老師，Meister）開示，進行漫長的禪坐。氣氛是那樣肅穆、嚴正、苟且不得。我在大德寺有一次委實勞累，好像支撐不住，要馬上休息，便隨意在寺院門前木製的梯級躺下，不幸被一個資歷頗高的僧人看到，招來一陣斥罵。他說寺院是清潔嚴肅之地，一切行為都要莊嚴端正，怎能衣履不整地躺在梯級上呢？我在日語對話的水平不高，不知怎樣解釋，只能結結巴巴地說出幾個字眼；他知道我是外國人，便客氣一些，但語態還是很嚴厲，要我立即回自己的房間去。

十一、參禪是很認真的

我心想這個禿頭傢伙真是恁地兇惡，出家人不是應該慈悲為懷麼？六祖惠能不是說過，行、住、坐、臥都可以做修行，我躺在木梯級上，不正是臥麼？他未讀過《壇經》麼？我想來想去，覺得行、住、坐、臥可能是指個人在自己居住的範圍之內，在這範圍之內都可以隨時修行，寺院前的梯級是公眾出入的地方，不能躺或臥在其上的。最後，我終於得著結論了：他們出家參禪是非常嚴肅的、刻苦的，也是非常認真的。這是他們生活的重心、身心性命之所託處。選擇出家參禪，是一輩子的，與短期出家或掛單形式不同。

我又想到有很多公案是涉及人的生命的，起碼是傷身害體的。

「慧可斷臂」是一個明顯的例子。據說達摩由印度來東土傳禪法，先見梁武帝，後者只關心自己所作的有形可見的功德，不涉及內心的證悟問題，達摩覺得他不是說教的對象，便往北方去，在一岩洞中面壁打坐。有僧人慧可知道達摩的禪法功力，要拜他為師，達摩不理不睬，慧可便站在洞口等待。冬天來了，也下雪了，慧可也不放在心上。雪漸漸累積，快要蓋過慧可的膝蓋。慧可突然拔劍，砍掉自己的手臂，以表明自己矢志求道的決心。達摩大受感動，知道慧可正是自己要找的人，便傳他禪法。

另外有「南泉斬貓」公案，述說南泉普願禪師上堂開示佛法、禪法，見東西兩堂眾僧爭奪一貓兒，南泉即抓著貓兒在手中，催促弟子快說快說，說中貓兒則生，否則則死。說甚麼呢？那自然是禪法的核心問題，即是如何證得真理，以成覺悟、得解脫。但徒眾毫無回應，於是南泉一刀把貓兒砍死。後來南泉的高弟趙州從諗自外面遊方歸來，其他門人把這件事（斬貓兒的事）告訴趙州。趙州立即把鞋脫下，戴在頭上。南泉知道了，便歎聲表示，倘若當時趙州在場，便能救得貓兒了。

又有「俱胝豎指」公案。話說俱胝禪師每逢有人向他提出問題，總是舉出一只手指來回應。他的座下童子也模仿他，聽到外來的人間及俱胝禪的宗旨，也豎起手指。俱胝聽到了，便把童子的一只手指斬去。童子感到疼痛不已，哭著離去。俱胝叫他回來，當童子轉頭回望，俱胝即豎起手指，童子又想模仿，想豎起手指，但手指已被砍去，無指可豎，於是大悟。

這三則公案的故事，都涉及對身體的傷害。第一則是砍去手臂，第二則是殺死貓兒，第三則是割掉手指。結局都涉及大徹大悟

的經驗。關於第一則,慧可砍掉手臂後,達摩憐惜他,問他心中有甚麼問題或疑難,不能解決。慧可表示自己的心總是不能安穩下來,達摩便著他把心拿出來,慧可即回應:「我沒法找到自己的心呀!」達摩即順勢說:「我已經替你把心安穩下來了。」達摩不愧是一代祖師,他開示生徒覺悟的方式確是爽快俐落、直截了當。當他要慧可把心拿出來時,慧可猛地悟到心是不可找得的,不能作對象看的;它是內在的主體性。達摩的回應:我已經替你把心安穩下來了,不啻是當下認可了、印可了他的覺悟經驗。❷

關於第二則,南泉要僧眾說出讓人可循之以得覺悟的方法,亦即是禪的本質與修行途徑。僧眾的睿智與工夫在功力上都不足夠,因此無法應南泉的要求。趙州便不同,他把鞋戴在頭上,這顯示與我們一般吃飯、穿衣、著鞋的習性不同,而有倒轉、顛倒的意味。鞋是穿在腳上的,而戴在頭頂上的,是帽,不是鞋。這是正常性。趙州反轉來做,違背正常習慣,便是顛倒。這顛倒是整個公案的關鍵點。若關連著禪的真理與體證它的途徑,則可以說禪的真理有弔詭成分。倘若我們依佛教的二諦:世俗諦(saṃvṛti-satya)與勝義諦或第一義諦(paramārtha-satya)來說,則世俗諦是知性的、邏輯的性格,勝義諦則是睿智的、辯證的性格。而對於這兩種或兩重真理的處理、體證,也相應地不同。處理世俗諦,用的是邏輯的方法,其認知主體是知性(Verstand);體證勝義諦,則是用辯證法,其認知主體是睿智的直覺(intellektuelle Anschauung)。理解世俗諦是直截的、平面的,理解勝義諦則是曲折的、立體的。前者是主體認識對

---

❷ 以上公案見宗紹編《無門關》,《大正藏》48·298上。

象，主體與對象在存有論上是對等的，因此有主客對待、對立、對峙的關係；後者則是主體要從對象的曲折性、矛盾性的內裏超越上來，突破開來，而臻於一種能克服一切曲折、矛盾所成的相對性的關係，而為絕對的境界。這種曲折、矛盾的性格當然是弔詭的，它可以做成辯證法的所謂背反（Antinomie），例如淨染、善惡、生死、理性非理性、動靜、有無、存在虛無，都是在這種脈絡下所說的背反。這些義理，都是上面所說的顛倒、弔詭等概念的所涵。禪的實踐，要通過對這些背反的突破、克服，才能成立，覺悟要在這種活動中，才能現成。趙州深明這其中的道理，因此才表演那種顛倒的行為，才能得到南泉的印可。南泉自然也是對這種道理有深切透明的理解，才能成為一派的大禪師。❷❽

　　至於斬貓與不斬貓，並不是問題的關鍵點。禪本來便略有陽剛甚至粗暴的性格，棒喝是祖師常用來開示徒眾的手法、方式。由上面慧可斷臂和下面要解釋的童子斷指也可以看到。為了緊緊地掌握機緣以教化眾生，讓他能猛然醒覺，傷臂斷指是在所不惜的，更不要說斬貓了。禪的宗旨、目標是要徹底砍斷一切煩惱的葛藤，俾能了解生死大事。實際上，有許多出家弟子，特別是禪弟子，為了了斷這生死大事，早已把個人的生存置諸度外了。生命尚且可以不顧，手、足方面的傷害，便顯得微不足道了。禪的《語錄》、《燈錄》也常記載有僧眾日夜反思如何覺悟、解脫而淪於疑團特別是大疑團的困境之中，倘若大疑團不能破解、突破，當事人不能為它找到出口，則當事人可能會陷於精神分裂、崩潰狀態，生命也就完

---

❷❽　　以上公案見宗紹編《無門關》，《大正藏》48‧294下。

了。因此，禪是會死人的，不少僧眾都是本著捨命忘軀的心理與態度去參禪的。他們把一生的希望、榮辱都投注到這方面去。他們是非常認真的。㉙無門在他所著的《無門關》中的〈趙州狗子〉這則

㉙　吳怡在多年前寫過一本《公案禪語》（臺北：東大圖書有限公司，1979），其中談到〈南泉斬貓〉這一則公案。其中涉及斬貓一點，他說：「南泉斬貓的意旨卻非常明顯，因為兩堂的僧徒都是出家人，既然出家，便應四大皆空，甚麼物欲都應捨棄，豈能再為一隻貓兒爭執不休，所以理當該斬。」（頁 66）這樣理解斬貓一事，與南泉斬貓的旨意並不相應。南泉以斬貓作為一種契機，是要逼眾僧人在現前即時即地間悟出禪的宗旨，特別是體證禪的真理的方式，這正是趙州的腳履頭戴所展示的顛倒的消息，顯示對於終極真理的體證，是需依靠辯證的手法的，因為終極真理是辯證性格的，不是分析性格的。這個意思並不難掌握，不知吳怡何以說那些不相干的話。另外，關於殺生的問題，吳怡說：「無論南泉用甚麼方法來啟發僧徒，總不能無故殺生。……南泉真個以刀斬貓，總有損佛家慈悲之教。」（頁 66）這樣說是不大懂得我們在上面說眾僧的修行與希望覺悟以了脫生死問題，是非常認真的，為了得到覺悟，即使可能會喪身失命也是在所不計的。慧可斷臂與俱胝斬指是明顯的事例。作為一個大禪師，南泉並不會計較貓兒的死活問題，在他看來，犧牲貓兒以換來眾僧的覺悟，絕對是可以做的，值得的。可惜眾僧未能回應這種特殊的逼問，不能由此悟得覺悟的方法，但趙州卻做到了。又，關於趙州腳履頭戴的動作，吳怡由此想到其顛倒性，這不錯。顛倒正是禪法的向上之路，但吳怡卻把顛倒關連到不相干的地方去。他說：「既然出了家，還要爭一隻貓，豈不是顛倒？所以南泉認為趙州答對了。」（頁 66）南泉斬貓是一個事例，要逼使眾僧當下確認覺悟解脫之道需含有顛倒的、辯證的、弔詭的成分，這與以出家而仍爭貓是顛倒扯不上關係，顛倒並不相應於出家而仍爭貓這個意思，吳怡是捉錯用神了。至於他最後說「南泉為了破物執，卻犧牲了殺戒，豈不也是一種顛倒嗎？」（頁 66）這種想法純是出於主觀的猜測，只是隨便說說而已。吳怡又提及「南泉的葛藤」（頁 66），則更是亂了陣腳，南泉已是一代祖師了，還有甚麼葛藤呢？

吳怡把禪的公案進行分析，讓讀者能理解，了解禪的獨特的生活方式與行

公案的頌中說：

> 狗子佛性，全提正令；才涉有無，喪身失命。❸

有無或存在非存在是終極的背反，倘若經歷種種艱難困頓，斬斷一切迷執的葛藤，看看要有收穫了，花熟蒂落，水到渠成了，卻一下不小心，又墮於有無的相對境域之中，便會全功盡廢，與死亡無異。進行這樣的活動，怎能不認真，不具有莊嚴感呢？

上面說參禪是很認真的這一點很重要。由於禪的發展有一久遠的傳統，典籍很多，而所涉的文字，大部分是中文，在閱讀上較少文字上的困難，因此很多人都會拿來看，各就他們自己的學養背景來理解，把禪與自己的所長的學問或技術、技能關聯起來，認為其間有很多交集。在這種情況下，禪變得很普遍化，好像和各種學問真的有關連。依於此，有很多比較禪與其他學問的著書便很流行，

為，自然是值得敬佩的。不過，他對禪特別是公案禪的解讀，缺乏精確性（precision），很多時只是猜想。他顯然是工夫未夠，未實際體驗過真正的禪修生活。

❸ 《大正藏》48·293 上。案這趙州狗子或狗子佛性是禪門的重要公案之一，它借「狗子是否有佛性」一問題來破除人對有無的執著。說狗子有佛性，或狗子無佛性，都是偏執。這是禪門極難通過的關卡，但一旦能通過，便大徹大悟。詳細言之，說狗子佛性為有為無，都落於相對相，而不能與於絕對的真理，故「喪身失命」。在禪者眼中看，狗子是否有佛性，不能是一客觀的問題，故說有說無，都與智慧不相應。這問題的作用，在提供一個契機，以促使修行者提升其精神境界，不落於相對的有無格局，若能臻於這種自由無礙的境界，便能殺活自在。殺則奪狗子的佛性，活則與狗子佛性，故狗子是否有佛性，不能有一客觀的答案。其答案為何，操在主體手中。

有越來越多的傾向。當然這「比較」是就相同的地方來說。讀文學
的人，會談禪與詩；留意藝術的人，會談禪與藝術、禪與畫，甚至
談禪的美感；以音樂為專業的人，會談禪與古琴；喜歡寫字的人，
會談禪與書法、書道；讀哲學的人，會談禪與老莊，甚至禪與維根
斯坦（L. Wittgenstein）；習武、喜歡舞槍弄劍的人，會談禪與劍，或
日本人的禪道與劍；心理學家會談禪與心理分析、精神分析；科學
家會談禪與科學、禪與腦（zen and brain）㉛；喜歡駕駛的人更會談禪

㉛　我案頭便有兩本這方面的書。其一是二本柳賢司寫的《禪の構造》，京都：
　　法藏館，1987。二本柳的本行是數學、物理和醫學，卻是曹洞宗的僧侶。他
　　在書中花了很多篇幅談公案的問題，舉日本禪師聖一國師在他的《聖一語
　　錄》中把公案的修行分為三個階段或類型：理致、機關、向上。依修行人或
　　學人的不同階段而相應地運用。
　　理致是通過解讀經論與祖錄而關連到義理方面的建立的公案，例如達摩的
　　《二入四行論》所說的捨妄歸真，凝住壁觀，無自無他，凡聖等一。僧肇在
　　他的《肇論》中說天地與我同根，萬物與我一體。理指佛教的教理，致指佛
　　教的悟境，這都需要靠體驗而得。
　　機關則是機用，是一種動感的使用，祖師以悟境為背景而發出來的機用，展
　　示學人不能倚賴言說，把大疑投擲向他的內心深處，若能突破這大疑，便能
　　成就覺悟。例如臨濟問甚麼是祖師西來意，黃檗卻讓他吃六十棒。又僧問趙
　　州如何是祖師西來意，趙州應以庭前柏樹子。二本柳的解釋是，這樣的機關
　　公案，是要學人處身於萬物與我為一體的理致或境界的真實性之中，把自己
　　作為這境界自身，去承受這六十棒。他繼續說，倘若我們採取理性的思維，
　　視棒與柏樹都是客觀世界的一部分，是沒有用的，也不能生起真實感。我們
　　應該以真實的自己的身份，去切身究問達摩大師由印度傳到來中國的佛法的
　　大精神是甚麼，而回歸到能夠體驗萬物與我為一體這樣的觀點的真實的自己
　　方面來，這樣便能把真實的自己擺放到恰當的位置而得平安，這便是覺者之
　　道或佛道，只要明白到這種教法，則不管是招來棒打或柏樹子的回答，都是
　　有益的。禪便是要人把這種理念置定在身體中、生命存在中，而對它有實

感。在這種意義下，機關的公案，與其說是理或義理的公案（筆者按：這是指理致的公案），無寧應說為禪的公案較為恰當。按二本柳氏這樣說，似是以理致的公案仍不能脫離甚至不能完全脫離義理的性格，而機關的公案則是禪師的大機大用的表現，要扣緊學人的具體的生命存在、真實感而當機施教的。

至於向上，則表示我們一下子能見性，還需進一步熟習悟境，讓法理、義理更為清晰，理與事（理論與實踐）更能一致地結合起來，以臻於大自在的境界。這種行為，我想正是「精進」的意思。關於向上，二本柳舉《碧巖錄》的兩則公案來說明：

第 23 則：保福、長慶遊山次，福以手指云：只這裏便是妙峰頂。慶云：是則
　　　　是，可惜許。……後舉似鏡清，清云：若不是孫公，便見髑髏遍
　　　　野。（《大正藏》48・164 上～中）

第 20 則：堪對暮雲歸未合，遠山無限碧層層。（《大正藏》48・161 中）

關於第 23 則，二本柳的解釋是，這則是提防學人不夠小心，會墮至表面的覺悟之中而不察。即是，長慶要把保福自以為是悟境的佛的語言見解的跡象，予以排棄，不讓他滯著於安易的依據或光景中而沾沾自喜。他是在責備保福的輕浮，而促使他真正矢志向上哩。長慶的這種做法，得到鏡清的讚賞。在這種狀態下的保福，就禪來說，跟死人無異。二本柳認為，要成為覺者，必須有真實的、存在的體驗，表面的光景是不行的。這真實的、存在的體驗，正是保福所應該具備的。關於第 20 則，二本柳說得很簡單；他只指出這應以現象學的眼光來看，有強調我們對於種種事物，要就真實的、存在的角度來看的傾向。對於這向上的階段，二本柳氏作了一個總結，即是，向上表示一種徹底的現象學的把握，以這種徹底的認識論為基礎，以成立人間的學問，由此展開實踐論。

最後，二本柳又提到，另一日本禪師白隱的公案體系把聖一國師所說的理致、機關、向上開拓為五階段，這即是法身、機關、言詮、難透、向上，更為細緻嚴密。關於這點，這裏沒有篇幅細論了。

以上是二本柳賢司對日本國師或禪師聖一的公案禪的三個階段或類型的詮釋。（《禪の構造》，頁 138-142）其中也包含筆者的一些個人意見在裏頭。

至於禪與腦，我也接觸過一本西方學者寫的有關這兩者的關係的大書：James

與（修理）汽車或機車，等等，不一而足。為甚麼禪與駕駛會有交集呢？他們的解釋是禪坐或禪定有助於令人專心、精神集中，駕駛汽車與修理它需要專一的精神，才能做得好，云云。

這種現象自然有好處，起碼可以讓禪拓展開來，充實我們的生活與文化的內含，讓禪多元化，有更大更廣的發展空間。但流弊也跟著來了。倘若每一個人都就他自己的專業與興趣來理解禪，則禪會變成一種隨風飄來飄去的無根的浮萍，讓人隨意解讀，以至扭曲，便失去它的本原意義與莊嚴性，最後它的整合性（integrity）會被解構，成為支離破碎的話頭，任人搬弄。這樣，它的有意義、有價值的生活方式與文化形態便不能說；它的本於佛陀的悲願而開拓出來普渡眾生的宗教作用也不能維持下去了。

因此，當我們理解、探索禪時，有幾點必須抓得很緊。首先是，禪是一種理想的生活方式、文化活動；它有救贖的作用，可以讓人斬斷一切迷執的葛藤，透露那個無生無死、無斷無常的超越的主體性（transzendentale Subjektivität），讓人徹悟生死的問題。第二，禪的修行，關鍵在對於人的生命的矛盾、背反的克服與超越。趙州的以履戴頭，有「橋流水不流」的說法，表示不正常的、顛倒的行為、說法，這是要克服的。克服的方法是突破背反，對於善惡、淨染、苦樂、罪福等背反，從內部突破出來，超越上來，以臻於一種夐然絕待的遊戲三昧的境界。這善惡、苦樂、罪福、生死一類背反，京都學派稱之為疑團，或大疑團。大疑團必須衝破、拆解，大

H. Austin, *Zen and the Brain*. Cambridge/London: MIT Press, 1999。細論禪定、神經學、意識的多種狀態的問題，在此不詳細說明了。

自在的境界才會證成，這即是「大死一番，絕後復甦」、「死中求活」。「大死」的「死」，是要徹底滅除生命中的負面因素，如苦、罪、私欲之屬，才能有覺悟的果實，才能再生。禪詩中有「不經一番寒徹骨，焉得梅花撲鼻香」的句子，指的便是這意思。一分耕耘，一分收穫，絲毫不爽。對於覺悟境界的引領、開導，是言說所不能勝任的，所謂「言語道盡，心行處滅」，必須運用其他具足動感的手法，或棒或喝，或踢胸或捏鼻，甚至傷身害體，如上面說的斷臂、殺貓、斬指，是在所不計的。禪師在這方面絕不會手軟。結果是換來徹始徹終、徹上徹下、徹外徹內的不死的大覺。這便是「大慈大悲」、京都學派久松真一說的「智體悲用」。

十二、在苦痛中的瞑思

在這五年的韜光養晦的半閉關的生活中，我廣泛地閱讀禪的原典和日本學術界與修行界的有關禪的著作，主要是在解讀公案禪和探討禪的思想史方面的著作。舉幾個例子如下：

鈴木大拙監修、西谷啟治編集《講座禪第一卷：禪の立場》，
　　東京：筑摩書房，1974。

鈴木大拙監修、西谷啟治編集《講座禪第三卷：禪の歷史～中
　　國》，東京：筑摩書房，1974。

鈴木大拙監修、西谷啟治編集《講座禪第六卷：禪の古典～中
　　國》，東京：筑摩書房，1974。

這些書都是很好的著作，在探索義理、歷史特別是公案實踐方面，都是上乘之選，那些談公案實踐的，大多是出家的僧眾，有一定的

禪的實踐經驗與體驗。有時我自己對好些有名的公案結集如《無門關》、《碧巖錄》、《臨濟錄》和《馬祖語錄》之屬所收的有代表性的公案古則,很用心去「參」,一字一句都不輕易放過,但所得總是有限,甚至對於公案所涉及的悟境,有隔靴搔癢的感覺,缺乏真切感。我反復追蹤其中的原因,並拿自己在日本習禪時所在的處境來考量、比較,覺得自己在那些有關禪籍中所作的閱讀、理解、思索、類推,都停留在抽象的概念思考層次,主要是在文字上作工夫,沒有在日本時那種實修實證的經驗。所謂「參」,其實只是在研究而已,沒有存在的實感。雖然禪坐、跑香、唸佛還是繼續在做,但收穫不顯著,或者有收穫但自己並未有覺察出來。我自己的總的評價是不成功的,起碼自己不感到滿足,與自己原來的要求有一大段距離。

一九八三年我結束韜光養晦的日子,到北美洲進行高級研究。在那個時節,我還是未有間斷地接觸禪,但還不超出研究的層次,沒有實參實證的機會。不止此也,在到北美的二年半後,惹來腰病,這種病真的嚴重困擾和影響我的生活和研究。在北美治療了半年,沒有進展。我心想西醫不行,或許中醫有辦法,於是回香港看中醫,甚麼方法都試驗過了,毫無療效,反而讓我對中醫感到懷疑,甚至反感。你去看他們,他們總是說行,但不管是跌打、針灸、推拿,或服中藥,連穿山甲、蜈蚣這些怪東西都服用過了,都完全沒有用,除了浪費金錢外,還帶來精神上的失望、沮喪,對前途一片灰心。

這樣擾擾攘攘了一年半,在絕望之餘,最後孤注一擲,到私家醫院接受脊骨融合(spinal fusion)手術。結果手術成功了,但只改善

了五成左右。這本來不錯，總算有些效應，但手術後帶來極大痛楚。後來我了解到，所有接受這種手術的病患者，沒有不後悔接受做手術的，因為手術帶來的巨大痛苦，又由肉身上的痛苦引來精神上的痛苦，煞是難以用文字言說來形容，只有置身於這種狀態的人，才能感受得到。❸❷

　　我在醫院內待了十天左右（我自己也記不清確實是多少天了），便回家休養。但痛苦還是持續著，而且好像越來越難受，吃止痛丸也完全不管用，怎麼辦呢？這其實也是我對禪的深層的、切身的感受與受益的機會來了。我想起很久以前讀過《臨濟錄》，其中一些語句，對當時的自己來說，有向上提撕的作用：

　　　　隨處作主，立處皆真。❸❸

　　　　一心既無，隨處解脫。❸❹

僧肇的《肇論》也有近似的說法：非離真而（有）立處，立處即真也。❸❺這幾句說話的意思都是，不管你身處於任何環境，這環境或立處都可以是終極真理的呈現。我當時的環境、立處正是那鉅大無倫的發自脊椎骨的痛苦，如何能讓這痛苦變成真理，起碼與真理有

---

❸❷　關於這種痛苦，我在拙著《苦痛現象學》中有過周詳的說明，在這裏也就不擬重複了。讀者請參看該書。（臺北：臺灣學生書局，2002，頁 247-251）

❸❸　《大正藏》47・498 上、499 上。

❸❹　《大正藏》47・497 下。

❸❺　塚本善隆編《肇論研究》，京都：法藏館，1972，頁 22。

交集呢？實際上，在那個情況，我自己已經存在於痛苦之中，為痛苦所腐蝕，以至吞噬，或竟變成痛苦了。當時我覺得自己已陷於瞑思之中，在痛苦中瞑思也。

慢慢地，我覺得自己還是清醒的，有反思作用，自己作為一主體性，還是能主動地作些決定。當時我在想，我應如何處理痛苦呢？唯有轉化一途。我不能消滅痛苦，因為痛苦已和自己的生命存在結為一體了，消滅痛苦，無異消滅自己，這意味自殺。自殺解決不了問題。當時我的處境實在很差，但仍然懷有希望、盼望，認為痛苦可以轉化，起碼可以緩慢地向弱勢趨赴。我持的理據，正是佛教所強調的根本義理：緣起。即是一切現象、事物都是依因緣而得以生起，因緣會離散，痛苦便會相應地改變，慢慢變弱，對當事人所施與其上的壓力便會消退，說得確切直截一些，痛苦與一般的現象、事物一樣，不是常住不變，而是生滅法，有生也有滅。因此，痛苦是可以克服的、超越的，或轉化的。當時我想起《金剛經》的一首偈頌：

> 一切有為法，如夢幻泡影，如露亦如電，應作如是觀。❸

「有為」（saṃskṛta）即是被做的、有它的構成要素的，這樣的東西（有為法）像夢、幻境、泡沫、露水和閃電，只能暫時存在，最後總會消逝。痛苦也是一樣，會消逝，只要有耐心、決心去等待便行。但我們不能只是白等，甚麼事都不做。我們應做一些自己能力

---

❸　《大正藏》8・752 中。

範圍內的事，例如堅持意志；不灰心；放鬆自己；不要與痛苦對抗而造成張力，壓逼自己；要與痛苦周旋，跟它交個朋友；多想一些積極的事，想想自己未來可以做些甚麼；如常起居，如常生活，等等。這些做法、想法，有它的積極作用，可以強化自己的忍受能力，堅定自己的意志，不畏縮，以平常心來面對周圍環境，面對恆時纏繞自己的身心的痛苦。必須要這樣做，我們的生命素質才會提升，心胸才會不斷擴展，讓自己不但可以包容快樂，也可以包容痛苦。

　　說到包容痛苦，讓我想起達摩禪的《二入四行》或《二入四行論》的一句話：體怨進道。其意思是，我們在痛苦中、苦難中，還是有向上之路，還是可以向著終極真理的體證這個理想邁進，只要我們能擁抱（體）痛苦。「怨」是怨恨、宿怨、怨忿、恩怨糾纏的意味，但也包括痛苦；有怨便會讓內心起震動、起波濤，不能安寧。達摩煞是一代祖師，他不說我們要把種種怨的事解決了，然後尋求和實踐真理、道，而是說我們要在糾纏於種種怨忿之際，當下矢志而且起動（take action）去求道。我們的求道、進道，不應由於有怨忿而停止，待怨忿問題解決後才求道，而是即在怨忿的存在中求道；或竟是，怨忿之中便有道，不能離怨忿而求道。這便接近後來天臺智顗在其《法華玄義》一名著中所說的「煩惱即菩提」、「生死即涅槃」的思維方式與實踐活動了。而我們也可以說道即在怨忿之中，怨忿即是我們體證道或真理的場所。在惠能所開拓的南宗禪的典籍中，隨處都可以看到這樣的實踐智慧的說法。例如，臨

濟說：「爾一念心上清淨光，是爾屋裏法身佛。」**㊲**一念心是平常一念心，有虛妄的傾向，但在內裏也有清淨的要素，是展現法身或道的基礎。南泉、馬祖、臨濟都說「平常心是道」，也是這個意思。《維摩經》被視為與禪有密切關係，上引它的說法：煩惱是道場、婬怒癡性是解脫，也有這個意思。

說痛苦有道在，或痛苦是道，表面看來確實是不可思議，不能接受。但這不是一種分析的說法，不是存有論性格的說法，而是有弔詭意味的工夫論的說法。即是，我們要求道，體證真理，可以在對痛苦的處理中現成；甚至可以說，痛苦的幅度越大，強度越高，便越是體證道、真理的合適的場所。這頗有日本禪師親鸞所提的「惡人正機」說法的意義：對象越是兇惡殘酷，便越能成為教化、轉化的對象。我們越是想體證、表示善行，便應找越是邪惡的、頑劣的人來對付，來教化，使他們改邪歸正。一個人要乘孤舟渡過大海而至對岸，在風平浪靜中渡過，自然很好。但若波濤凶湧，要乘風破浪才能渡過，則能予當事人更大的滿足感，也更會增長他的乘舟渡海的技術與經驗。處理痛苦的問題也是一樣：越是深沉、凝重的痛苦，便越能激發起當事人矢志克服痛苦、超越痛苦的勇氣，越能磨練他克服、超越痛苦的技能。勇氣越盛，技術越高，也越能讓他轉化痛苦，最後化痛苦為快樂。牛頓說：「作用力越大，反作用力也越大。」毛澤東說：「哪裏有壓逼，那裏便有反抗。」這是有辯證性、弔詭性的道理，值得我們反復思考。

㊲　《臨濟錄》，《大正藏》47·497 中。

十三、立處皆真

對於自己的這種痛苦三昧，為了不讓自己忘記，要時時提醒自己，我索性寫了一幅臨濟禪所提出的「立處皆真」字眼，貼在自己床尾邊的牆壁上。這樣，每當自己躺下休息，或睡前或醒來，都可以見到，因而想到：自己所置身於其中的，是痛苦，或者自己的生命存在的狀態，是痛苦，而痛苦自身即有道在，有終極真理在。這一方面可以提撕自己，對痛苦有所警覺；又可以勉勵自己，自己即便在痛苦之中，在極度的痛苦之中，還是有向上之路可以走。突破、克服痛苦的想法與做法，都需自己開拓出來，不能假手於他人。這幅字貼在牆上有六年之久，直到後來遷離原來的居所，才拆下來。

這種做法，在家人和朋友、學生看來（他們來探訪我便看到），可能會覺得有些土氣，這種想法存於心中便可以了，何必高調地把它寫出來呢？他們怎樣想，我並不理會。這只表示這種思維、認知對自己的重要性，要使它無時或忘。實際上，我是非常認真的，寫了出來，為眼所見，便要做到，而且要恆時做到。存之於心，固然重要，見諸文字，則更有保證。自己並不是時常都那麼積極地面對痛苦的問題，有時遇到失望的事，或內心有意志消沉之感，舉頭看到這些字眼，便會有即時察覺，而加以警惕的作用。❸

---

❸ 類似的經驗，我在德國時也有過。那時我在日本留學後，便到德國去。最初頻密地上德文課，回到宿舍，又拿起在日本學過的日文、梵文、西藏文來操演，盤旋於德、日、梵、藏這四種語文之間。那時我自己過分樂觀，覺得可以應付得來。沒料到一個多月後，我變得疲弱之極，精神有虛脫，對一切都

在我的人生觀中，人出生來到這個世界，是要承受痛苦或苦難的，甚至要獨自承擔苦難，他人不能代替。在苦難的煉獄中自我琢磨，自我轉化，自求多福。這是我們人的使命。使命完畢，便回到生命所自來的地方去。此中有千言萬語，也不必一定能說得清楚、透明，但與我自己的純粹力動現象學的思想有密切的關連。我在這裏只想說，人與痛苦永遠為鄰，快樂只是過客而已。既是永遠不能離脫痛苦，便得與痛苦為鄰，在苦中求樂，體怨進道。人要得到有持久性的快樂，便得在痛苦中想辦法，與痛苦共舞。捨此無他途。這便是我的《苦痛現象學》所由作，也是《屈辱現象學》所由作（屈辱也是一種痛苦）。京都哲學巨匠西田幾多郎說絕對矛盾的自我同一，我則會更具體地說快樂與痛苦的自我同一。但這同一不是邏輯性的，不是存有論性的，而是動作性的、實踐性的。快樂只建築

失去興趣，甚麼也不想做，只想休息。我在阿部正雄的一篇論文中讀到一段文字，譯成中文如下：

> 佛教以為，所有東西，沒有例外地，都不是那唯一的超越的神所創造的受造物，亦不是內在於那不滅之梵的一些東西，而卻是依存地共起的，並沒有一恆常的實體的自性。人若不能充分了解這個真理，而依戀他的財物，他所愛的人，和他自己，視之為恆常的和不滅的，他即在迷惑中而不能免於苦。（阿部正雄著〈從「有」「無」問題看東西哲學的異向〉，吳汝鈞著《佛學研究方法論》上下，頁 446）

阿部的這種說法，普通得很，沒有甚麼奇特，只是指出一切事物的空性、緣起性，我們不應執著。倘若有執著，執著自己的東西，如財物、所愛的人和自己，便會招來煩惱，招來痛苦。這不獨在禪為然，在整個佛教（除了有實在論傾向的有部）亦是如此。不過，這對當時心身交疲的我，的確很管用，我的確有執著，執著於學問也。因此我把這段文字寫在紙上，貼在牆上，來警惕自己。

在痛苦之中，只能在痛苦中找。

　　說到動作性，禪的確是動作性或動感性很強的一種宗教，特別是馬祖、臨濟那一系。馬祖的暴力粗野作風，是出了名的，例如他強力扭生徒百丈的鼻子，讓後者痛得大叫；黃蘗棒打臨濟；臨濟又大聲喝罵徒眾，德山的棒打更為厲害，因而有「臨濟喝」、「德山棒」的流行說法。至於上面說過的慧可斷臂、俱胝斬指、南泉砍貓，都是涉及傷身害體的行為。只有曹洞宗較為溫和，以靜坐默照作主要功課。在言說上，臨濟教徒眾「逢佛殺佛，逢祖殺祖，逢羅漢殺羅漢，逢父母殺父母，逢親眷殺親眷」，❸在一般人看來，這不免是不經大腦，亂說一通。不過，這些粗暴的動作與言詞，都各有它們表演出來的背景，臨濟的殺佛殺祖說，目的在要破除偶像與權威的崇拜，教人不要隨便追隨佛、祖師、阿羅漢、父母、親眷的路子走，要讓自己樹立真正見解，不盲從他人。祖師對徒眾所施的動作，所說的言詞，必須在一種特殊的契機中表示出來，才會對有關的徒眾起指點、開示的作用。不在這種脈絡中的人是很難理解的。

　　這動感主要見於祖師教導徒眾如何得到覺悟、如何悟入終極真理亦即是禪道之中。這又強烈地說明禪的終極關懷是面向世間的，不是捨離世間的。〈十牛圖〉的第十圖「入鄽垂手」的頌最能展示這個訊息：

　　露胸跣足入鄽來，抹土塗灰笑滿顋，

---

❸　《臨濟錄》，《大正藏》47·500 中。

　　不用神仙真秘訣，直教枯木放花開。

其中的短序又有如下說法：

　　柴門獨掩，千聖不知。埋自己之風光，負前賢之途轍。
　　提瓢入市，策杖還家，酒肆魚行，化令成佛。❹

這是說明一個人得道後，並不與世間隔斷，在清靜的山林中享受覺
悟的樂趣，卻以大悲大勇之心，混入世間的十字街頭的市廛之中，
以無比的耐性，樂意地教化眾生，讓他們得到覺悟，所謂「酒肆魚
行，化令成佛」。此中最讓人感動的、留有深刻印象的，是那種愉
悅的意願與堅忍的耐性，不假借任何虛無縹緲的法術，而是親力親
為地、任勞任怨地教化眾生。即使他被認為是無覺悟種子的、永遠
不能成佛的一闡提（icchantika），也對他善巧開示，向他灌注覺悟的
養分，「直教枯木放花開」。枯木開花是不可能的事，但得道的禪
者還是不厭其煩地盡最後一點力量，希望有意想不到的成績、奇蹟
出現。這是一種充實飽滿的大悲大願，可匹配耶穌不懼痲瘋病者的
傳染，以雙手細撫後者的雙臉，讓他們能脫離頑惡的疾病。這種做
法，直接相應於立處皆真的根本認知。一闡提、痲瘋病人便是立
處，是要處理、轉化的對象，你要實踐道、體證終極真理，便要在
他們身上下手，不能害怕而畏縮不前。

---

❹　以上的頌、序文字，轉引自柴山全慶說明〈十牛圖〉一節，載於《講座禪第
　　六卷：禪の古典～中國》，頁 91。

　　附帶要說的是，要進一步了解禪，除了多讀有關的文獻如祖師的語錄、燈錄和偈頌外，還需熟習祖師與徒眾在禪院內的生活環境、言說習慣和一些特別的語詞的所指，如「鐵饅頭」指極端難解讀的公案，「屋裏主人公」指真實的主體性、真我，「橋流水不流」指顛倒性，「野狐禪」指超離的、不與世間打交道的禪法，「老婆禪」指疲弱無力的禪法，等等。

十四、從身心相離到身心脫落

　　我參究（倘若可以用參究特別是「參」這個工夫實踐的語詞的話）「立處皆真」的深義歷六年之久，感覺上好像不錯，比較能以一種歡喜的、隨喜的心來看事情，觀感上比較樂觀，不像以前般對人對事有那麼多的批評，覺得人、事方面不太差便可以了。特別是，自己一向都有追求完美的心理傾向；在那個階段之後，似乎不再有太講究的要求。世間那麼多的事情，倘若每一項都要求十全十美，內心會出現一種張力，讓自己不平和、不舒服。求得太多，或太苛求，是不好的。事情稍為過得去，便可以了，不必多求。最好是無求，這樣便無所謂得失，內心便一片坦然。但無求是一種很高的心靈涵養，需要克服、超越種種欲望才能達致，談何容易呢？實際上，在整個大宇宙中，人是那麼渺小，根本沒有資格求這求那，求東求西。

　　說到人的渺小性，倒令我想起一件事。我家樓上住有一個姚姓的長者，我們叫他「姚公」。我跟他不是很熟，雙方見面，只是點頭而已。他對我的一切，並不理解。但見我唸大學、研究院之後，

又到日本、德國和北美留學，東、西洋水都飲過了，已是不惑之年，也已成家立室，有兒有女，還不在大學找一份教職❹，反而罹患手尾極長的腰病，以為我很慘。有一次在公車上碰到他，他對我說，一個人若要幸福，健康很重要。要身體健康，有五個因素：一是飲食，二是有秩序的活動，三是運動，四是睡眠，五是精神。關於最後的精神一點，他怕我不理解，便特別說要知道自己的限制，不要以為自己很重要，別人不重要。他還舉例說，人是很渺小的，不過是大海中的一滴水而已，因此不要把自己看得太特別，云云。我微笑點頭，表示同意。這雖是老生常談，但最後一點倒是頗有意思，「精神」或許不是很恰當的字眼。姚公說的，其實是佛教所說的我執。

我執是人生中很麻煩的問題。或者說，人生之所以麻煩，有那麼多苦痛煩惱，都離不開我執。一般人總是以為自己很重要，以自己為中心、標準來看世界，做事總是以自己的利益作考量對象。自我中心的意識與現象讓每一個主體都處於一種張力～主體與主體對抗的張力～之中因而不得安寧。這種意識與現象必須被淡化以至於被克服、被解構，真正的幸福才能說，才是可能的。這種工夫實踐在道元禪中即是「身心脫落」，道元在他的《寶慶記》一著作中便論及身心脫落、只管打坐的問題。

道元屬於曹洞禪的譜系，他在宋代由日本來到中國，受學於天童如淨，學成後回日本弘揚曹洞禪。我從京都學派方面學習的禪坐，便是這種禪法的身心脫落的實踐。甚麼是身心脫落呢？這即是

---

❹　幾個月後我進大學任教，他當然不知道。

讓自己的生命存在的兩個構成要素：身與心，或身體與精神，被解構而臻於無身無心的無我的精神狀態。但在進行身心脫落的實踐之先，我們得先行對身與心有具體認識，把兩者在認識論上區別開來，和在存有論上分離開來。因此，我覺得先要做的，是身心分離的實踐。

　　身是肉身，是形軀、物質，這沒有問題。心則是心靈，但不是超越的心靈，而是經驗的心靈，是心理學的心（psychological mind）。因此，身與心都是現象層次的。如何讓兩者分離呢？在這個問題上，我頗有自己的一套做法。我自己的身體本來便不大好，先天便缺少鈣質，因此骨骼脆弱，牙齒特別多問題，中年以後尤甚。洗牙、補牙、拔牙、根管治療以至鑲牙、裝牙套，可謂式式俱備。牙科診所是我經常去的地方。牙是身，感受到痛是心。最初我對這兩者沒有分離的意識，每次接受牙齒問題的治療，都感覺痛，那是肉身的痛。打麻醉針也是痛。我越是有心理準備，越是對這痛苦警覺，便越是感到疼痛，而且越感到自己與這疼痛有一種張力，便是由於這張力的存在，自己總是緊張起來，不能放鬆，結果招來更大的疼痛。後來我在想，對於這種痛苦，是否可以有另外一些態度或回應，讓自己與它之間的張力、緊張能夠緩解，不會感到那麼痛苦、那麼難受呢？漸漸地，我似乎找到一個竅門、一個出口，讓自己感到不那麼難受，不那麼痛苦，那便是不理那種疼痛，與它分離開來、切割開來。但疼痛是存在於你的身體之中，怎麼能分離呢？我的做法是，在疼痛將出現或已出現之際，盡量想一些積極的事，自己將來要做的事。或者乾脆唸起佛來，把注意力從疼痛方面移到佛、菩薩的名號方面去，把心情專一起來。有時也與疼痛作些對

話，問它能把自己怎樣，是不是會讓自己變得堅強呢？最後，我終於找到一種最有效的做法，便是把處理牙齒的事全部地、毫無保留地交託給醫生，對他完全順服（submissive）。即是，你醫生有你要做的事，對我的身體（牙齒）造成痛苦，是你的事；我有我自己的想法，甚至想到將來發大財，甚麼也不必做，只是環遊世界，這是我自己的事。你做你的，我想我的，咱們井水不犯河水，好不好呢？至於在治療牙齒中讓我感到痛苦，也是你的事，我不想管，也管不了。你是為我好而做的，痛苦也是難免的。但治牙的運作總會有個結果，我總會離開這張牙椅，能熬過這一段時間，我又是一條好漢了。

我們或許可以想一些我們的先人的慷慨激越、不怕死與痛苦的經驗。三國時關雲長讓華陀刮骨療毒，沒有麻醉藥可用，還能喝酒下棋，何其豪勇！趙子龍百萬軍中藏阿斗，渾身是膽，何其英銳！戰國後期，田光、樊于期為了成全荊軻刺秦王的志業，眉頭也不皺一下便自刎了，把頭顱送出，何其悲壯！唐代安史之亂，常山顏杲卿痛斥賊臣，舌頭被割掉，還在喃喃狂叫，何其激越！我輩小子，有這樣的大勇祖先，在現代醫學的加持下，受些痛苦，又算甚麼呢？

我們甚至可以這樣想，痛苦是一種共業，人人都要承受，無一能倖免，只是痛苦在不同的時間、不同的地域出現而已。宇宙間正存在著比我們的要強上千百倍的痛苦，只是我們無知，不曉得而已；或者由於我們只向自己的一些不舒服的地方不斷鑽牛角尖，沒有空閒去理會它們而已。

漸漸地，順著上面的那些想法，我似乎能夠做到身心分離的狀

態，也感到自己的渺小性（不得不承認也）。身心分離可以成就俗諦、經驗世界，身心混同則不能。俗諦即是常識的世界，我們要在這個世界中生活，要（比較地）生活得好，便得有分別意識。由這意識分別身與心、人與物、你和我、動物與植物、生物與死物。我們還要靠這分別意識區分世間的種種事物、日常生活所常會接觸到的事物，例如粥、粉、麵、飯、牛、羊、豬、狗、花、草、樹、木，等等，數之不盡。佛教即在這種分別作用的脈絡下，提出假名（prajñapti），來指謂這些東西。有了假名來作區別，我們的生活才會舒服，才可能有倫有序。例如，我感到飢餓，叫你拿飯來，你便要拿那些與「飯」這個假名相應的東西來，我吃了，便不會飢餓了。若你不拿飯來，卻拿一杯水來，那便不能解決我的飢餓問題了。分離的作用便在這裏。身與心需要分離、分開，也是很自然的。身體有感覺作用，但不能思考，心則能思考，亦可把感覺經驗記下來。雙方的不同，非常明顯。

不過，身與心是經驗的形累性格，傾向於氣、才質方面，因此是有限的，缺乏普遍性（Universalität）。我們的理想是要體證終極真理，後者是超越的原理，是無限的，具有普遍性，由此可以說真正的價值。最嚴重的問題是，身與心是相對的，身相對心而為身，心相對於身而為心。兩者可構成兩個極端而成立二元性（Dualität）的對立關係。一切二元性都是現象性格，都會遮蔽其本質或終極真理，都會成為我執。我們可以這樣理解，分解地說，在相離狀態下的身與心，都會成為我執。身會被視為肉身的我，或形軀我；心會被視為精神的我、心理學的我；兩者被放在一起，而成一種對待關係、背反（Antinomie），這背反可成為一種混雜的我。形軀我、心

理我與背反我都是經驗性的、現象性的，都可以做成我執，都會被視為具有實體、不變的本質，或佛教所說的自性（svabhāva）。自性必須被超越、被克服、被突破，絕對的、無限的終極真理才能呈現。因此，倘若要建立真正的價值、理想，便要分別對形軀我、心理我作工夫，把它們的自性性擊破，生命中的終極主體才能現成。或者可以這樣說，要把這兩種我加以轉化，去除對它的執著，而臻於無執的狀態。在這無執的狀態中，我們才能獲致一種「無我」（anātman）的終極認識，這無我的基礎，正是那具價值義、理想義的「真我」。這真我正是《壇經》所說的「自性」、《臨濟錄》所說的「真佛」、「無位真人」、禪一般說的「屋裏主人公」，或京都學派的久松真一所說的「無相的自我」、京都哲學一般說的「絕對無」。克服了形軀我、心理我，它們所成的背反的我便無由成立。因此，我們必須對在個別狀態中的形軀我、心理我作工夫，轉化它們，不要讓它們成為我們求覺悟得解脫的負累，這便是道元禪法所說的「身心脫落」。

跟著要做的，自然是要在工夫上，甚至在日常生活之中否定自我（具有實體性的自我）的存在，體證無我。自我或自我意識的確是一個非常深沉而又難以處理的問題，我們生命中的一切苦痛煩惱，莫不是由自我意識引起。自我意識會招來佛教所謂的四種根本煩惱：我癡、我愛、我慢、我見，結果是自我中心主義的認知與行為。單是我慢與我見，便足以阻塞人的向上求自我轉化的意願，摧毀人的理想的達致。我見使人對於自己估計錯誤，以為自己的觀點與知識都比別人正確和豐富，因而生起傲慢的心理：只信任自己，看不起他人，一切都自以為是，因而陷入傲慢的泥沼。一個自己以

為不可一世的、狂妄自信的人是不會承認自己有弱點而向他人請教的、學習的，不能透過良師益友來提升自己的觀點與知識，單憑自己現有的力量，自然難以實現、達致自己的理想。只有求進步、求轉化的人，才能讓自己的理想實現。至於我癡、我愛，對自己的愚癡、癡戀與溺愛，更會讓自己失去明覺，太容易饒恕自己的過失，不能克己復禮。（「克己復禮」雖是儒家孔子所說，但對佛教徒一樣管用。此中的「復禮」可理解為回歸向公理、普遍的原理、真理。而所謂「己」，則相應於上面說的四種根本煩惱。）

　　還有一種挺重要而又不為人留意的問題。一個人倘若只沉醉於自我中心，自我意識太強，則很容易讓自己的神經過於敏感，讓自己常處於一種隨時要出動的備戰狀態，這會帶給自己很大的張力，使自己緊張起來，不能抱平常心去應付問題。這種人對輸贏很在乎：他是輸不起的。一旦輸了，自己的表現、成績比不上他人，便沮喪起來，以為天要塌下來了。另外一個問題是，一個人有濃烈的自我意識，往往個性、主體性也很強，看事看人，都有主觀傾向，所提出的意見、評論會有失公允。另外，上面提到道元由佛學說下來的各種階段：佛學即要學佛，學佛即要學自己，學自己即要忘掉自己。自我意識太旺盛的人，是不易忘掉自己的。甚至日夜都在想著、執持著自己，睡覺也不可能安穩。

　　身、心相離，由身與心所成的二元性自然無從說起。但身仍是身，心仍是心，執著於這兩者，仍會造成我執，或濃烈的自我意識，這會嚴重障礙自己的存在境界的提升。以形軀是我，以心理或意識是我，都會造成我執。當時我要做的，自然是去除我執，突破自我意識。為了解決這個問題，我看了很多宗教的書，包括聖法蘭

西斯（Francesco d'Assisi）、甘地、史懷哲和德蘭修女的生平或自傳，嘗試體會他們對人類的慈愛與對理想的堅持。在他們的志業的辭典中，是沒有「我」、「自我意識」這些語詞的。在我所真正敬佩的人物名單之中，並沒有孫中山。他的三民主義思想或許可以救中國，但不能救世界。他曾提醒人要「和平、奮鬥救中國」，但沒有說要救世界、救全人類。我曾在頗長的一段時間中，刻意留意自己的想法與行為，盡量泯除自我意識，但總是不成功。聽到有關自己個人的正、負面評論，心裏總是有反應，不能平和，不能保持平常心。

最後機會終於來了。一九九九年春夏之交我被發現患有腮腺癌，馬上動手術割除腫瘤，連同腫瘤旁邊的左腮腺也割去，然後進行口腔部分的電療。電療的確是痛苦難受。電療部位鎖定在左耳下方，幅射從兩個方向射入，這兩個方向必須定得很準確，才能保證電療的有效性，故要先行定位。工作人員依我自己的面形，用白膠製成一個面罩，每次電療，都以這面罩緊緊箍著面部，頭部則枕在一個軟墊上，完全不能移動，連呼吸也覺困難。另外，每次電療都要口含一塊大臘體，用來壓著舌頭，避免它為幅射所穿透而受損傷。每次療程大約是十五分鐘，但最初兩次做面罩和進行模擬電療，時間很長，讓人痛苦得要命，心想越快做完便好，有處於漫漫長夜等待黎明而又總不來臨的感覺。

我如何面對和應付這種極度痛苦的治療呢？我的做法很簡單：只管唸佛，努力地、持續地心誦「南無觀世音菩薩」的名號，目的是要一心不亂，忘記自己的存在性，撤除自我的想法：自我意識。最終目標是忘我、無我。這正是上面提到的破除我執的直截了當的

做法。這無我非常重要，只有無我才能放鬆自己。人若不能撤除自我意識而把自我「無」掉，放鬆自己，痛苦便會從四方八面衝湧過來，聚焦於所執取的自我上，把你淹死。越能放鬆自己，無掉自己，便會越覺得好過些。❷這其實是一種禪定工夫。孔子說：「無意，無必，無固，無我」，莊子說「坐忘」，釋迦牟尼說：「無我」，都有這個意思。特別是莊子說「墮肢體，黜聰明，離形去知」，最能突顯忘我、無我的意味；這不只要去掉形軀的自我，而且要去掉作為經驗主體的知性自我，其結果是「同於大通」，自我意識消融於形而上的大道之中。

由苦痛而忘我、無我，無了自己，不但苦痛失卻了它的凝聚的焦點，而變得疲軟，困擾人的力量大大減低，同時你亦會去掉自己的主觀的意欲、價值觀，而遨遊於客觀的精神世界之中，「與天地精神相往來」，如如地、平等地欣賞世間眾生的行為、生活，以至大自然的山嶽河川的大美。這裏內有一種歿後復甦的自由感與生命境趣，一種奇妙的、更生的創意，那是未有親歷其境的人所不能領受的。

電療真的提供給我一次斷除我執的大好機會。在療程到中間的階段的那一次，我感到好像有一股巨大無倫的浪潮，排山倒海地衝過來，有要把山岳崩解的氣勢，當時我還是死執著自己的我，不肯放手，好像雙手緊緊抱著一隻白兔，不肯鬆開。看著看著，自己實

---

❷　在凡情或一般的生活中，人總以自我為中心，把一切與自我有關連的東西，都聚攏在這自我的周圍，成為我的所有，而把這自我和我的所有執取，死抓不放。苦痛壓力來了，也會聚焦在這個自我上。因此要忘掉這個自我，「無」掉它，才能使苦痛舒緩。

在承受不了那股巨大的壓力，巨浪要把自己整個吞噬了。在那一瞬間，我突然感到疲乏之極，可謂到了谷底，便放開雙手，自我終於鬆開來了，像一個氣泡，戳破了，消失了。那隻自我的白兔自動溜掉了。我不停地猛唸「南無觀世音菩薩」的名號，要把整個生命存在交託予她，投向她的慈悲的懷抱中，之後便迷糊一片。過了一陣子，我覺得有些知覺，聽到聲音。說電療完了，護士替我除去那個每次都用上的膠面罩，拿去那塊緊緊塞在口腔裏的臘塊，讓我起來。我站著，如常穿上鞋子。由那一刻開始，我竟感到體態輕盈起來，好像卸下了背負了幾十年的沉重的包袱那樣，舒暢無比。我知道那個包袱正是自己一直執持著而擺放不下的自我。人的怕死，便是害怕死後墮入漆黑一片的世界，自己的同一的我會被這一片漆黑吞噬掉。人總是害怕死後會失去了這個自我。倘若卸下這個自我，便無所謂失去自我了，因而不會畏懼死亡，生死問題便這樣解決了。我知道這個實踐經驗，便是佛教自原始佛教以來便不斷強調的「無我」，也是禪所說的「大死一番」。「大死」表示對那個長年累月死抓不放的自我以至自我意識徹底否定、徹底埋葬。必須要這樣做，才能有新生可言。

有沒有真我呢？有的，久松真一提出無相的自我。《壇經》所說的「不思善，不思惡」的自性，即是真我，這是一不捨不著的靈動機巧的主體性。它能突破一直被執持的慣習的自我所撐開來的障蔽，當下融入那廣大虛空的、自由自在的宇宙真理之中，與它合而為一，它回歸到它所自來的處所。這個真我顯露之際，正是身心脫落之時。它無所謂生死，無所謂生滅。久松真一臨終時，家人很傷心，哭了起來。久松安慰他們說：「不必傷心，我不會死。我根本

沒有生，哪會有死呢？我是無生無死的。」這個無生無死的、超越生死的主體，正是他所悟得的無相的自我、真我，它是絕對無。在我的純粹力動現象學的思想中，它是純粹力動這一終極的原理下貫下來，表現我們的生命存在中的睿智的直覺。

　　我知道這真我的顯露、呈現不可能被保證永遠持續下去。它越是自由，便越是沒有保障。只要一念妄執起來，人便會即時下墮，而陷於無明的深淵（Abgrund）之中。故我們恆時要保持警覺，提醒自己，要無住，無住著於任何對象而成執。不能住著於生死之中，也不住著於涅槃之中。般若文獻特別是《金剛經》和禪的《壇經》、《臨濟錄》都盛言無住，便是這個道理。

　　由於電療是一種極度痛苦的治療方式，而且殺傷力大，有毒的細胞固然殺掉，健康的細胞也不放過，故它是否安全，很難保證。有些病人會受不住這種苦痛而崩解死掉，有些則做了一半忍受不住而停頓下來，這是半途而廢。有些則能由始至終順利過關。我慶幸是屬於最後一種情況，而且能藉著這個機緣，斷除我執，使身、心脫落，證得無我的真理。其實那是逼出來的，與自己的覺悟智慧不一定有關連。當時我的感覺只是，在那種緊要關頭，若不儘快放棄自我，整個生命有即時崩潰的可能性，一生便完蛋了。於是猛然覺醒，放開自我意識，把我執鬆開，讓自我的白兔溜掉。這個自我意識的大門必須打開，不能把自我關在內裏，必須把自我撇掉。把自我關起來，讓自己陶醉，不與外界溝通，是很危險的。

十五、遊戲三昧

關心宗教與文化的人大抵都知道，中國禪自達摩以來，都是以「教外別傳，不立文字，直指本心，見性成佛」為宗旨，在佛教這一宗教傳統中，別樹一幟，有獨特的表現。如上面所說，禪其實有三個導向：達摩禪與早期禪（慧可、道信、僧璨、弘忍）與北宗的神秀禪都是分解的模式，確認一超越的真心真性，透過漸悟的方式，不時對這真心真性（達摩重真性，其他則重真心）加以省察，若有外在的、經驗的染污東西薰染它，便需採取行動，移除一切染污，「時時勤拂拭」，「捨妄歸真」，便能得覺悟。以惠能為首的南宗禪（不包括弟子荷澤神會和他的譜系）則從平常一念心說起，以人的這平常心或一念心包含淨染內容，是一個背反，強調要突破這背反，彰顯本來具有的佛性、自性，便能得覺悟。這種覺悟是頓然發生的，不是漸悟。第三個導向則是神會和承接這種禪法的宗密所開出的，他們確立清淨的靈知真性，作為成佛的根本，但提倡頓悟的方式。這種禪法可說是前二者的綜合。

至於那四句宗旨中的「教外別傳，不立文字」，雖說「教外」，但禪在佛教思想與實踐發展的脈絡中，還是有所承傳的，它不能完全脫離佛教之外而自成一個獨立的學派，與中國傳統的儒家、道家成對等的關係。不留意這點，便不能了解禪的實踐與終極關懷，也不能了解它的本質。即是說，在思想上，它承接楞伽傳統的如來藏自性清淨心；在實踐上，它與般若系統所強調的無住心的不取不捨的妙用有密切的關連。它的本質亦只能從這兩點來說。倘若把禪的幾種不同的導向與在它之外的中國佛學派系作對比，則達

摩與早期禪、神秀禪可說近於華嚴宗，雙方都取清淨心與分解的路數；惠能及以下的南宗禪則近於天臺宗，雙方都是綜合的思想形態，而且都從平常一念心說起。而神會、宗密禪則近於天臺宗後期的山外派的路向，都有清淨心的思想傾向。但這只是概略性的比較、比配而已，有很多問題需要澄清，我在這裏無意詳細處理這些問題。

就我自己有限的研究所得言，禪的本質在那無住心或無住的主體性的動進性（dynamism），或那動進的（dynamic）無住心或無住的主體性。它的表現，則在這動進的無住心對世間的不取不捨的妙用中見，而禪即在這妙用中，轉化了眾生，成就了世間。這種表現，在禪門稱為「遊戲」，更完整地說，是「遊戲三昧」。❸我這樣說，主要還是就惠能和他所開拓的南宗禪而言。

按「遊戲」一字眼，一般人都把它作為一種讓自己感到舒暢的活動來運用。但它可以是一個嚴肅的哲學概念；東西方的哲學家，如維特根斯坦（Ludwig Wittgenstein）、葛達瑪（Hans-Georg Gadamer）和西谷啟治都在這一脈絡下用過這一概念。維特根斯坦在他的哲學思考的晚期，說到語言的性質，曾提出遊戲（Spiel, spielen）概念，以遊戲來說語言，遊戲具有開放的、自由的涵義，因此語言也有開放性、自由性。葛達瑪則從存有論的角度來說遊戲，他認為在遊戲活動中，遊戲活動是主體，從事這種活動的遊戲者在其中得到滿足，同時又能表現自己。而參與這種活動的，還有欣賞者。他是以遊戲

---

❸　「游」與「遊」是相通的。《大正藏》作「游」，不過，我在這裏順俗，說
　　到游戲時，用「遊」字眼。

先在於遊戲者和欣賞者，與一般人以遊戲者為先有而展開遊戲而有遊戲活動不同。這頗有西田幾多郎提出純粹經驗，以此為先在，然後發展出經驗者與被經驗者的意趣。西谷啟治則站在佛教的空的立場來說遊戲，把它與無執著的活動連結起來。還有柴山全慶以凝聖遊戲來說，這在上面已說過了。

　　遊戲三昧概括了禪的實踐與終極關懷，展示禪的全幅表現、整全的面貌。禪者或覺悟者以三昧禪定為基礎，本著慈悲心，在世間無礙自在地進行種種道德的教化、宗教的轉化，或點化，對於處於不同情況、條件的眾生，都能自在地拈弄，以適切的手法去對待他們，回應他們，讓他們得到益處，最後得到覺悟，從充滿苦痛煩惱的生死大海中解脫開來。禪者運用種種方便法門（upāya），總是那樣揮灑自如，得心應手，了無滯礙，仿如孩童在遊戲，完全沒有侷束的感覺。

　　三昧是梵語 samādhi 的音譯，意譯為禪定，這本來是一種修行、瞑想，讓意志力集中起來，不向外散發。在三昧的修習中，修行者所關心的，是如何強化（consolidate）自己的意志力，讓它好像金剛石那樣堅固，不對外界起分別意識，不與外界作主客的對立關係，不為外在的感官世界的對象所吸引、誘惑。在整個修習過程中，意志的純化是最重要的功課。在方法上，這種功課需要在清淨的和寂靜的環境中進行，因而不免予人以靜態感，這是心靈的凝定階段，是必須的。這階段過後，純化的工夫完成了，心靈便可從凝定的狀態中霍然躍起，在世間起種種作用，教化眾生，使他們覺悟終極真理。

　　禪的遊戲，必須以三昧為基礎，否則意志不易把持得住，易流

於蕩漾，工夫不能圓熟；三昧亦必須發為遊戲，否則，在三昧中所積聚的功德，便無從表現出來，發揮其作用。遊戲是動的，三昧則偏於靜的，兩者結合，而成遊戲三昧，即是動靜一如的狀態。通常說「禪寂」、「禪坐」，是傾向於三昧一面，靜態的意味重。「禪機」則是禪祖師的大機大用，這是遊戲一面，動感非常濃烈。「禪趣」則介乎遊戲與三昧之間，有動又有靜也。不過，這裏說動說靜，只能是相對的意思，不能說絕對性。禪總是要在用之中，用即是運作、活動。禪是有生命的，常在動用之中，所謂靜，不是絕對地不動，只是它的動勢微弱，我們不能察覺而已。

　　要注意的是，遊戲三昧是一種整全的禪的實踐的精神活動，它不能截然地分割為遊戲與三昧兩段，而以遊戲指禪的動感，以三昧指禪的靜感。遊戲是禪修行人在世間進行自在無礙的教化、轉化工夫，三昧則作為遊戲的基礎，以修行人的專一的堅強意志，把遊戲貞定下來，不使泛濫。在禪修行人的遊戲中，三昧早已隱伏於其中，發揮它的殊勝的力量了。

　　六祖惠能在《壇經》中提到遊戲三昧，他說：

> 若悟自性，亦不立菩提涅槃，亦不立解脫知見。無一法可得，方能建立萬法。若解此意，亦名佛身，亦名菩提涅槃，亦名解脫知見。見性之人，立亦得，不立亦得，去來自由，無滯無礙，應用隨作，應語隨答，普見化身，不離自性，即得自在神通，遊戲三昧，是名見性。❹

---

❹　《大正藏》48・358 下。

「無一法可得」是不執取任何一法，這是不取；「方能建立萬法」是積極地成就世間法，這是不捨。禪心的活動，必須是對世間諸法不取不捨。捨是捨離，是小乘的傾向；取則是執著不放手，是有部（說一切有部 Sarvāstivāda）和經量部（Sautrāntika）對諸法的基礎亦即所謂「法體」（svabhāva）的執持不捨。這兩種態度（對世間的態度）都有極端的傾向，都不合乎中道（madhyamā pratipad）精神。惠能的精神則是中道性格的。這裏對遊戲三昧，有較詳細的發揮：「去來自由，無滯無礙，應用隨作，應語隨答，普見化身，不離自性，即得自在神通」。由「去來自由」至「普見化身」，都是說遊戲，顯示禪修行者對世間的施教，都是揮灑自如，進退得宜；「應用隨作，應語隨答」，一切都那樣地得心應手。「不離自性」則是三昧的事。自性或本心本性必須經過三昧的艱難修行階段，才能挺立起來，表現堅貞無比的意志與耐性。❹

宋代南宗禪的無門慧開也曾這樣說遊戲三昧：

> 參禪須透祖師關，妙悟要窮心路絕。……莫有要透關底麼？將三百六十骨節，八萬四千毫竅，通身起箇疑團，參箇無字。晝夜提撕，莫作虛無會，莫作有無會。如吞了熱鐵丸相似，吐又吐不出。蕩盡從前惡知惡覺，久久純熟，自然內外打成一片，如啞子得夢，只許自知，驀然打發，驚天動地。如奪得關將軍大刀在手，逢佛殺佛，逢祖殺祖。於生死岸

---

❹　禪宗說自性，自然不同於一般佛教特別是原始佛教所說的我（ātman），也不是上面剛說及的法體。它是佛性、法身。

頭，得大自在，向六道四生中，遊戲三昧。**❻**

這是宗門對遊戲三昧闡釋較為詳盡而具體的文字。這裏把三昧的工夫，集中在對「無」的參究上。在這參究中，不以無為虛無主義的無、一無所有；不起有無的相對待的分別意識，要同時克服、超越有與無的二元性，臻於非有非無的中道境界。不作主客、內外對立的想法，「內外打成一片」。這「打成一片」不是把內外的界線泯除，使雙方混雜起來，而是超越內外的相對性，以達於無內無外之境。這種工夫圓熟了，便能馬上有效地在世間遊戲起用，破除眾生的種種執見、邪見，包括對佛、祖師的權威的傾斜、執見在內。這裏特別強調，以三昧為基礎的遊戲，是要對著六道（天、人、阿修羅、畜牲、餓鬼、地獄）與四生（涅生、煖生、化生、胎生）的輪迴界域做的，目的是要使眾生轉迷成覺，從生死的輪迴世界中脫卻開來，遠離種種苦痛煩惱，獲致大自在、大解脫。這是禪的最高旨趣、終極關懷。

　　這裏我們特別要注意文本中的「無」與「疑團」字眼。這無與上面提到的狗子佛性公案〈趙州狗子〉有密切關聯。通常有「趙州無」的名相，表示對於狗子有沒有佛性一問題的參習。在這方面修行有功力的禪門人，並不會對狗子有無佛性一問題預先給定答案，而純看提這個問題要給他開示的徒弟當時的具體情境而對這個是有是無的問題給予應機的回應。他是「殺活自在」的：殺是奪狗子佛性，活是予狗子佛性。狗子是否具有佛性不是一個要客觀地進行生

---

❻　《無門關》，《大正藏》48·292 中-293 上。

物學的解剖而作決定的問題。狗子佛性的或有或無，不是一個存有論的問題，而純是工夫論性格的。這是一個疑團，或甚至大疑團。這個疑團能突破，有無的分別心被克服，便能當下得悟，否則便得從頭開始。若在這裏面只管鑽牛角尖：鑽作為一客觀問題的狗子是否具有佛性的牛角尖，左右不停地推敲，則說有說無，都落於相對的框架，在概念的層面兜兜轉轉，淪於「祖關不透，心路不絕，盡是依草附木精靈」，**❹**最後只會越鑽越深，迷途不返，精神崩潰，生命便完蛋。京都學派所常說的大疑團、絕對無（absolutes Nichts），與這個公案特別是「無」大有關連。至於對於處身於其中的徒弟的感受為如何，則只有他自己才知曉，不能傳達，「如啞子得夢，只許自知」。但一經點醒而得覺悟，則形勢大好，可以像關雲長手持青龍偃月刀般威猛自在，可以「驚天動地」。

在這種脈絡下的徒眾或修行者內心的主觀感受為如何，雖不可說，「如人飲水，冷暖自知」，但我們仍可借助一些譬喻來透露他的精神、心靈境界。上面提到的〈十牛圖〉的序文與頌文便很有參考價值。這〈十牛圖〉是十幅牧牛的圖畫，以牛譬喻心，故又稱「心牛」。每一幅圖畫都包含短序與頌文。前八圖表示牧牛、調息身心的歷程，最後歸於人牛俱忘。人是主體，牛是客體，人牛俱忘表示主體與客體的分別意識的泯除，修行者獲致主客雙忘的無分別的精神境界，不執取主體，也不執取客體，而臻於無執。這是修行人在三昧實踐中的最後階段，過此以往，便是回向世間，由往相轉為還相，展開遊戲的教化、轉化活動，要普渡眾生。

---

❹ 同前註，48・292 下。

　　第九、十兩圖都是說遊戲的。修行者在第九圖亦即第九階段整裝待發，本著一種不執取任何對象，而讓對象任運地、自由自在地展現自己的姿采，所謂「庵中不見庵前物，水自茫茫花自紅」。❹
「庵中」指修行者，「庵前物」指修行者所對的一切事物、整個現象世界、經驗世界。「不見」不是指眼睛不見，視覺失靈，而是指不作對象看，不視庵前物為具有自性的實在的東西。在這個階段，修行者已能克服和超越主體與對象的二元性（Dualität），沒有任何執著。「水自茫茫花自紅」指去執後對於在眼前或感官前呈現的事物的態度：隨順事物的本來如此的狀態展示，不作任何主觀的干擾。讓水茫茫一片地蕩漾，讓花自由地展示它的鮮紅色的璀璨的姿顏。這頗有海德格（Martin Heidegger）哲學中的泰然隨順、泰然任運（Gelassenheit）、自然（Ereignis）兩觀念所含的意味。在道家來說，這便是逍遙。第十圖則在上面說過了，表示正式回向世間，以無比的慈悲、耐心去教化、轉化眾生，即便是極端冥頑不靈的眾生，如一闡提（icchantika），都能得悟，讓枯木能開花。

　　遊戲三昧顯示了禪的全幅面貌，只有這種禪是真正的禪法。這「真」不是對「假」言，卻表示完全之意。具體言之，它主要指惠能及他所傳的禪法，亦即是南宗禪。印度佛教原來也有禪，強調在森林、河畔進行靜坐瞑想，這也是印度原來的哲學與宗教的實踐方式，《奧義書》（*Upaniṣad*）中便敘述及這種活動。進行這種實踐，主要是要淨化心念，與解脫的宗教目的有一定的關係，也不是限於佛教為然。這很明顯地是注意三昧一面，頗有出世的意味。森林、

---

❹　柴山全慶著〈十牛圖〉，頁 89。

河畔是遠離人多的鬧市的地方，有不食人間煙火的傾向。同時，這也有頭陀行或苦行的意味，早期禪也近於此。就禪的分為如來禪與祖師禪兩大系來說，達摩與早期的禪法，例如由慧可到弘忍，都強調清淨心（如來藏自性清淨心）的普遍性，以為這是成就佛、如來的基礎，我們若能把它從種種客塵煩惱中體認出來，顯發開來，便成佛、成如來。這便是所謂如來禪。這種禪法仍是重視三昧一面，在實踐上以涵養、顯發清淨心為主，不太強調與世間的關係，特別是在世間起用一面，遊戲的意味比較輕，由達摩至道信都是如此。至弘忍開東山法門，徒眾大增，世間性、遊戲性才較濃。北宗神秀的禪法，也是這個路向。惠能則替禪開出一個新的方向、新的天地。他強調三昧後的機用的表現，要在充滿污濁與煩惱的世間，表現三昧的功德，自在地、如孩童遊戲般輕鬆地拈弄種種法門，轉化眾生，使同享三昧的樂趣。這便是所謂祖師禪，是充滿動感的禪法。它的基礎，便是那對世間不取不捨的動進的、無住的主體性。這種禪法有三昧一面，也有遊戲一面，是全面的禪法。只有這種禪法，才是真禪、圓禪。只強調三昧的禪法，是不完全的，是偏禪，是不落因果世界、不指涉現象世界的野狐禪。

十六、天臺宗的圓教

以上是有關我閱讀禪籍、過禪的生活的存在的體會。上面也提過，達摩與早期禪、神秀的北宗禪是走分解、分析性格的清淨的真性真心的路向，修行方法是漸修；惠能和他所開拓的南宗禪則是走綜合的、辯證的、弔詭的平常一念心的路向，修行方法是頓然成

覺。而惠能門下弟子神會和後來的宗密提出靈知真性，在觀念上靠近清淨心，但在實踐、修行方面則取頓悟，可謂介於以上兩者的中間。我個人在義理上、哲學上傾向惠能經南嶽懷讓、馬祖道一、百丈懷海、黃蘗希運、臨濟義玄，成臨濟宗這一支。然後展轉至楊岐方會和黃龍慧南；楊岐方會隔代傳與五祖法演，再傳與圜悟克勤，之後展轉傳到日本。在禪坐方面則走曹洞宗的路向，其譜系可以由惠能傳與青原行思，下來是石頭希遷，經藥山惟儼至雲巖曇晟，再下來便是洞山良價與弟子曹山本寂，成立曹洞宗。「曹」指曹山本寂；「洞」指洞山良價。曹洞禪一路傳承下去，隔了多代傳至天童如淨，天童如淨傳與由日本來中國求法的永平道元。道元回日本後提出「身心脫落，只管打坐」的實踐宗旨。至於惠能座下的弟子，南陽慧忠、永嘉玄覺都無所傳。最後的荷澤神會則隔三代而傳到圭峰宗密，之後便零落了。另外，五祖弘忍除培養出神秀和惠能外，還有另一高弟牛頭法融，隔了多代傳至清涼澄觀。澄觀與宗密都是華嚴宗的祖師，在這裏，禪與華嚴有交集處。至於我們熟悉的《碧岩錄》與《無門關》的編集或作者雪竇重顯與無門慧開，則分別出自青原行思與南嶽懷讓的系統。❹

　　六祖惠能座下有五大弟子：南嶽懷讓、青原行思、南陽慧忠、永嘉玄覺和荷澤神會。能夠依法脈一直承續下去，以至於往日本方面發展，只有南嶽懷讓與青原行思。目前東亞特別是日本禪中流行的公案禪與默照禪，大體來說，是由南嶽懷讓與青原行思所分別發

❹　《碧岩錄》由雪竇重顯作頌，佛果圜悟評釋。《無門關》的作者則是無門慧開。

展、開拓出來的。我自己在義理上、學問上是偏向公案禪,在實踐生活上則與默照禪較近。以下先探討公案禪特別是和它有密切關連的平常心的突破。

公案禪可說是直承惠能禪發展下來的,是平常心是道的路向,其工夫形態是突破夾雜著善惡、染淨雙方因素的平常一念心,以突顯那不捨不著的靈動的主體性。就體性來說,這不捨不著的主體性與平常一念心是一體的,後者一被突破,便即時轉為不捨不著的主體。這平常一念心相應於天臺宗智顗大師所說的一念無明法性心,後者亦是同時含有善惡、染淨因素的。而平常一念心的突破、轉化成不捨不著的靈動的主體性則相應於一念無明法性心的無明即法性的轉化而現成出來的佛性真心或中道佛性。中道佛性的彰顯表示圓教的證成。同樣地,不捨不著的靈動的主體性能夠從平常一念心的底層突破上來,便頓然得覺悟,「直指人心,見性成佛」。❺

說到圓教,當然是最圓實的教法。圓是圓滿無遺漏,實是真實不虛妄。華嚴宗與天臺宗都有他們自己的判教法,把不的佛法依序排比,還它們一個公平的、恰當的面目、位置。華嚴宗與天臺宗都有詳論圓教,而且把自身的教法視為最圓實的教法,亦即是圓教。就華嚴宗的判教法來說,一切佛法分為小乘教、大乘始教、大乘終教、頓教、圓教。小乘教指原始佛教和有部、經量部的教法;大乘

---

❺ 「直指人心,見性成佛」(《碧巖錄》則1,《大正藏》48‧140中)通常被視為是達摩禪的宗旨。我在這裏引用這兩句話,並不完全依達摩禪的根本性格,而是從惠能禪的性格來說。惠能禪是心性為一、心理合一的義理形態,是以心說性的。我們若能直下突破一切障蔽,把作為主體性的心指點出來,以它作為我們的本性、本質,便能覺悟成佛了。

始教指般若思想與中觀學、唯識學；大乘終教指佛性、如來藏思想，如《大乘起信論》、《寶性論》所說的；頓教指禪；圓教分同教一乘圓教與別教一乘圓教，前者指天臺教法，後者則指自家的華嚴教法，亦以自家的教法為最圓最實。❺

華嚴宗的判教法所能照顧的範圍相當廣泛，但如同很多學者的說法、批判，在五種教法中，小乘教、大乘始教、大乘終教、圓教都是依教法的內容來分判，唯有頓教不涉及內容，卻是工夫修行的方式、方法義，這便不協調。實際上，頓教可以標顯四教中多種不同教法的實踐修行方式，例如禪本身、天臺教法的圓頓止觀法和圓頓入中法。❺《維摩經》所說諸煩惱即是道場、婬怒癡性是解脫，亦是頓教的修行方式。故頓教的修行方式並不限於禪。華嚴宗在這一點上的闡釋，的確是一間未達。

天臺宗智顗的判教則與華嚴宗不同，它分兩面來判，一是化儀四教，另一是化法四教。其中化儀四教是佛陀以種種不同的方式、方法來向眾生闡釋佛法。化法四教則純就內容來說，即是藏教、通教、別教、圓教，因此沒有犯上華嚴宗以頓教方法入內容的問題。另外，化法四教的涵蓋面也相當廣，幾乎可以概括全體佛法。再

---

❺ 有關華嚴宗的判教法的詳細闡釋，參看拙著《中國佛學的現代詮釋》，臺北：文津出版社，1995，頁 88-96。

❺ 天臺宗智顗以別教概括佛性、如來藏、真心思想，以此教悟入終極真理的方式為歷別入中。歷即是經歷，經歷不同階段，中即是中道佛性，是終極真理；即是說，別教是以漸進的、一步一步的方式來體證真理的。圓教則以圓頓入中來說契入終極真理，圓頓即是一下子、一剎那之意，智顗以圓教概括《法華經》、《涅槃經》，認為它們所陳契入終極真理的方式，是圓頓的、頓的。

者，智顗判教的理路非常清晰，又具有邏輯性。因此，我們在這裏
以智顗的化法四教的判教法為準繩，然後看在最高的、最圓實的圓
教之後，禪還有甚麼可以向前發展的空間。

在智顗的化法四教中，最醒眼而又最具有觀念性的是提出佛性
作為終極真理，同時又以是否闡釋、發揮這個觀念來判分四教。佛
性被視為最高主體性，真正的、圓熟的覺悟，便繫在能否認證它和
能否以一種頓然的、圓融的方式把它現成。智顗的《法華玄義》便
這樣說：

> 大小通有十二部，但有佛性無佛性之異耳。[53]

這是說，佛教經論繁富，教派多元化，不過，在代表著全體佛法的
三藏十二部中，有一個明顯界線，便是有否說明和發揮佛性這個關
鍵性的觀念。智顗的根本理解是，在他所判分的藏、通、別、圓四
教中，藏、通二教未有說明、發揮佛性，別、圓二教則有說明、發
揮佛性。這裏所謂的佛性，是與中道（madhyamā pratipad）等同的佛
性，因此有「中道佛性」或「佛性中道」的說法。按佛性是覺悟、
成佛的基礎，是超越的心靈能力；中道則是雙離空、有兩邊的真
理、原理。把佛性視為等同於中道，有以心即是理的思維方式，這
可以通到宋明儒學的心即理、良知即天理的說法方面去。

讓我們先總括四教所說的真理及證入真理的方式以引出智顗對
佛性觀念的闡明與發揚，展示他對佛性觀念的洞見。就真理觀來

---

[53] 《大正藏》33‧803下。

說，智顗認為藏教與通教以空為真理，這空是緣起性空的空，表示沒有自性（svabhāva）、實體的狀態，主要是就諸法而言。別教與圓教則以中道為真理，而中道又與佛性等同，故可說是以中道佛性為真理。在體證真理方面，智顗認為藏教是析法入空的路數，通教是體法入空，別教是歷別入中，圓教則是圓頓入中。析法入空表示要析離諸法，把它們解構，將構成的成分一一從母體中分離，到了最後，便成一無所有，母體便消失了，看不見有甚麼自性，然後悟入諸法的無自性、空的終極性格。這是析法入空。這種入路，很明顯是衝著說一切有部（Sarvāsti-vāda）特別是《俱舍論》（Abhidharmakośabhāṣya）和《大毘婆沙論》（Abhidharma-mahāvibhāṣā-śāstra）的強調法有我無的思想而來。智顗形容這種入真理之路為拙，因為要破壞現象界也。

體法入空表示即就諸法的原來狀態，不予析離它們的構造，由外在的現象性而滲透到諸法的內裏，直下證取它們的本質是空。例如《般若心經》（Prajñāpāramitāhṛdaya-sūtra）所說的「色即是空」的名言。其意是即就物理性的諸法（色）便能當下現成地證取它們的無自性的空的本質。智顗對這種體證真理的方式定位為巧，巧妙也。他曾說：

即俗而真。❺

又說：

---

❺　《法華玄義》，《大正藏》33・702 下。

體法即真。(55)

這很有中國佛學的僧肇、臨濟所說的「立處即真」、「立處皆真」的意味。智顗又特別針對般若思想作為無相教而說光是說無相、遠離一切相對相的流弊：

無相教明空蕩相，未明佛性常住，猶是無常。(56)

無相教是指通教的教法，自然包括般若文獻的說法在內。這種教法蕩相遣執，否定我們對一切法的施設性的實在性的理解，這樣否定下去，最後會淪於虛無主義（Nihilismus），下墮至無常的消極立場。即使這種教法也強調中道，(57)但是純然的中道，不是與佛性等同的中道。這只是理，不是心。他說：

離斷常名中道，非佛性中道。(58)

這裏以「離斷常」來解讀中道，是正確的，起碼就原始佛教與中觀學來說是如此。《雜阿含經》說：

---

(55) 同前註，33・690 上。

(56) 同前註，33・801 下。

(57) 實際上，阿含佛教也有說中道，那是通過八正道來說，修持意味很重，在存有論上並無適切性。

(58) 《摩訶止觀》，《大正藏》46・7 上。

如實正觀世間集者，則不生世間無見，如實正觀世間滅者，
則不生世間有見。……如來離於二邊，說於中道。❺❾

這很明顯表示中道是超越二邊或兩種相反的極端的見解，並以有與
無來例示這二邊。這種說法，正與龍樹（Nāgārjuna）的《中論》
（Madhyamakakārikā）言中道的意涵相吻合。以下我們列出鳩摩羅什
（Kumārajīva）所譯的《中論》中同時否定有無這二邊來說中道的偈
頌例示一下。這些偈頌很多時未有明白說出「中道」字眼，但其指
涉中道觀念則非常明顯。

若人見有無，見自性他性，如是則不見，佛法真實義。
（《大正藏》30・20上）❻⓪

法住於自性，不應有有無。（《大正藏》30・29上）

如佛經中說，斷有斷非有，是故知涅槃，非有亦非無。
（《大正藏》30・35中）

---

❺❾　《大正藏》2・67上。

❻⓪　以下引述的《中論》中有關超離有、無二邊的偈頌，為方便計，直後在正文
　　中附出出處。又以上所引的羅什譯文，大體上都與下列的月稱（Candrakīrti）
　　解《中論》一書所附的梵文本《中論》的原文相應：
　　*Mūlamadhyamakakārikās de Nāgārjuna avec la Prasannapadā
　　Commentaire de Candrakīrti*, ed. Louis de la Vallée Poussin, Bibliotheca
　　Buddhica, No. IV, St. Petersbourg, 1903-13.

若非有非無，名之為涅槃，此非有非無，以何而分別？
（《大正藏》30·35下）

分別非有無，如是名涅槃，若有無成者，非有非無成。（同前）

另外，青目（Piṅgala）解釋《中論》的三諦偈中明確表示：

眾因緣生法，我說即是空。何以故？眾緣具足和合而物生，是物屬眾因緣，故無自性，無自性故空。空亦復空。但為引導眾生故，以假名說。離有無二邊，故名為「中道」。是法無性，故不得言有，亦無空，故不得言無。❻❶

青目在這裏明確地點出離有無二邊為中道，展示他在理解中道方面，直契原始佛教與《中論》的精神。

通教的這種對真理的理解，未為智顗所許可。他認為光是從空、中道來說真理，這真理太過於纖弱，缺乏動感。這招引出智顗的如下批評：

當教論中，但異空而已。中無功用，不備諸法。❻❷

---

❻❶　《大正藏》30·33中。

❻❷　《法華玄義》，《大正藏》33·704下-705上。

當教即是通教，智顗在上文下理中正在討論通教。他認為通教說中道，只在名字上與空不同而已，它沒有功用，又不能含容存在世界的種種事物。功用與備諸法是智顗認為終極真理所應該具有的性格。他的主要意思是，作為終極真理，不應只是消極的空，同時也應是積極的不空。他說：

> 破著空故，故言不空。空著若破，但是見空，不見不空也。利人謂不空是妙有，故言不空，利利人聞不空，謂是如來藏，一切法趣如來藏。❻❸

智顗的意思是，空是會被執著的，因此我們要去除這種執著，而說不空。不空不是對自性的否定的再加否定，這從邏輯上來說便是肯定自性了。不是這樣。這不空是以功德（guṇa）說，指具足種種普渡眾生的方便法門。我們不單要能空，還要能不空。不空的另一面是妙有，具有方便法門，成就妙有的存在世界，這是別教的境界。再進一步，由中道靠向具有常住性的如來藏（tathāgatagarbha），這便是圓教的境界了。

　　在智顗看來，如來藏即是佛性，是中道佛性。這是以心與理是一所表示的別教與圓教的真理，但兩者仍有不同，其不同處在於體證的方式的殊異。在別教，當事人以一種漸進的方式體證終極真理；漸進是分階段的，不是一下子的，是所謂「歷別」的。故別教的體證真理的方式是歷別入中，而中即是中道佛性。在圓教，當事

---

❻❸　《法華玄義》，《大正藏》33・703 上。

人能夠頓然地、一下子地體證終極真理，不分階段，這是圓頓入中，中仍是中道佛性。對於別教的歷別入中的體證方式，智顗以之是拙，笨拙也；對於圓教的圓頓入中的體證方式，智顗稱之為巧，善巧也。智顗說：

> 別圓入中，即是佛道。**❻❹**

不管是歷別入中也好，圓頓入中也好，其結果都是成覺悟，得解脫。智顗說：

> 解脫者，即見中道佛性。**❻❺**

至於中道佛性與空、中道有些甚麼不同點，我在這裏不擬多說，讀者可參考拙著《天臺佛學與早期中觀學》（*T'ien-t'ai Buddhism and Early Mādhyamika*）及《中國佛學的現代詮釋》。**❻❻**

十七、四教的特色

上面我們說明了智顗如何從真理觀和體證真理的方式判釋四教，現在我們再就四教的特色作一概括的分析。藏教指原始佛教、

---

❻❹ 《維摩經略疏》，《大正藏》38·683 中。

❻❺ 同前註，38·674 中。

❻❻ Ng Yu-kwan, *T'ien-t'ai Buddhism and Early Mādhyamika*. Honolulu: University of Hawaii Press, 1993, pp. 62-89. 吳汝鈞著《中國佛學的現代詮釋》，頁 54-76。

小乘教，具有出世的傾向，對世界採取負面的、消極的態度。它主張捨棄現實世界，更有破壞世間法的傾向，這可見於它對四聖諦（cattāri saccāni）的闡釋之中。四聖諦即苦諦、集諦、滅諦、道諦，是佛教的基本教義。苦、集二諦專講世間法，屬生死界的事情；滅、道是從出世間法來說的，專講還滅的問題。前二諦可看作為因，後二諦則可看作為果。藏教將苦、集與滅、道看作是生滅次第的歷程，由滅除苦、集的因，可以得出滅、道的涅槃清淨果。這即是說滅、道的果的成立是依於苦、集的因的消失。若將這種看法推展到對世間法的態度上，則可引出如下的結論：理想（還滅的理想世界）的實現，依於現實（生死輪迴的現實世界）的捨棄。進一步來說，藏教看生、滅現象是從實在的眼光出發，以為事物的生是實在的存在，滅是實在的消失。生與滅是不能共存的，而是對立的。這樣，藏教對世界便走上決絕的態度；而在實踐的道路上，則要求與苦痛煩惱的世界分隔開來。得到解脫後，也不會回返到這世界進行渡化眾生的工作。這種對世界的捨離，是一種決絕的捨離，即永遠住著於寂滅的世界。這種偏頗的傾向，實源於藏教只執著性空的一面，而忽略了緣起一面。而性空便是決絕的空義，不與緣起有互動的關聯。站在性空的平臺上，便與緣起的世界隔絕，雙方沒有交集之點。這正是沉空滯寂，沒有動感可言。

　　通教指般若思想、中觀學和《維摩經》，亦是以空為真理；不過，它以中道來說空，展示非有非無的意涵，造成雙邊否定的思考。它和藏教都是以空為終極真理，但較能善巧地處理事物的存在問題。它的有別於藏教的地方在，它能緊扣「緣起」來說性空，以把握事物的本質。通教一方面能見事物的「無自性」、「空」的一

面,也能見事物的「緣生」、「假生」、「假有」的一面,因此不會墮落到虛無主義的情境,而成為一無所有、一無所是。也是因為這點,它對世界不會完全採取分隔以至捨棄的態度。具體地說,通教認為現實世界是緣生的,所以事物的生起而存在只是假生和假有;而事物的熄滅也不是實際的消失,只是一假滅而已,有再生起的可能性。這便讓世間事物的存在與消失成為幻有和幻滅。由於事物的有、無是幻有、幻滅,因此,我們不必一定要撤消現實世界,後者的幻化的性格不會對我們的成道、覺悟做成障礙。這樣,我們的主體、心靈可游息於現實世界與理想世界之間。這樣,人便可以在保存世界、世間法的前提下,取得涅槃的境界。

別教指如來藏、佛性思想和華嚴思想,它的最大特色,是不以空來說終極真理,而是以中道佛性來說。這可增強終極真理的體性義與動感,因為佛性本來是由能覺悟的心來說的。在宇宙一切事物之中,唯有心具有最強的動感。這動感可促發人或眾生爭取覺悟以至獲致覺悟,最後能普渡眾生。特別就普渡眾生來說,這主要是菩薩(bodhisattva)的任務,而要達成這個宗教目標,則菩薩必需要具足種種方便(upāya)法門,這便直接與菩薩的本領有密切的關連。照智顗的看法,別教是專為菩薩而施設的,所以別教的經、論亦多說及菩薩以多種不同的法門以教化眾生。為了保證每一眾生最後都能達致涅槃,別教特別建立了佛性遍在的觀點,表示每一眾生都有佛性。此外,又將佛性與中道等同起來,將對終極真理的體證規限於內在的佛性之中。於是體證真理便成為一種內省的工夫。眾生若能除去貪、嗔、癡等煩惱,即能朗現本有的、內在的佛性。在這去除污染、煩惱的實踐中,人必須經歷各種修行階段,所以天臺稱別

教的實踐方式為「歷別入中」，也稱這種方式為「思議解脫」。所謂「思議」（conceivable）即有經歷階段的意味，是理性的（rational）。又以這種方法為「斷斷」，第一個「斷」字指斷除煩惱，後一個「斷」字則指「了斷生死」。即是說，要斷除一切煩惱，了斷生死大事，才能獲致涅槃的寂滅境界。

　　圓教指《涅槃經》和《法華經》的思想，也包括天臺宗的思想在內。它亦以人的生命中具有種種煩惱，這些煩惱障蔽了人本有的佛性，人若要覺悟成佛，便必須克服它。但和別教不同。圓教的覺悟成道的實踐方式是「圓頓」的，即講求在瞬息間將種種煩惱頓然地、一下子地克服，這種解脫方式是「不思議解脫」或「不思議斷」，也稱作「不斷斷」。即不需徹底地、完全地斷除煩惱而得解脫。這對於常人來說是不可思議的（inconceivable），這「不斷斷」是相對於別教的「斷斷」而說的，指在不完全斷除煩惱的情況下而得解脫；我們對於煩惱，不必徹底斷絕，只要能克服它、超越它便成。煩惱也是生滅法，沒有自性可得，我們要克服它，不是要消滅它。這裏還有一深微的意涵：煩惱有時可以扮演一種負面角色，可被善巧地用來渡化眾生，所謂「以毒攻毒」也。在智顗看來，煩惱亦可以被點化為教化的工具，作為一種「法門」來處理。這種對煩惱的理解可說是一大突破。總括來說，佛教對煩惱或惡有兩種看法，其一是必須先掃除惡，然後才能得善，這是善惡不相容的觀點。其二是以惡作為方便法門、工具去教化眾生，這則是善惡可共存的觀點。這種以惡為法門，作為工具，而加以利用，進行化導的工作，而不加以消滅，是天臺宗特有的觀點，是極其弔詭的圓融的

觀點。**❻❼**

　　以下我們引述智顗在《維摩經略疏》中的一段話，以概括四教的性格：

> 藏、通觀生、無生，入偏真理，名為真實。別、圓觀無量、
> 無作，入中道佛性，名為真實。**❻❽**

這是說，藏教主要是留意事物的生起，但這生起不是幻生、緣生，而是實實在在的生起，因此要遠離它們。它所追尋的空的真理，是有所偏頗的。通教所留意的是事物的幻生，即是不是實際的生，而是如幻如化的生。這樣的生，是不具有自性的生，因而是無生。它所追尋的真理，仍是空，這還是不夠殊勝、有所偏頗，偏頗於空寂的境界也。別教與圓教則不同，它所認證的真理，不光是空，也是中道，而這中道是與佛性等同的。佛性是具足動感的，能夠發出充實飽滿的力量，以教化、轉化眾生。不過，兩者還是有不同之處。別教以菩薩的教化為主，他們具有各種的、無限量的法門，自由自在地運用它們來普渡眾生。他們以中道佛性為終極真理，這種真理既是真空，也是妙有，故沒有偏頗。圓教與別教同樣以中道佛性為

---

❻❼　關於智顗的判教的說法，在他的多部著作中都有零碎的描述。在他的《四教義》中，則有較周延而系統性的說法。在這方面，可參考拙著 *T'ien-t'ai Buddhism and Early Mādhyamika*, pp.39-47；又可參考牟宗三著《佛性與般若》下冊，臺北：臺灣學生書局，1977，頁 619-648；唐君毅著《中國哲學原論原道篇三》香港：新亞研究所，1974，頁 1106-1150。

❻❽　《維摩經略疏》，《大正藏》38·607 中。

終極真理。不過，它不是無量，而是無作。「作」即是有為
（saṃskṛta），是有意識地施展種種法門來渡化眾生；無作則是默默
地、不動聲色地點化、轉化眾生，讓他們能轉迷成覺，這便是無為
（asaṃskṛta）。

十八、天臺宗判教的得失

　　以上我們花了很多篇幅來析論天臺宗智顗的判教法。下面要做
的，是對這種判教法作一具有廣度與深度的反思，看它的得失所
在。關於這個問題，我想就下面幾點來說。總的來說，在與佛教的
其他派別所作的判教法作比較來說，智顗的判教是頗為殊勝的：

　　第一，它所涵蓋的內容，有很強的周延性，幾乎包含全體佛
教。此中包括原始佛教、說一切有部、經量部、般若思想、中觀
學、唯識學、如來藏或佛性思想、禪、華嚴思想、涅槃思想與法華
思想，又在涅槃思想與法華思想中，反映自家天臺宗的根本教法，
把自家的教法與其他教法特別是華嚴方面，劃清界線，最後匯歸到
法華思想的圓實教法。

　　第二，也是最重要的一點，智顗以佛性觀念為關鍵性的分水
嶺，把全體佛教大分為兩個導向：不說佛性和說佛性。這佛性亦
即是中道佛性。依於佛性這一基本概念，他建立佛性詮釋學。這
種詮釋學的根本意義在，一般的佛教派別，都以空作為佛教的核
心概念或觀念，並以緣起來說空，說中道。這沒有問題，但是搔
不到癢處，也失諸空泛、浮泛。全體佛法，包括小乘的有部與經
量部，有哪一種教法不強調「空」（śūnyatā），不強調「緣起」

（pratītyasamutpāda）呢？這是佛教的根本義理所在，是非實體主義哲學的理論立場所在。但這種看法有向客體性趨附的傾向。空與緣起作為終極真理，是由我們的主體性去證取的、體證的，在這種實踐模式下，一方面顯示一種主客的二元對比關係，另方面也讓主體性變得貧弱，缺乏動感。此中的關鍵問題在我們以主體方面的菩提智慧去體證空理，這使作為主體性的菩提智慧與作為客體性的空不得不構成一二元性（Dualität）的關係；同時，以菩提智慧去體證空，則有空是第一序概念，菩提智慧是第二序概念之嫌，這便把菩提智慧壓縮了，不能作為最高的主體性，因而使整個佛教哲學向客體性傾斜，主體性變得是被動的，同時也是軟弱的。智顗以作為主體性的佛性取代空，而為不空、「不空如來藏」，而又以佛性等同於作為客體性的中道，而成中道佛性，於是把主體性與客體性或佛性與中道、空統一起來，克服了二元的對峙關係。同時，由於菩提智慧是由佛性散發出來的一種覺悟能力，而佛性或中道佛性具足充分的動感，它所散發出來的菩提智慧也隨之而有充分的動感，則軟弱無力的性格便不成問題了。**⑥⑨**

　　第三，智顗的判教系統，整然有序，對於全體佛教的內容作出清晰的、具有邏輯性的分判，讓人一目了然。我們通常理解一種思想，特別是實踐形態因而是東方式的思想，是以對作為終極原理的觀念的闡釋與對這終極原理的實踐方法的解明作為主脈來著眼的。

---

⑥⑨　我們在上面提到佛性或中道佛性的動感。詳細的討論，參看拙著 *T'ien-t'ai Buddhism and Early Mādhyamika*, pp.66-75；《中國佛學的現代詮釋》，頁 62-71。

智顗在這一點上，表現得非常清楚。在終極原理方面，他以藏教與通教視空為終極原理，以別教與圓教視佛性或中道佛性為終極原理。而在實踐上，他提出藏教以析法入空的方法來體證空，通教以體法入空的方法來體證空；別教以歷別入中的方法來體證佛性或中道佛性，圓教則以圓頓入中的方法來體證佛性或中道佛性。他又分別以拙與巧的字眼來判分四教的體證真理方法，即是，藏教的析法入空的方法是拙的，通教的體法入空的方法是巧的；別教的歷別入中的方法是拙的，圓教的圓頓入中的方法是巧的。拙即是指笨拙，巧即是善巧，這當然都是價值語詞：拙是不好的，巧是好的，我們應該有由拙到巧的轉向。

　　第四，天臺的判教由藏而通，由通而別，由別而圓，無論在義理上或在工夫上，都能擺出一種漸進的歷程，而且這個歷程具有理性的依據，不是憑信仰而說。藏教特別是部派佛教與經量部是講有的，講諸法的存在性。通教則是講空的，空不必與有相對反，反而可以對治有的思想發展到極端而向實體主義傾斜，在實踐上對於存在世界的執著，而生起種種煩惱的可能的流弊。空正能起著這種作用。但對空也不能執實，空作為一種客體性的真理，不能對主體性方面所著重的重點加以壓縮。因此，智顗提出佛性或中道佛性作為更為圓融的真理以取代空，這便有別教與圓教的提出與開拓。特別是佛教作為一種宗教，應該有一套可以讓人勉力去修行以達致覺悟、解脫的目標的工夫論，這便不能不把開拓的重點放在心一方面。佛性或中道佛性正是心、真心，它具有足夠的動感，以發出菩提智慧來證空，進一步明空見性（佛性）以成就大覺。這便是別教所由生。但這種明空見性的工夫的歷程非常遙遠，需要以「劫」來

算的長遠時間作工夫實踐，才能獲致，所謂「歷劫修行」也。這種修行只對鈍根的眾生而言，對於利根的眾生，則不必如此。覺悟成道對於他們來說，可以成就於頓然的一瞬間中，這便是圓教所由生。在圓教方面，智顗又分同教一乘與別教。這種分法，為華嚴宗所認同，並以自身宗《華嚴經》，境界高絕，眾生、凡夫只能企盼，不能證成，故為別教一乘的圓教形態。對於智顗來說，天臺教法並不企盼高絕的境界，卻是要與眾生、凡夫共苦共樂，因此自視為同教一乘，而以華嚴為別教一乘。

　　第五，天臺判教以《法華經》的所說是開權顯實，發跡顯本，在義理上與實踐上都有所據，同時亦有方法論的依據，這即是龍樹的四句邏輯（說四句辯證法更為妥貼）。按龍樹的這種思維方式，展示於他的《中論》的若干偈頌之中，也包括他的「三諦偈」在外。對於這些偈頌的梵文原文與鳩摩羅什的漢譯，我在自己的很多著作中，都有說明。這種四句（catuṣkoṭi）思維基本上是透過四個命題：肯定、否定、綜合、超越，重重升進，展示真理的不同層次，最後成熟於離言說的絕對的、超越的理境。智顗所提的藏教、通教、別教與圓教，分別相應這四句思維的性質、形態，由藏而通，由通而別，由別而圓，讓真理有機地層層升進，最後達於圓教的圓熟境界。肯定、否定、綜合分別相應於辯證法的正、反、合的思考，至於第四句所展示的超越涵義，是黑格爾的辯證法所無的，那是佛教特別是龍樹的獨創，而四句思維的重點，正落於這種真理的超越中。在這個階段，真理全面敞開，超越一切機械式的、固定的思維，把一切有建設性的、具有動感性的思維收納進來，以證成一種圓融無礙的宗教修行的境界。在智顗看來，藏、通、別、圓四教正

分別與這四句思維所展示的真理的不斷開拓的進程（process）相應。即是，藏教相應於正命題或肯定的階段，表示對一切存在的肯定、包容形態。通教相應於反命題或否定的階段，表示對一切存在的執取的遠離、否棄，這正是空一觀念所要傳達的訊息，有很強的批判性，也正是般若思想與中觀學的根本精神所在。別教相應於綜合命題，表示對存在世界的種種事物都有正面和負面的認識，對於不同的多元觀點都能加以包容，這在佛教來說，是能同時包容有與空的觀點。至於在菩薩以其悲心宏願以化渡眾生方面，則更需要具有種種正面的、負面的方便法門，俾能在不同的場合彈性地運用恰當的、應機的法門來處理不同眾生的離苦得樂的問題。圓教則是超越性格的，它不為任何正面的與負面的環境所圍限，不會偏重於任何肯定形態和否定形態的觀點而墮至一個封閉的系統中。卻是讓一切眾生、質體都能自由自在地遊息於一個廣大的場所之中，保持一種圓融無礙而又互動的關係，各自能發揮與開拓自身所具足的價值。這倒有點像華嚴宗所說的四法界中的事事無礙的法界。我們甚至可以作這樣的比配：藏教強調事物的有的性格，相應於四法界中的事法界；通教說空，說事物的無自性、空的理法，這相應於四法界中的理法界，空即是空理也。別教強調綜合性，但這綜合性不是強施加於所綜合的事物之中，而是讓要綜合的雙方有適當的協調，這相應於四法界中的理事無礙法界，事是現象、質體，理即是空理，空理滲透入一切現象、質體之中，作為它們的存在的本質。最後的圓教，是現象與質體實現和開拓它們的價值的場所，如上所說。

　　第六，在華嚴宗的判教中，以禪為主的頓教被分判到五教中，而成小乘教、大乘始教、大乘終教、頓教與圓教。頓教是說教或覺

悟的形式，與其他四教以內容為重不同，這成了華嚴判教上的難題。即是，形式的教法與內容的教法混在一起，這便不協調。智顗的判教則能善巧地解決了這個問題。他的判教分化儀四教與化法四教，前者講說法的方式，後者講說法的內容。其中，頓教被劃歸於化儀四教中，作為一種說法和覺悟的方式，而化法中無頓教，那是因為化法只講內容，不講形式的緣故。這便善巧地解決了華嚴把頓教列入以內容為主脈的五教中的問題。

以上所列六點，展示了智顗的判教的殊勝或得之處。但這不表示他的判教是完美無缺，沒有失的一面。它是有的：

第一，智顗的判教只及於原始佛教、小乘和初期的大乘，到《法華經》、《華嚴經》、《涅槃經》等，便停下來了。對於印度的中、後期的大乘佛教例如陳那、法稱等的教法，沒有片言涉及。此中雖有緣由，不能單怪智顗。因為智顗對於印度佛教，只能透過漢譯的經論來了解，不能讀那時未有漢譯的梵文原典之故。

第二，智顗以藏教來概括原始佛教與小乘佛教，並不是很合理。小乘講灰身滅智，態度消極，有濃厚的捨離傾向，這與原始佛教特別是佛陀的說法，導向很不一樣。佛陀的教法，就《阿含經》的內容來說，是大小乘所共遵的，不應把它與小乘放在一起，綜合而成藏教。

第三，智顗把《維摩經》收入於通教之中，始終讓人難以信服。若說通教的「通」是就空而言，是一種共通於一切佛教教派的義理，那就沒有話說，一切佛典都可以納入通教之中。但智顗不是這個意思，他特別把通教關連著般若思想與中觀學來說。這無論就義理與思想史而言，都可說得過去。般若思想與中觀學的最重要觀

念是空，是沒有問題的。空雖然是共法，但還是以般若文獻強調最力。至於中觀學，例如《中論》，除了說空外，還說中道。在它看來，空與中道是相通的。但這空如何能關聯到《維摩經》方面呢？這部文獻是佛教書中最富有弔詭意味的奇書，有種種弔詭的說法：諸煩惱是道場；行於非道，即是佛道；婬怒癡性即是解脫，等等，都可在其中找到。甚至智顗在《法華玄義》中說的煩惱即菩提，生死即涅槃一類的說法，都淵源於此。把它放在通教中，無論如何難有說服力。

十九、圓教之後的圓禪

以下我們要以天臺宗智顗的圓教為準，來看在義理上和工夫上最具有圓義或圓滿義的惠能所開拓出來的南宗禪還有甚麼可以發展的空間。我把依循著這種發展而成立起來的禪稱為「圓禪」。這個觀念好像沒有前賢提過。首先，智顗的圓教從四教中的藏教、通教、別教發展下來，在教義上應有涵攝前此三教的內容。即是說，藏教所包含的十二因緣、無常、無我、緣起、空以至中道的重要觀念與學說，都包容在內。通教所強調的空、般若智、境唯識有，識亦非實以至轉依的說法，圓教都承接下來。至於別教的如來藏、真心真性、性起、佛性遍在的思想，以至華嚴宗法藏的有關真如的「隨緣不變，不變隨緣」的教法，也涵攝了。❼最後，智顗的圓教

---

❼　「隨緣不變，不變隨緣」是華嚴宗法藏大師對真如的看法，意思是真如作為終極真理，並不與緣生的世界隔絕，而是隨順世間眾緣而活動的，但自身也

的基礎，建立在倡導佛三身說與開權顯實、發跡顯本的《涅槃經》與《法華經》的根本義理之中，智顗把這些義理善巧地吸收過來，成為自家的圓教的重要內容。更重要的是，天臺圓教所包容的領域，不止限於佛這一界，同時涵攝九界眾生：菩薩、聲聞、緣覺、天、人、阿修羅、畜牲、餓鬼與地獄。這正是自渡、他渡的最高宗旨。這與華嚴宗被人譏為「緣理斷九」大為不同。後者主要醉心於體證終極真理，而不回顧九界眾生中很多仍處於苦痛煩惱的狀態。惠能和他所傳的禪法以及他的譜系在這一面也守得很緊。像《壇經》說人有南北不同，但佛性則無所謂南北之分，一切眾生都有，因此普與施教，不起分別。另外，悟與不悟，雖是當事的人自家的事，他具有主要決定的作用，如《壇經》說「心迷法華轉，心悟轉法華」，但因機施教，祖師也有一定的影響，所謂「大機大用」、「大用現前，不存軌則」，祖師的開導作用，還是很重要的。便是由於這點，惠能和他所開出的南宗禪法，稱為「祖師禪」。佛或祖師誘導徒眾，以何種應身、化身出現，如何折衷於權與實、跡與本之間，若祖師處理得宜，學人善會其意，或接得他的機用，便得以頓悟成覺。在這些與義理或有直接關係或有間接關係的問題上，惠能和他所開出的禪法：圓禪，是可以涵攝天臺宗的圓教的，不過，也沒有在本質上跨越後者。

在義理方面進一步看有關終極真理的問題，智顗對於終極真理

不為眾緣的負面影響而有所改變；同時，真如也以不變異的狀態與世俗周旋，發揮宗教的作用。但這樣的真如由於不變，因而與不斷地變化的世俗有所隔離，不能與後者內在地融在一起，也顯不出充實飽滿的動感，因此為天臺宗人譏為「凝然真如」，「凝然」即是處於靜態，沒有動感的意味。

的稱法有多種，如空、中道、諦、一實諦、實相、真如、中道理、第一義諦、勝義諦，等等，這些都傾向於客體性方面。實際上，他並不視真理或終極真理為只是客體方面的原理，他也視之為有心的意義，這即是以心說理、真理。而佛性是心，因此他也有「佛性真心」的稱法。就智顗對終極真理的理解言，他認為心即是理，心即是中道、中道理，因此他提出「中道佛性」或「佛性中道」的觀念。佛性是心，中道是理，「佛性中道」或「中道佛性」把佛性與中道等同起來，亦即是把心與理等同起來。故他也有如宋明儒者所提的心即理的觀點，只是雙方對心與理有不同的理解而已。宋明儒者是以實體主義（substantialism）來看心與理的；智顗的天臺學則是從非實體主義（non-substantialism）來看心與理的。宋明儒以心與理都是實體，智顗則認為心與理都是空，沒有實體；或者說，沒有實體的這種狀態，便是萬物的真理，這即是空。在南宗禪特別是《壇經》來說，自性即是心，即是佛性，亦即是真如。這也是心即理的形態。而自性、佛性並沒有實體，它們畢竟也是空。因此，不管是智顗的中道佛性也好，《壇經》的自性、佛性也好，都還是空。它們雖然都說「不空」，但這不空並不表示不是沒有實體，因而是有實體，不是空無實體。這不空只是表示中道佛性、自性、佛性不是虛無主義，不是一無所有，而是具足種種方便法門，以教化、轉化眾生。我們在這裏要特別指出的是，在智顗用以指涉終極真理的諸種觀念、名相中，中道佛性是最具積極義的，與經驗的、現象的世界最為接近，雙方的關係最為密切。這是由於智顗用了很多篇幅來說中道佛性的力、動感或功用。這功用是直接就終極真理對於眾生能積極起用，對他們進行教化、轉化，這種起用是宗教義的，其結

果是眾生的成覺悟得解脫。智顗便是這樣把終極真理亦即是中道佛性的空與功用拉在一起，這是他在這個問題上的極限，不能再進了。倘若要再進，便得放棄終極真理或中道佛性的空的性格，而轉向有體性義的實體性了，這便放棄佛教最根本義理緣起性空了。這是作為佛教徒的智顗絕對不能做的。因此，我們可以說，中道佛性是佛教說終極真理的極限；在這極限或在它之前，終極真理仍是空的、無自性的，過此以往，便是實體主義了。惠能的南宗禪也是如此，它不可能在義理上、觀念上越過這個極限，它的佛性、自性觀念不能超越中道佛性。❼在動感的問題上，《壇經》以自性能生萬法；心的去來自由而無滯；恆時作念想，不會念絕；以功是念念無間；真如自性起念，一切萬法皆從自性起用；見性的自在神通，遊戲三昧；清淨心體湛然常寂，妙用恆沙，等等，都表示心有旺盛的動感。這些說法都出自《壇經》，這裏就不一一交待出處了。

　　要再進一步了解這個問題，即是惠能與南宗禪在義理上有無超越智顗的中道佛性的空間或可能性，我們便要涉及體用問題了。按體用關係是形而上學中一個挺重要的範疇；體是實體，用是表現、顯現或作用。一般的理解是，體是基礎，用是由這基礎生起的東西、現象。這基礎是形而上的實體，是常住不變的；用則是由實體發出來的作用，或表現出來的現象，它是會變化的。體沒有時空性，用則有時空性。用要有體作為它的支柱、依據才能成立，而體則要通過用才能展示自身的存在性。故兩者的關係非常密切。不

---

❼　有關中道佛性的功用問題，參看拙著 *T'ien-t'ai Buddhism and Early Mādhyamika*, pp.66-73；《中國佛學的現代詮釋》，頁 62-71。

過，就佛教來說，由於是非實體主義的立場，因此不可能有實體這個概念，因而也無所謂體用論或體用關係的範疇。無寧是，佛教是在反對婆羅門教的梵（Brahman）的實體說而建立起來的。傳統下來的佛教，在這一點上都守得很緊，不立實體概念，也不講體用關係。到了天臺宗的智顗，由於對現象界（即一念三千中的三千法）的重視，和濃厚的宗教的救贖（religious soteriology）意識的萌發，雖不能明確地建立實體觀和體用關係，對這方面的傾斜倒是有跡可尋的。這便是佛教的三身說。智顗以中道佛性為終極原理，這沒有問題。他又以法身（dharma-kāya）來說中道佛性，以之為本，而提出應身（nirmāṇa-kāya），以之為跡，以法身、應身的本跡關係，似乎可有體用的關係。他有以下一些說法：

> 初得法身本故，即體起應身之用。❼❷

> 法身為體，應身為用。❼❸

> 由於應身，得顯法身。❼❹

> 由此法身，故能垂不思議應用之跡，由此應身，能顯法身。❼❺

---

❼❷　《法華玄義》，《大正藏》33・764 下。
❼❸　《維摩經玄疏》，《大正藏》38・545 中。
❼❹　《法華玄義》，《大正藏》33・764 下。
❼❺　《維摩經玄疏》，《大正藏》38・545 中。

在這裏，法身與應身的本跡、體用字眼都出現了，體用關係的意思
已呼之欲出，但智顗總是未有明說那種實體性格的體用關係，這很
可能是對於上述的實體問題有所顧忌的緣故。佛教徒的確是不能說
實體的。六祖及南宗禪的情況也未見有顯著的分別，在有關的文獻
中，就筆者有限的所知，也不見有實體意義的體用關係的說法。
《壇經》中的確有些字眼會讓人想到體用關係，但那不是實體性
的，而只是虛說。這些說法具引如下：

> 何期自性本自清淨，何期自性本不生滅，何期自性本自具
> 足，何期自性本無動搖，何期自性能生萬法！**⑦⑥**

> 真如即是念之體，念即是真如之用。**⑦⑦**

前一則文字說自性能生萬法，此種生不是一般的構造論的生，而是
表示自性是萬法所依的根據。萬法是緣起法，它們需依於自性的空
義（《壇經》所說自性指佛性，有終極真理義，不涉及實體義的自性，這已是一
般常識了），才能成其為緣起法。故此中的「自性能生萬法」的生
不是宇宙論的生成萬法，而是作為萬法的緣起法的依據的意思。**⑦⑧**

---

⑦⑥　《大正藏》48‧349 上。

⑦⑦　《大正藏》48‧353 中。

⑦⑧　在《壇經》的另一處，惠能說及自性與萬法的關係如下：「自性能含萬法是
　　　大，萬法在諸人性中」。（《大正藏》48‧350 中）在這裏，惠能不說自性
　　　「生」萬法，而說自性「含」萬法，依據的意思更為明顯。即是，終極真理
　　　中含藏著萬法的作為緣起法的可能性，這樣的萬法的存在性不是獨立的，而

至於「真如即是念之體，念即是真如之用」，其中的「真如」也不是指實體，卻是有心的意味（《大乘起信論》即有「真如心」或「心真如」的觀念）。即是說，真如作為心，是念想的發源處，從念想中，我們也可以看到真如的作用。因此，惠能的南宗禪在體用問題上並無實體意義的轉向，也沒有超出智顗在相同問題上的限度。

　　現在讓我們把探討集中在終極真理的性格方面。在圓教，特別是天臺宗的圓教，真理有弔詭性，涉及相對的、矛盾的兩端的結合、綜合。而對於真理的體證，也相應地包含弔詭的歷程、程序。上面我們舉智顗的《法華玄義》中有「煩惱即菩提，生死即涅槃」的說法，便是很明顯的例子。就我們的日常的理解而言，煩惱、生死都是負面的東西，是應該去掉的，但智顗不提議這樣做，反而說這些東西中有與覺悟密切關連的智慧、悟境。有時他又以「不思議斷」、「不思議解脫」、「不斷斷」這些矛盾的名相來說我們的去迷成覺的活動。所謂「不思議斷」、「不思議解脫」是說了斷生死問題可以不必除煩惱而得解脫，甚至可以視煩惱為得解脫的方便法門。保留煩惱，以隨時自我警惕；抑亦可以藉煩惱為方便，以與眾生同處染污之境，而伺機引化之，使覺悟向上。雖不斷煩惱，但

　　是以終極真理為基礎。在這裏，這終極真理應作緣起解。又在另一處，惠能說到功德時，說：「自性建立萬法是功，心體離念是德」。（《壇經》，《大正藏》48・352 上）這裏說自性「建立」萬法，建立亦不是創造、生起的意思，而是成立之意：自性以其緣起一方面的性格，能作為萬法的基礎、依據，萬法是緣起法。最後，惠能在《壇經》中說：「無一法可得，方能建立萬法」。（《大正藏》48・358 下）這裏說萬法的建立在於不得一法，不執著一法（得即是執取意），很明顯地是以工夫來說萬法的建立、成立，完全沒有宇宙論的建立、生成之意。

不為煩惱所染,而得解脫,這是不思議斷。斷是不為煩惱所染而得
解脫之意;不思議則是就「不斷煩惱」言,這種做法,表面似含有
矛盾成分,違離一般的思考,故為「不思議」(inconceivable)。這
種解脫法又稱不斷斷,「不斷」是不斷除煩惱,「斷」是不為煩惱
所染,反而能克服它而得解脫。智顗的《四教義》說:

> 若約別教,多就定相論斷,即是思議智斷明位,大乘之拙度
> 義也。若圓教明義,多說不斷。不斷而斷者,即是不思議
> 斷;非次謂以明次位,正是大乘巧度之義。❼❾

智顗認為,別教的解脫方式,是思議性格;圓教的解脫方式,是不
思議性格。前者是邏輯的、分析的,後者是辯證的、弔詭的、綜合
的。❽❿天臺圓教的這種弔詭思想,在南宗禪特別是馬祖和臨濟的禪

---

❼❾　《大正藏》46‧761 上。

❽❿　這裏說不斷斷、不思議解脫非常重要,可視為智顗以至整體的天臺學的特出
　　的思維形態。以下我試以中道佛性作為核心觀念來進一步闡釋這種解脫方
　　式,俾讀者可以有更周延的理解。按天臺宗智顗以為解脫有兩種:斷煩惱而
　　證入涅槃,是思議解脫;不斷煩惱而證入涅槃,則是不思議解脫。他以後者
　　有更高的精神價值;這種不思議解脫的觀念根據是「性具」。即是,這種解
　　脫由於顯現不思議的中道佛性而致,而中道佛性本質地即涵具一切法,包括
　　煩惱法在內。要顯現中道佛性,便要連它所涵具的煩惱法亦保留著,不能斷
　　除。此中的關鍵在修行者要能一方面保留煩惱法,一方面又不為它所障礙,
　　抑更能克服它,視它為工具、法門而利用它於渡化眾生的宗教活動中。這種
　　功用的焦點,自然是顯現其有的中道佛性。這種修行不免有弔詭的意味:
　　不斷(煩惱)而斷除迷執,而得解脫。所謂「不思議」即指這「不斷而斷」
　　的弔詭而言。此中更可見到這種解脫含有對世界的肯定態度,即是,要得解

法中，也是有的。如《馬祖語錄》說：

　　求法者應無所求。❽

這在字面上有矛盾、有弔詭意味，但若「無所求」中的「求」是指涉到一己的利益的話，則與「求法」（「法」作真理解）的「求」便沒有矛盾。《馬祖語錄》又說：

　　於心所生，即名為色。知色空故，生即不生。❽

在這裏，「生即不生」又是字面上有矛盾。但若能理解所生的色當體即空，是緣起無自性的，是有生有滅的，則色雖被生起，但不能是永遠在生的狀態，而是會滅去的，會成為不生。故這幾句話實際上也無矛盾。《馬祖語錄》又說：

脫，不必撤消（煩惱的）世界；解脫可即在當下的（煩惱的）世界中成就。智顗在他的《維摩經玄疏》中說：「問曰：何意不斷煩惱而入涅槃，方是不思議解脫？答曰：須彌入芥，小不障大，大不礙小，故云不思議耳。今有煩惱結惑，不障智慧涅槃，智慧涅槃，不礙煩惱結惑，乃名不思議。……若見思議之理而得解脫，即是思議解脫；若見不思議之理而得解脫者，是不思議解脫也。……若是真諦之理，即是思議之理；若是中道佛性之理，即是不思議之理。……問曰：若不斷煩惱結業，云何而得解脫？答曰：譬如未得神通之人，若在牢獄，必須穿牆破壁，方得走脫。若是得神通之人，處在牢，雖不穿牆破壁，而出入無礙也。」（《大正藏》38・550 中-551 上）

❽　入矢義高編《馬祖の語錄》，京都：禪文化研究所，1984，頁 19。
❽　同前註，頁 21。

不修不坐，即是如來清淨禪。⑧

這如來清淨禪不必指那與祖師禪對說的如來禪，而是指覺悟。不修不坐，甚麼也不做，連坐禪也不做，便能得覺悟，在字面上又有矛盾。但若只是呆坐，只是不思不想的朦朧狀態，並無對任何背反、弔詭有任何突破，還是不可能有覺悟的果實。⑧故「不修不坐，即是如來清淨禪」可以指不靠刻意修行，不呆坐，用別種相應的方法，還是可以覺悟，這樣還是可說。《馬祖語錄》又說：

我有時教伊揚眉瞬目，有時不教伊揚眉瞬目。有時揚眉瞬目者是，有時揚眉瞬目者不是。⑧

揚眉瞬目是禪宗祖師對生徒開示覺悟的訊息、誘導他體會、逆覺地體證真理的一種動作，但要表示得對機才有效果，這得看當時的時間、空間、環境、生徒的心境、師生對話的實況種種條件才決定施或不施、做或不做，彈性很大。有時需施，有時不需施；對某些人施，對某些人不施。沒有定準，全看禪師是否當機而定。這樣的動

---

⑧　同前註，頁 45。

⑧　這種說法也有淵源，它與禪門中流行的一段公案故事有一定的關聯：話說南嶽懷讓見他的學徒馬祖道一整天在靜坐、呆坐，冀求得覺悟，不以為然，便執起一塊石頭，在他旁邊磨來磨去。馬祖便問：你這是做甚麼呢？懷讓答：要把石塊磨成鏡子。馬祖問：磨石塊怎能成為鏡子呢？懷讓便乘此機緣問馬祖：你這樣呆坐，又怎能得覺悟而成佛呢？這個故事在《馬祖語錄》中也有敘說。

⑧　《馬祖の語錄》，頁 107。

作沒有固定作出的條件，故乍看有矛盾、弔詭，是正常的事。

由以上諸例，可以看到禪門中的說法、動作，有弔詭性，但不必構成不可化解的邏輯上的矛盾，這弔詭性是辯證義的，可以破解。另一部重要語錄《臨濟錄》，弔詭的對話和動作也不少，這裏也舉一些例子。《臨濟錄》謂：

> 若得真正見解，生死不染，去住自由，不要求殊勝，殊勝自至。❽

所謂「真正見解」應是指對終極真理的理解與體證它的方法。倘若能得到這些訊息，便能不受生死大事所威懾，而仍能自由自在地生活，達到無所求的心境，在這種情況下，可以無往而不利，處處都是淨土，不必刻意追求。《臨濟錄》在另一次又說：

> 十地滿心猶如客作兒，等妙二覺擔枷鎖漢，羅漢辟支猶如廁穢，菩提涅槃如繫驢橛。❽

菩薩第十地、等覺、妙覺、辟支羅漢、菩提、涅槃等階位或境界都是修行的目標，地位很高，應該受到尊敬，但臨濟反而以一些污穢的東西來說它們，似乎又是矛盾、弔詭。但臨濟的真意是這些東西畢竟是外在的，不是我們躬自體證到的，因此不應對它們起執著，

---

❽　《大正藏》47・497 中。
❽　同前註，47・497 下。

它們其實與下賤的、不淨的東西沒有兩樣,一切應以自身所親自修得的才算數。《臨濟錄》又說:

> 佛法無用功處,祇是平常無事。屙屎送尿,著衣喫飯,困來即眠。**❽❽**

這裏視佛法或佛教對真理的體證,沒有特別要用功的所在地,在任何地方、環境都可用功,而且要以平常心來進行。在我們的日常生活中,大小便、穿衣、喫飯、睡眠等活動,雖是平平無奇,甚是涉及不潔淨的東西,都有覺悟的契機在裏頭,都可在其中成悟。覺悟是崇高的人生目標,竟與這些常人都會經驗到的事物連在一起,在雙方之間可以建立密切的關係,不免矛盾、弔詭。但臨濟不是這樣想,他認為佛法、覺悟是遍在的,在好的東西中有佛法,在不好的東西中也有。我們不應起分別心,只往好的東西邊鑽。

以上我們引了很多經典的文字,也花了很多篇幅來說明,天臺宗所展示的智慧,特別有弔詭傾向的智慧,在南宗禪中也有,而且更為世俗化、廣面化。在有關有弔詭義的覺悟、解脫的體證的問題上,南宗禪的說法,雖在細節上與天臺圓教的說法不同,但在本質上、旨趣上,南宗禪並未有超過天臺圓教的地方。

以上我們大體上已就義理和工夫兩個重點,並引了很多文本,說明禪在圓教的性格下,沒有甚麼可繼續發展、開拓的空間。在義理上如對於天臺宗以外的三教的吸納和對天臺圓教的融化,對於終

---

❽❽　同前註,47·498 上。

極真理的心理為一的根本理解，對於真理特別是心方面的高度的動
感的要求，對於體用問題的處理；在工夫或工夫論上的弔詭的性格
與作用，圓教都發展到了圓熟的、極致的程度，禪在這些方面能夠
繼續發展、開拓的空間並不多。特別是，禪特別是南宗禪很強調不
增不減的觀念，在心方面是這樣，在理或真理方面也是這樣。例
如，《馬祖語錄》便說過：

> 縱饒說得河沙道理，其心亦不增；縱說不得，其心亦不減。
> 說得亦是汝心，說不得亦是汝心。……若說如來權教三藏，
> 河沙劫說不盡，猶如鉤鎖亦不斷絕。若悟聖心，總無餘事。❽

心是終極的、最高的主體，是以質來說，不以量來說；道理不指真
理，而指知識、一般的在對待、相對關係中的知識，這是以量說
的，不是以質說的。終極的、最高的主體不管具有多少知識，並不
影響其終極性、絕對性，因此沒有增減可言。如來權教是方便法
門，這可以少，可以多，多至恆河沙數、千萬劫時間都列舉不盡，
仍是方便，是權，不是實。聖心則是終極的、最高的主體。若能體
證得這主體，便一證全證，沒有遺漏，「無餘事」；倘若不能體
證，這主體還是一樣。這樣的主體是不變的，不管證得與否，都無
增減。另外，《馬祖語錄》也說到法身：

---

❽　《馬祖の語錄》，頁 24。

　　法身無窮，體無增減。❾⓪

　　法身（dharma-kāya）是我們的精神主體，儘管我們可有無窮無盡的方式、途徑去朗現它，但作為清淨的、絕對的主體，它總是如此，總保持那個狀態，不增不減。

　　另外，在禪門中流行著這樣一則故事。一日，眾人聚集在禪堂裏坐定，等候六祖升座說法。六祖來了，坐下，但甚麼也沒說，過了一陣子，他舉起右手，伸出大姆指，問大眾：「這個是甚麼呢？」馬上有一個回應：「大姆指。」六祖搖搖頭。「這個是有，或是識，」另外一個答覆。六祖沒有反應。大眾中又有人叫出來：「這個是空。」六祖還是搖搖頭，這引來一番寂靜。最後，一個小孩緩慢而低聲地說：「這個是這個。」六祖點頭微笑，便回方丈去。我們試分析一下這個故事，六祖顯然是認可「這個是這個」這一答覆。「大姆指」、「有」、「識」、「空」都是假名（prajñapti），是被施設出來描示、分別事物的。這些假名或多或少都帶有某種主觀的制約（convention），在某種程度下關連到人的認知、意志、感情，不能如如地、不增不減地還事物一個本來面目。說「這個是這個」便做得到：甲是甲，乙是乙，這個是這個，不多不少。西方哲學的 Ding an sich，或 thing in itself（物自身），便頗有這個意味。佛教中有《不增不減經》，說的便是這個意思。

　　一切言說、概念，都不能免於主觀的制約性。佛教很著重這點，其中又以禪為最。《維摩經》敘說諸得度眾生（包括大菩薩）如

---

❾⓪　同前註，頁 41。

何展示入不二法門的方式，都是通過言說來展示，連智慧最高的文殊師利菩薩也不能例外。最後只有維摩保持緘默，「默然無言」，引來文殊師利的讚嘆。❾對於終極真理、不二法的理解，就理解的內容和理解的方法來說，都要盡量避免利用文字言說，這便引出禪的「教外別傳，不立文字」的旨趣。要透過種種動作（身體語言）、譬喻來展示，但動作、譬喻也不能完全免於制約性，但這是沒有辦法中的辦法了。

　　上面所說的禪的不增不減的態度，影響它在義理與工夫方面的發揮，尤其是在義理方面。就佛教最後發展到圓教的義理與工夫來說，邏輯上應不能再向前發展了，不能作實質性的發展了。倘若能繼續向前發展，則表示還未到圓滿無缺的程度，倘若是這樣，則不能說圓教了。從思想史方面來說，印度佛教從印度傳到中國來，繼續發展，到了華嚴宗與天臺宗，都出現圓教，它們雙方進行判教，

---

❾　禪對於語言文字，其實不是完全否定，它的態度無寧是不執著它，要恰當地運用它，對它不取不捨，要能超越它。惠能在《壇經》中，常提及或引述佛經的文字，此中包括《金剛經》、《大般涅槃經》、《維摩經》（《淨名經》）、《楞伽經》、《法華經》、《菩薩戒經》等。這些經典都是以文字表達出來，惠能並未有排斥它們，也未明顯提倡不立文字。他對文字的態度，就關連到誹謗佛經的問題，表示如下：「執空之人有謗經，直言不用文字。既云不用文字，人亦不合語言。只此語言便是文字之相。」（《大正藏》48・360 中。）他又說：「直道不立文字，即此不立兩字，亦是文字。汝等須知，自迷猶可，又謗佛經。不要謗經，罪障無數。」（同前）惠能的意思是，文字有它自身的作用，即使與終極真理的解說與體證無直接關連。惠能強調，即使我們說不立文字，否定文字的存在價值，我們仍要靠文字來表示這個意思。他的態度是，文字言說有溝通意見的作用，但這只是工具，不是目標，我門不應執取它，要善巧地運用它。這是不捨不著。

都強調自身是圓教。華嚴宗是以崇高的導向來說圓,以佛在海印三昧禪定中所證得的諸法的無礙的境界為圓,這種境界是包括菩薩在內的九界眾生所不能達致的。它又把圓教分為兩支:同教一乘與別教一乘,分別指涉天臺宗的圓教與華嚴宗的圓教,後者的境界為最高、最圓。天臺宗則以博厚的導向來說圓,所謂博厚主要是顧及佛界外的九界眾生之意,同時也強調存有論,重視客觀世界的種種存在。以一念三千的一念心的升揚與沉降來帶動三千種存在。這樣,三千種存在或整個存在世界與一念心有同起同寂的呼應關係。這是天臺宗的化法四教中的圓教,而華嚴的義理,則被放置到別教中。筆者個人比較認同天臺宗的圓教,因此在這一節中所說的圓教,以天臺圓教為準。天臺圓教所說的義理與工夫論,就上面所述來看,的確可說是達到圓的程度。在義理上可說圓,這比較明顯。在實踐方面,天臺宗也有圓的觀點,智顗的《摩訶止觀》有如下的說法:

> 菩薩聞圓法,起圓信,立圓行,住圓位,以圓功德,而自莊嚴,以圓力用建立眾生。❷

跟著便是對圓法、圓信、圓行、圓位、圓功德、圓力用等作頗詳細的闡釋。我們認同天臺宗所說的圓教,而禪特別是南宗禪在義理與工夫方面都與天臺圓教相應,在這兩方面沒有進一步發展的餘地,我們便可視這種禪法為圓禪。

圓禪確定下來後,由於在義理與工夫方面都無可再進、再發

---

❷ 《摩訶止觀》,《大正藏》46·2上。

展，因此，在這些方面的研究便無積極的、實質的意義，也即是沒有必要了。因此，我在拙著《游戲三昧：禪的實踐與終極關懷》確定禪的本質在那不捨不著的靈動機巧的主體和它的全幅表現是遊戲三昧後，便沒有再研究禪了。再繼續研究，只能在禪宗史或禪宗思想史上增加自己的一些知識；或多讀一些公案、語錄，對禪師開示生徒的手法，有更多元的、多面性的理解，也增加自己對禪文獻有多些了解而已。在禪的本質方面，例如禪的終極關懷、禪的根本旨趣方面，不能有實質上的幫助。若是這樣，我們對於禪，還有甚麼可做、可研究呢？我想只有回歸於生活一途。我們在現實的生活中，過禪的生活，可以在禪的文化開拓方面努力，發展禪的美術、禪的音樂、禪的宗教、禪的文學、禪與茶道、書道結合，等等。但這已經超出本文要探討的問題的範圍了。

第二部分
禪的對話詮釋

第一章 達摩與早期禪

一、前言

一般認為菩提達摩（Bodhidharma）是中國禪宗的初祖，達摩禪的特色在於「深信含生同一真性」，視超越的真心為眾生成佛的基礎，覺悟的關鍵在對「真性」❶的深刻體證與實踐。宗密以「唯傳心法」概括達摩禪法的內容❷，認為眾生若能「頓悟自心本來清

---

❶ 在達摩的論著中，多以「真性」、「清淨心」或「本性清淨心」來表示眾生心本具而內存的超越性格。與我們一般所說「自性」偏屬常住性、固定性之義不同。

❷ 宗密云：「達摩西來，唯傳心法，故自云：『我法以心傳心，不立文字。』此心是一切眾生清淨本覺，亦名佛性，或云靈覺。」參見宗密著，《中華傳心地禪門師資承襲圖》，《卍字續藏經》110‧870 上。疑似後人偽作的《血

淨，元無煩惱，無漏智性本自具足，此心即佛，畢竟無異，」而「依此而修者，是最上乘禪，亦名如來清淨禪。……若能念念修習，自然漸得百千三昧。達摩門下展轉相傳者，是此禪也」❸。按把握超越的真性或者真心，依此漸次體證真理，這是分解的思路，先肯認一個超越的真性真心，以此作為根基，循序而修而臻解脫，這是如來禪的特色。「如來禪」中的「如來」（tathāgata），是指如來藏自性清淨心而言，這是成佛的清淨無染的心能。

回應：

關於宗密提「頓悟自心本來清淨，元無煩惱，無漏智性本自具足，此心即佛，畢竟無異」，顯示他把達摩禪的義理特色收束於「如來藏自性清淨心」的觀念中，具有超越的分析導向，他先置定一個清淨心做為成佛的超越根據，把超越的心性（就是如來藏自性清淨心）與現實的煩惱對立起來，我們稱這種禪法為「如來禪」，因為這種清淨的心性可使人成佛、成如來。在如來禪的禪觀中，預設了一個絕對真心，區分現象的染污與真心的清淨，於實踐的道路上，要修行人透過「捨妄歸真」的階序，由染轉淨，轉迷成悟。神秀和尚的偈語中明白地展示這種思路，偈云：「身是菩提樹，心如明鏡臺，時時勤拂拭，莫使惹塵埃。」偈中染與淨涇渭分明，有以

脈論》則有「三界混起，同歸一心，前佛後佛以心傳心，不立文字。」之語。參見《血脈論》，《卍續藏》110 · 809 上。案：本書所採資料係據《大正藏》（臺北：新文豐出版社，1983 年修訂版）、《卍續藏》（臺北：新文豐出版社，1977 年）。

❸ 宗密著，《禪源諸詮集都序》，《大正藏》48 · 399 中。

淨來超克染的趨向。這與後來禪宗六祖惠能所傳授的「祖師禪」思路並不相同。祖師禪是談「即妄心是佛」的，重在對當前一念心的突破，突破之後，便得覺悟，而成一代祖師。舉例來說，惠能說「不思善，不思惡」，就有要人突破這平常一念心所具的善惡背反的思想特質，其中有辯證綜合的意味，其強調要在染、淨；善、惡等種種背反中突破出來，體證絕對的心性，這種辯證性格的動感很強。至於辯證則在強調一個「反」字，染、淨；善、惡；真、妄就是對反，祖師禪不提倡以淨超克染，善超克惡，真超克妄，因為從存有論的角度視之，背反事物雙方本身具有對等的地位，在究極的真理觀中，二者並不能相互排除。道教提倡長生不老，羽化登仙是最後的目標，我們把它拿來同祖師禪比較，就會看到，生死是對等的，二者是一體的兩面，我們不能只求生存而厭惡死亡，以生存來克服死亡。我們應該做的和所能做的，是同時突破生存與死亡的背反，讓明覺的主體性頓時呈現。至於道教要保留生而避免死而成為神仙，是不行的。它違悖了人生中性格的兩端或兩極在存有論上是對等關係的真相。

　　早期禪學的發展，由達摩、慧可，經僧璨、道信以迄弘忍，大抵循著「清淨心是佛」的路線發展，一直到惠能出現，這個發展始有了轉向，惠能以為我們應當平等地看待眾生的心，而不是將之區隔為淨心與染心。他主張應就人當前的「平常一念心」進行頓然的轉化，俾人能於一念心所成的背反中突破出來而獲致覺悟。換言之，惠能禪並不停留於早期禪的「清淨心是佛」的禪法中，而是進一步以綜合的方式說明解脫的真義，在於對世間法的不取不著，由

此而超越善惡、罪福、染淨、生死等種種兩相背反的認識而來的煩惱，體證絕對的心性而成正覺。

回應：

這裏所謂「平常一念心」可以有一念淨心與一念妄心兩種概念，前者所指具有超越分解的意味，是如來禪的思路；後者則表現綜合的智慧，我們理解惠能禪大抵順著後者的理路來說。我們講「平常心」是概括性的說法，意指經驗與超越這兩種成份的和合，如好、壞、美、醜、善、惡、淨、染等種種背反皆混在一起，而不是一種單向的清淨的內容。

這樣，我們便勾勒出禪學發展的兩條路向，一路是以達摩禪為中心，經慧可到五祖弘忍，再加上神秀及惠能的弟子神會，及神會下來的宗密，這一系皆以「清淨心是佛」為宗旨的禪法；另一路則是指惠能禪及以他的後學建立的南宗禪的禪法，這一系以「平常心是佛」做為禪法的要旨。前者重視「捨妄歸真」的漸進工夫，後者強調「平常心是道」；前者採分析的方式，漸悟真理，後者以綜合的方式，頓悟真理。前者是偏覺的形態，後者則是圓覺的形態。

回應：

此處可以提出一個問題：真心與妄心是否對立的主體呢？還是兩種主體只是一種方便的分法呢？我們可以這樣說，從究極的角度來看，二者應有對立而可區分為佛性偏覺與佛性圓覺兩種形態。佛性偏覺的形態以真心為基礎，對現實中染污的部分採取超克的態度，以「捨妄歸真」為實踐方式，是分析的形式。佛性圓覺的形態

則不然，它視真與妄這兩種主體為同一體性，兩者相互融合，是綜合的形式，它的實踐法是對於主體中的真與妄所成的背反的頓然的突破。這種突破可以拆解人恆常地困於其中的生命的兩極所引發的疑團，而使人達致大明大覺。這疑團可以不斷擴展，成為京都學派所說的「大疑團」。大疑團的爆破，便成就覺悟。

二、達摩禪學的內容

(一)達摩其人

據達摩弟子曇林在《略辨大乘入道四行及序》中所記，達摩出生於南天竺，為婆羅門階級，是大婆羅門國王的第三子。曇林又記載達摩從海道前來中國，「遠涉山海，游化漢魏」，從《續高僧傳》「初達宋境南，末又北度至魏」的說明中，可以得知，「漢」指的是當時的南朝宋，「魏」指的是北魏。他在中國傳法的路線大抵是由南而北❹。

達摩傳法的經過，據曇林及《續高僧傳》的記載：

1.亡心寂默之士，莫不歸信，取相存見之流，乃生譏謗。于

---

❹　關於達摩東來的時間，各家說法不同，可分為二派：一是《續高僧傳》的說法，時為南宋；一是《傳法正宗記》的記載，約為梁朝普通元年（520），此說影響《五燈會元》、《景德傳燈錄》及《佛祖統記》，三書以為達摩在梁朝普通七年、八年來華。

> 時唯有道育、慧可,此二沙門,年雖後生,攜志高遠,幸
> 逢法師,事之數載,虔恭諮啟,善蒙師意❺。

2. 隨其所止,誨以禪教,於時合國盛宏講授,乍聞定法,多
生譏謗。有道育、慧可,此二沙門,年雖在後而銳志高
遠,初逢法將,知道有歸,尋親事之。經四五載,給供諮
接,感其精誠,誨以真法,如是安心,謂壁觀也❻。

對比兩段文字,我們可以想見達摩的禪法在當時並不為人所重視,
跟隨他且被記錄下來的僅道育、慧可二人。傳說達摩初來中土遇見
梁武帝,言談並不相契,有「廓然無聖」的公案傳流。達摩因而北
上,在嵩山壁觀九年。南方弘法不見順利,北方弘法之路亦顯艱
辛。原因可以有幾方面,一是達摩個人並沒有受到當時政權的支
持,二是當時達摩並沒有棲身於龐大的譯經團隊之中,參與譯經工
作。相反的,在北地以菩提流支(Bodhiruci)和慧光為首的地論師,
在當時皆與上層統治者有密切接觸,是當時僧團的主要領眾者❼,
此種情況相對使禪者的弘禪之路不順利❽。因此,「合國盛宏講

---

❺ 曇林著,《楞伽師資記》,《大正藏》85・1285 上。

❻ 《續高僧傳》,《大正藏》50・551 下。

❼ 慧光本人亦是律師,受業於勒那摩提(Ratnamati),是《四分律》早期倡導
者、《僧祇律》的弘揚者,制《僧制》十八條、《仁王七誡》,成了維護僧
紀的權威。他個人開創了地論師集團統治整個北朝、齊、周三代佛教的局
面。詳見杜繼文等著,《中國禪宗通史》(南京:江蘇古籍出版社,1995
年),頁 10-12。

❽ 據荷澤宗的記載,談到達摩被菩提流支及光統三藏所毒害。原文:「時魏有
菩提流支三藏、光統律師,於食中著毒餉大師,大師食訖,索盤吐蛇一升;

授」，所指的應是當時國家支持的菩提流支及光統三藏等人所傳譯的佛法，包含《十地論》（*Daśabhūmi-śāstra*）與戒律，以及政治上所允許的官禪❾。達摩個人的弘法事業則為「取相存見之流，乃生譏謗」。取相是對事物的相狀起執，存見是對事物有不正確的理解。整體而言，從整個遊化的歷程來看，達摩的禪法在當時並沒有達到普傳的地步。

今存達摩的著作，可確信的有《楞伽師資記》裏達摩弟子曇林所記載的《略辨大乘入道四行論》及晚近發現的《達摩禪師論》，後者乃日本學者關口真大在敦煌文獻中發現，二書是研究達摩思想的基本文獻。由於達摩的名氣很大，因此託名的著作不少，如《悟性論》、《血脈論》、《破相論》等，應可視為如《傳法寶記》所云：「今人間或有文字稱達摩論者，蓋是當時學人隨自得語以為真論，書而寶之。」❿

㈡達摩禪學的內容與特色

1.二入四行

今存攸關達摩較為信實的文獻，有前述的《略辨大乘入道四行

又食著毒再飼，大師取食訖，於大槃石上坐，毒出石裂，前後六度毒。大師告諸弟子：『我來本為傳法，今既得人厭，久住何益？』遂傳一領袈裟，以為法信，語惠可：『我緣此毒，汝亦不免此難，至第六代傳法者，命如懸絲。』言畢遂因毒而終。」見《歷代法寶記》，《大正藏》51·180下-181上。

❾　《中國禪宗通史》有如是的看法：「以慧光為主要代表的北國地論師兼律師，是禪僧在北方活動的直接障礙，也是造成禪僧不斷南下的一個重要因素。」《中國禪宗通史》，頁31。

❿　杜朏著，《傳法寶紀》，《大正藏》85·1291中。

論》及晚近發現的《達摩禪師論》。在《略辨大乘入道四行論》裏頭，主要介紹達摩禪法中「二入」、「四行」的觀念，「二入」乃指「理入」與「行入」。「理入」是以智慧的角度，理解並體證真理；「行入」則是從實踐的內容來契進真理，而「四行」則是通往真理的四種修行途徑。以下我們先從「二入」的觀念予以說明，再談「四行」的具體內容。

我們先徵引《楞伽師資記》與《續高僧傳》談論「理入」的一段文字，再來做說明：**⑪**

《二入四行論》	
《楞伽師資記》	《續高僧傳》
理入者，謂藉教悟宗，深信含生凡聖同一真性，但為客塵妄覆，不能顯了。若也捨妄歸真，凝住壁觀，無自他，凡聖等一，堅住不移，更不隨於言教，此即與真理冥符，無有分別，寂然無名，名之理入。	理行也，藉教悟宗，深信含生同一真性，客塵障故，令捨偽歸真，疑（「疑」應作「凝」）住壁觀，無自無他，凡聖等一，堅住不移，不隨他教。與道冥符，寂然無為，名理入也。

回應：

兩段文字中，後出的《楞伽師資記》記錄的較為完整，《續僧傳》的記錄與《師資記》差異不大，在日本，佛學研究者如柳田聖山等對《楞伽師資記》的記載較為重視。

---

⑪ 道宣的《續高僧傳》較《楞伽師資記》早出，在資料中可以見到晚出的《楞伽師資記》在敘述上較《續高僧傳》完備了不少。

其次,說「含生凡聖同一真性」,「含生」就是眾生,這句話是說眾生具有同一的真性,這是從超越的分解觀來說超越的清淨性。在文字之中,看得出達摩對「真性」的重視,真性也可說為「清淨性」。不過,依後期禪學的發展,我們在三祖到五祖的文獻資料中可以發現有由性轉向心的傾向。用現代哲學名相來說,「真性」近於「本體論」,「捨妄歸真」近乎「工夫論」,達摩所言帶有本體論與工夫論兩個面向。本體指的是真心,是工夫的根據,又說因為本體受到染污所以必需要有「捨妄歸真」的工夫,這就有一種次序之分,表示本體在先,工夫在後,本體與工夫頓成兩截,從究竟的角度來看,這不是佛性圓覺的模式,而可歸入佛性偏覺的模式。

從佛性偏覺與圓覺的角度來看,我們可與儒家做一類比,儒家也有偏覺與圓覺的差別。宋明儒學裏頭,朱子盛談格物窮理,以心為氣之精爽,⓬而氣是經驗的,心雖是氣最為精爽的部分,也只能視心為經驗主體,心不能是性,心與理或性的等同性便被拉開。朱子又以「不離不雜」談理氣關係,超越的理在真理的層次上高於經驗層的氣,這也使得理有孤懸之虞。另方面,有別於朱子的陸象山、王陽明多循「即工夫即本體」的實踐觀,這是綜合性格。這也可以說朱熹走的是偏覺的形態,陸王是圓覺的形態。

「理入」的意思,就是「藉教悟宗」,這裏我們應留意「教」與「宗」二字。所謂「教」是指經教,是記載佛陀所開示的種種教

⓬　精爽即是優越之意。心居於一切認知活動的中心,故是優越。

法，「宗」指的是由達摩建立的禪門宗旨，即見性成佛，這裏，若講得狹些，是後文所述的「深信含生同一真性」的意思。❸因此，「藉教悟宗」即是藉由記載佛所開示的種種教法領悟凡聖皆有同一真性。暢談眾生本具清淨真性，這也正是達摩禪法的特點。從「性」字處講眾生本具清淨自性，偏指客觀義，傾向本質上肯定而現實未能如此的意思，這與從「心」字講眾生本具如來藏自性清淨心不同，講「心」偏指自主的能動性。「真性」固然是眾生成佛的基礎，但在現實上，眾生卻有種種煩惱執著，使「真性」有如「客塵妄覆，不得顯了」，成為潛存的狀態。「理入」是在道理上指出人人本具佛性，是一種在潛藏層面所作的指點語❹。眾生若要表現那含藏於內的「真性」，還是要透過「捨妄歸真，凝住壁觀」的實踐工夫。「捨妄歸真」是說修行人要逐步地去除「無明」，才能顯出無染的佛性，這就好比浮雲蔽日，浮雲散去，日光才能顯現。「凝住壁觀」是說明實踐的工夫得透過堅決的修持，深入定境，到達一種堅固的身心狀態，在達摩的眼中看來，這種狀態是「無自

---

❸ 關於「藉教悟宗」一句，筆者以為吳汝鈞先生和印順法師對於「教」字恰巧做了廣狹二義的解釋。廣義來說，吳先生認為「教」指經教，由經典而來的教法，「藉教悟宗」即是要藉著經典文獻去體會禪的宗旨。而印順法師以為「宗」是《楞伽經》（*Laṅkāvatāra-sūtra*）說的「自宗通」，是自覺聖智的自證，但這要依「教」去悟入，而「教」的內容即是依如來藏教說的深切信解。二說可相互參考，詳見吳汝鈞著，《中國佛學的現代詮釋》（臺北：文津出版社，1998 年），頁 134；印順著，《中國禪宗史》（臺北：正聞出版社，1983 年），頁 11。

❹ 天臺宗談「六即佛」便有「理即佛」一詞，說明眾生在理上具有與佛無二無別的佛性。

他」、「無有分別」、「寂然無名」的，是人的徹底清明狀態，沒
有分別相的真性的朗現。

　　達摩談「深信含生同一真性」，據曇林記載的《二入四行
論》，並沒有明確說明「深信」吾人本具真性的主角是誰。主詞的
模糊不確定造成後文的「若也捨妄歸真」一句，文氣的肯定意味不
足。此處《達摩禪師論》說明得較為清楚：

> 以舉眼觀法界眾生，一體一相，平等無二，一等看故一種，
> 皆是如來藏佛故，以常用一清淨心故，以常乘一理而行故，
> 即是頓入一乘❺。

「舉眼觀法界眾生」，我們要注意「眼」跟「法界」二詞。「眼」
所觀是「法界眾生」，因此，所謂的「眼」應指修行至相當程度的
聖者之眼；所謂「法界」除指稱意識所緣對象的所有事物外，在
《華嚴經》中亦有說明諸法之真實體性的意思。故「舉眼觀法界眾
生」帶有超越的觀照意味，聖者之眼所徹見眾生的真實性，即如後
文的「一體一相，平等無二，一等看故一種，皆是如來藏佛故」的
意味。這便很明白地指出眾生本具的如來藏自性清淨心是覺悟者的
一種本質性的存在，而這種存在是超越而絕對的一，不是經由經驗
認識所得的一。《達摩禪師論》又云：

---

❺　引文據關口真大著，《達摩大師の研究》（東京：春秋社，1969）。

> 法佛者，本性清淨心，真如本覺，凝然常住，不增不減❶。

這裏所說與前文所述的「真性」觀不同，反倒著眼于能行覺悟的主體——「心」方面，達摩使用了諸如「本性清淨心」、「真如本覺」的字眼，這種重視「心」的主體能動性和重視「真性」的客觀本質存在有不同的取向。從「真性」處說，一方面帶有佛菩薩慈眼示眾生的悲憫，是覺者對於不覺者的救度❶；另一方面，談「真性」是道理上的肯定，呈現一個價值的準則，但單言「真性」，實踐的動感畢竟不夠強烈，甚至會使人誤以其為靜態的、平板的、不具有動感的。從「心」處說，實踐的動感強，況且心的能活動、能運用變化的意義強。當然談活動，談變化，也表示「心」有流於外放導致不能收斂的可能性，產生對於感性經驗的征逐，這就好比大海生波，本自清淨的明覺主體一下子被無明所擾。因此，達摩認為若要保住明覺的心，便得對於心有所鍛練，使之「凝然常住」，故有「壁觀」之說。

關於「壁觀」一詞，《景德傳燈錄》曾記載梁武帝曾詢問達摩關於個人造寺、寫經、度僧累積的福德問題。達摩並未正面肯定，雙方言談並不相契，達摩後來便北上遊化，於嵩山少林寺面壁靜坐

---

❶　《達摩大師の研究》，這篇文字很短，故不列頁碼。

❶　《續高僧傳》闡釋理入時，其中有「令捨偽歸真」的論述，「令」字的提出，可說表明了覺悟者對於濟渡眾生的悲憫，此悲憫自應以大乘菩提心為基底。這個說法可參考楊笑天，〈菩提達摩二入四行大乘壁觀禪法（上）——禪宗源頭「達摩西來意」發微〉，《法音論壇》，2004 年，第 5 期，頁 3-10。

九年❸。在此故事性的記錄中，壁為所觀之物，然而我們是否可以據此燈錄的記載，即認定壁觀是面壁禪定呢？若以「壁觀」為一種譬喻，「壁觀」便可視為一種「觀照」的狀態，即是透過各種實踐法門及觀修的方式，使精神力凝聚而專致一意❶。這樣詮解壁觀，可以讓禪定跳脫傳統理解的靜態觀想狀態，突顯達摩禪法中不同於中國早期禪法的教學模式（安般守意禪），賦予禪定一種行住坐臥，動靜一如，無住無著的積極動態性格。柳田聖山以為達摩的四行的最大特色，是其日常化，或許也可由此理解❷。但要說明的是，筆者並非忽略傳統靜態性的禪坐方法，旨在表示禪法的演變可由早期佛教禪坐的鍛鍊，教育修行人的心志淬鍊而至堅固，達到禪師所謂的一切法透心不入，心如木石的狀態，進一步可以將此壁觀的成果運用於生活世界。這種傾向表示禪法並不局限於靜態修煉，而可有朝向動態實踐的可能，具有動靜一如的意味，這個傾向在中後期惠能禪及臨濟禪中最能表現出來。

回應：

　　關於文中所指出：「壁觀」是否在動態或靜態才能修習禪觀？

---

❸　《景德傳燈錄》，《大正藏》51‧219 中。

❶　此處所採關於「壁觀」的解釋，請參見吳汝鈞著，《游戲三昧：禪的實踐與終極關懷》（臺北：臺灣學生書局，1993 年），頁 18。印順法師引《黃檗禪師宛陵錄》一段亦可實證明，「心如頑石頭，都無縫罅，一切心透汝心不入，兀然無著，如此始有少分相應。」參見印順著，《中國禪宗史》，頁12。

❷　柳田聖山的說法可參考吳汝鈞著，《游戲三昧：禪的實踐與終極關懷》，頁18。

這個問題可以求諸禪宗典籍做個考察。大致上，當時禪觀已由早期佛教靜態的禪定（數息觀）走向較為活潑的動靜一如的方式。《壇經》有「一行三昧者，於一切時中行住座臥常真」的句子，到了臨濟禪，禪的生命力更為擴充，在任何狀態中都能展現，這就表示不一定要在靜態的打坐中才能修禪，用較極端的（radical）說法來看，可以說即使人在紛擾的十字街頭也能修習禪觀，展現禪的性格。靜態的禪觀是早期小乘佛教採取的態度，發展到大乘佛教時，已由靜態的修行方式一躍而為具有強烈的動態，並由動態再回頭概括靜態的修行方式，有「動靜一如」之姿。

其次，如前所述，禪法發展到臨濟禪，有由靜態趨向動態的轉移，有所謂的「臨濟喝，德山棒」的口頭語，這都具有極強的動感，強調在激烈的應對機鋒中啟發弟子悟道，這種動感的禪法到公案禪的出現最為顯著，禪師可以用激烈的手段來進行教化。例如：南泉斬貓。南泉普願曾以殺貓這種激烈的手段來渡化弟子，我們若從慈悲渡眾的角度來看，似乎不好理解南泉做為一個大禪師何以如是殘忍，佛教不是談慈悲嗎？因而此處我們可從救贖的大角度來看，在禪師的激烈舉動中，卻是提供行者許多隱伏的線索，引發一種悟道的契機，而非直接給予弟子一個答案，一語就道破人生的迷茫，這含有一種「如人飲水，冷暖自知」的意味，這正是自力覺悟的解脫觀。在禪師的引導中，它提供一個情境，讓人在裏頭衝撞，進而在其中體會出真理。附帶一提的是，在禪師與弟子的互動之中，禪師對弟子並非無意義的進行種種無厘頭的話語與動作，反之，禪師往往在這些荒謬不經的行止中指引與印可弟子悟道。因此，禪師本身便需要一種洞見（Einsicht, insight），依照這種洞見徹見

弟子的根器、見道層次、誘發時機等等，因而權宜行事。禪師若缺少這種智慧，無法考核弟子的開悟問題，那麼這些激烈的教導便有落入口頭禪、狂禪之虞。

2.四行

「行入」是達摩禪中攸關心性實踐的具體論述，具體內容是「四行」，包括有報怨行、隨緣行、無所求行及稱法行。首先是「報怨行」，全文如下：

> 修道行人若受苦時，當自念言：我往昔無數劫中，棄本從末，流浪諸有，多起冤憎，違害無限。今雖無犯，是我宿殃惡業果熟，非天、非人所能見與！甘心甘受，都無冤訴。經云：逢苦不憂。何以故？識達本故。此心生時，與理相應，體冤進道，故說言報冤行❹。

這裏達摩談「報怨行」（冤又作怨）有三個重點。第一、人生固然是一無盡的奮鬥歷程，現實人生更常帶給人許多意料之外的挫折，使得人面對種種生命境遇時，往往因沈重的壓力，產生負面的情緒及無力感，導致心理上的怨天尤人。因此，達摩談「報怨行」有消極與積極兩個層面。首先是消極層面，他從佛教業感輪迴的立場，提出人之所以會陷溺在種種困逆的環境之中，不必然是此生奮鬥的不足，而是在輪迴的時間長流中，肇始於我們往昔所造惡業之

---

❹　達摩著：《菩提達磨大師略辨大乘入道四行觀》，《卍字續藏經》110・807中。

因的發酵。其次是積極的層次，他以具有洞見的眼光來說明苦痛在這個世間是避無可避的。從常理來說，一般人總是喜歡快樂，厭惡痛苦，可是從佛教的眼光來看，人在現實上總是得不停地接受挑戰，這是形成苦的來源之一。苦的來源之二，往往在於享樂的過度，樂極而悲，佛教認為欲望的過度滿足，縱欲過度，也不幸福。苦的來源之三是面對人生的有限性，任何人都避免不了走向死亡，走向死亡之路時可能伴隨而生的病痛也是苦的來源之一。因此我們可以說人生是無數的苦難集合而成，人生出來便是受苦，在受苦的歷程中淬煉自己的意志，解決苦的問題，甚至轉苦為樂。達摩在此便賦予苦痛積極意義，他說「體冤進道」，便是認為生命中的種種苦痛都應視為一種人生磨練的契機，我們應當全心推開所有外在因素的影響，徹底地擁抱（embrace）苦，這也將修行的活動無時無刻表現在正視你我的人生，接受自己的人生境遇、現實，這就是說體道是隨時的、即時的，做為實踐者斷然不能選擇性地進行修行的工作，或者逃避人生。

第二、引經云：「逢苦不憂」，要人能夠「甘心忍受，都無怨訴」，帶有濃厚的忍辱傾向，藉由忍辱的修習，要讓執著於「自我」的存在感徹底消除，破除由「自我」所產生的種種不正確的知見，這就是「我執」的滅除。陶淵明的「縱浪大化中，不喜亦不懼」，很能反映這種情懷。但這種修行方式，無疑帶有苦行的意味，是所謂的「頭陀行」。以大乘佛教談的「六度」法門來說，這可說是以「忍辱」為基底，以「精進」為砥礪的表現。

第三、佛教視生命是一條無止盡的苦痛長河，這種思想的代表就是「輪迴」（saṃsāra），輪迴思想與「業力」、「因果」是一組

相互牽連的概念。種因得果的業報觀，得有一套不昧的因果律則來維繫，達摩指出這種因果律則的背後具有超思議的內容，非天非人所能涉足其中，而是需要透入生命之流的大修行者才能體會，這也表明認識終極真理、徹見實相並不是那麼容易。

回應：

　　基本上，佛教思想是從「苦痛意識」出發，其視人生的苦痛與煩惱是一種常數，因而特別重視生命中的苦的現實。關於「苦」（duḥkha），在早期佛教裏有「四聖諦」的提法，佛陀說的四諦為：苦、集、滅、道，據我的理解，四諦並不是在一個對等的脈絡下說，而是以苦為核心，而集、滅、道依序便是談苦的生起、苦的滅去、滅苦的途徑。談苦痛的去除，佛陀提出八正道做為修行的軌轍，依此落實去做，便能體證中道真理。再回頭看看達摩的說法，他提出「體冤進道」的思想，這點很有意思，這帶有「體道隨時」的洞見，在佛教的觀點中，苦往往被視作一種常數，樂是變數，常人皆欲去苦就樂，只挑好的，不挑不好的，而忽略了樂與苦各自處於兩種極端中，在實際的生活裏，我們不能夠處於人生之中而企圖揀擇人生境遇，如順逆、窮通、好壞。因此，達摩的這種禪觀除了帶有佛教固有的業感外，進一步有視「道」（或云中道）為一種實踐原理，須落實於生命的每分每秒之中的意味。在這裏，我想進一步闡釋「體怨（冤）進道」的宗教實踐的原則。在現實上，到處都是怨，是苦痛煩惱，我們不能夠等一切怨、苦滅除後才向道努力，因為這是無了時的。我們只能在忍受怨、苦的同時，以一種坦然的心去承受這怨、苦，同時也要把握一切機會向道、真理挺進。倘若能

擁抱怨、苦,把它們點化,轉而為我們向上的推動力,便最好不過
了。

第二行是「隨緣行」:

> 眾生無我,並緣業所轉,苦樂齊受,皆從緣生。若得勝報榮
> 譽等事,是我過去宿因所感,今方得之,緣盡還無,何喜之
> 有?得失從緣,心無增減,喜風不動,冥順於道,是故說言
> 隨緣行❷。

「隨緣行」得從佛教所謂「因緣生法」的角度來說,這裏與報
怨行不同的地方,在於報怨行對於生命境遇的苦樂齊受,雖也有較
消極的業報觀,卻也有積極的「體道隨時」的意味。而這裏達摩提
出隨緣行,從存在的當下,要我們超越一些習以為常的相對性感
受,例如文章中所說的「得失」、「增減」、「苦樂」、「勝敗」
等等事物,這是因為這些事物都具有背反的性格。從因緣的角度出
發,萬事萬物都可視為「不有亦不無」。若說有,只是因緣合聚而
詐現其有;若說無,這些生命中的所遇所感豈能都說是實在?現實
生活中的點點滴滴,在佛教的眼中看來都是依因待緣而成,並沒有
一種「自性」(svabhāva)的實在。既然是依因待緣,便有生滅性
格,因此「苦樂齊受,皆從緣生」是不可避免,但人們卻可有一種
正確的生命態度:「得失從緣,心無增減」,有無得失,俱不忿

---

❷ 《菩提達摩大師略辨大乘入道四行觀》,頁 807 中。

礙,只是隨緣不變,不變隨緣地冥順於道。況且常人所謂的得失、增減都是一種背反,在存有論的層次上實具有對等的意義,我們常因得而喜,因失而悲,實際上都有趨吉避凶的傾向,而落入相對兩端的背反拉扯中。實際上,對真理的體證是超越兩端而且擁抱兩端的,達摩這裏提「得失從緣,心無增減,喜風不動,冥順於道」,便有這種深刻的用意。最後,我們也要指出「冥順」的重點,並不在言說,而是強調實證,因為凡有言說,便有所指,這又造成主客的對壘,因此達摩在字詞的使用上也有斟酌的空間。道應該是離言說的中道(madhyamā pratipad)境界,沒有任何分裂、對立可言。

回應:

　　這段文字,要注意文中所引「得失從緣,心無增減」的說法,其中所謂「得失」、「增減」都是相對的觀點,因此達摩提出「喜風不動,冥順於道」。這裏有一種慧見,達摩要我們不要落入一種得的就視為好,失的就視為劣的二元見解,而予得失、增減、喜樂平等對待。實際上,這二者在存有論上具有相對等的位置,若是有所偏,便落入斷見、邊見,我們說要有平等的觀察即涵有雙離二邊,體證中道的意思,因此道的體悟要放在綜合與超越的中道觀中說。其次,達摩隨緣行的說法,有相當程度涉及緣起(pratītyasamutpāda)思想,就早期佛教的「十二因緣」觀而言,因緣觀總的訊息是教人如何依因果觀或緣起理論來破除對生命各個環節的執著,最後達致各種生命現象的熄滅,如生、老、病、死、苦等,因此個體生命得從我(有)的執著鬆動開來,破除生命中種種造作與背反的認識,於此我們可說緣起觀和中道有一定程度的關

聯。日本學者增谷文雄說「中」或「中道」是作為一種實踐原理而被使用，並一切以緣起立場為依歸的看法，與此可以相互參見❷。

第三行是「無所求行」：

> 世人長迷，處處貪著，名之為求。智者悟真，理將俗反，安心無為，形隨運轉，萬有斯空，無所願樂。功德黑暗，常相隨逐。三界久居，猶如火宅，有身皆苦，誰得而安？了達此處，故捨諸有，止想無求❷。

「貪」的意思是指欲求五欲、名聲、財物等而無厭足的心理作用。這種心理作用是無窮無盡的，因此佛教把貪列為「三毒」之一，視為戕害眾生出世善心最嚴重的東西。貪的心理作用能夠通達三界，「三界」（tri-dhātu）是指欲界、色界、無色界，都是生滅輪迴的世界；欲界是欲望的世界，色界是物質的世界，無色界則代表一種精神世界或者心靈境界。在三界之中，眾生仍會依其心靈的狀態產生各式各樣的對於物質與精神的偏執與追求。

從佛教的觀點來看，佛教有「四念處」的說法，其中「觀受是苦」，是從人在欣求樂受中卻往往產生不悅的情況說。這表示過度沉迷一件事物，不僅是一種偏執，而本來源自對快樂的要求卻反轉為苦痛的結果。因此有智慧的人應當從現實的滿足方面解放開來，

---

❷ 吳汝鈞著，〈我的判教基準與早期佛教：捨邊中道與法有我無〉，《正觀雜誌》，2006 年，三十九期，頁 46-49。

❷ 《菩提達磨大師略辨大乘入道四行觀》，頁 807 中。

不要把身體的滿足看得太重，須知欲望的求取是無止盡的，不如收斂無止的欲望，故達摩云：「止想無求。」不過要剝落這羈絆生命的種種葛藤，以一種游戲且無所執的態度正視這些誘惑，尚有待於能夠挺立於各種染污執著中的洞見、大氣力與實踐工夫。

回應：

《老子》思想也有類似達摩無所求行的見解，老子說：「吾所以有大患者，唯吾有身。」這話的意思並不表示要「無身」，有身之所以為大患，無非是凸顯了人過於看重身體，對於軀體存有過度的佔有欲，諸如想延長自己的壽命，滿足自己的口腹之欲，或以種種外在事物來堆砌自我的存在。實際上，真理並不存在於對這些物質與精神的偏執追求中，向外覓物的過程反倒與真理相行漸遠。因此，達摩說：「形隨運轉，萬有斯空。」便有一種隨俗運化而不捨不著的洞見，揭櫫人雖有形軀之役，卻應當「安心無為」、「無所願樂」。

第四行是「稱法行」。

> 性淨之理，目之為法。此理眾相斯空，無染無著，無此無彼。經曰：「法無眾生，離眾生垢故。法無有我，離我垢故。」智者若能信解此理，應當稱法而行。法體無慳，於身命財，行檀捨施，心無吝惜，脫解三空❷❺，不倚不著，但為

---

❷❺　「三空」指我空、法空及我法俱空，意指在修行度眾的路向，不著我、人、眾生、壽者之一切法相，而能稱法而行。

> 去垢。稱化眾生，而不取相，此為自行，復能利他，亦能莊
> 嚴菩提之道。檀施既爾，餘五亦然。為除妄想，修行六度，
> 而無所行❷❻。

　　稱法行就是與真理相應、相稱的行為，即一切能符應「性淨之
理」的行為。而性淨之理，即是萬法都是「空無自性」的真相，對
此應產生一種「無染無著，無此無彼」的態度。染與著，是使生命
陷溺而不能自拔的來源，因染著而使事物的被認識具有相對性格；
此與彼，亦是一種相對性的描述，更著重於自我對於他者的區別，
是我執產生的泉源。因此唯有明白法的無自性、是空、無有「我」
之存在，我們才能體證真理的平等無二，以此稱法而行。

　　進一步，達摩便說稱法而行的具體內容：六度的實踐。他以
「檀」波羅蜜──布施波羅蜜──為例，說明人對於身、命、財三
者不應慳吝，應為了利益眾生而勇於布施，要從自利的角度轉向利
他，並且不要執著於自己行布施的行為，認為這種心理是一種有所
為而為，帶有目的性的心理，因而沾沾自喜。我們或可馬上聯想到
梁武帝與達摩的對話，討論造寺、度僧、造經的諸多功德，問題是
當梁武帝作如是想時，他已落入某種目的性，而不免有我執、我慢
了。《金剛經》（*Vajracchedikā-sūtra*）亦有如是看法，說：「菩薩無
住相布施」❷❼，六度的內容，是大乘菩薩行者的基本功課，是基於
攝化眾生的菩提心，由己而他的實踐行為，因此這裏偏重主體實踐

---

❷❻　《菩提達磨大師略辨大乘入道四行觀》，頁 807 中-808 上。
❷❼　《金剛經》，《大正藏》8 · 749 上。

的能力,心的動能愈強,所產生的願力也愈大,以此自行利他,才是莊嚴的菩提之道。

從依「眾相斯空」的空理實踐到提出「攝化眾生,而不取相」,這裏可以看到達摩禪法受到般若思想影響的痕跡,「不取相」就是「無相」、「無住相」的意思,涵有實踐主體面對萬法應該持何種正確態度,這也就是以一種無執著的態度去除在度化行為中可能產生的我慢,以避免形成進道的束縛。

回應:

「稱化眾生,而不取相」,可以有兩個層面的解讀。首先,「稱化眾生」是菩薩所行,要求菩薩在世間進行渡化的行為。佛教有「三身」(tri-kāya)之說,三身就是法身、報身、化身,化身強調為利益眾生而化為種種變化身而敷施教化。「不取相」意思是說渡化的過程不應執著,形成體道、進道的束縛,是修行應備的態度。其次,「眾相斯空」就是不取相,根本無相可得。不取相相應於「無相」一詞,這種思想方式有般若學的味道,如《金剛經》有「應無所住而生其心」、「菩薩無住相布施」的提法。不取相,並非對世間一切全然棄置不理,菩薩行六度的修行更不是不食人間煙火,六度的修行是自覺,也是三昧(定)的粹練,是自修的工夫。另方面,在人間興起種種渡生事業,這是覺他,以三昧做為基礎,自修而累積功德,進而可以游戲的態度,逗機而敷施教化,運用無數法門,在這過程中,能夠廣施法財,廣渡眾生,是無執無著的。故雖稱法而行而實無所行,無實在的行相可得,這正是所謂莊嚴菩提之道。

　　總結達摩的四行，前三行明顯的是從個人的自我實踐來說，稱法行則由「自渡」轉向「渡他」的大乘菩薩行。前三行中，報怨行與隨緣行皆著重佛教的「因果律」，前者重果，後者重因。報怨行從消極面來說是以「要知前世因，今生受者是」的觀點使人接受現狀，並習得忍辱；積極來說是要行人擁抱生命中所有美與不美、善與不善的境遇。隨緣行則以萬法皆「緣業所轉」，而提醒行者冥順隨道。無所求行則有綜合前二說的意味，說明貪之所以為輪迴的來由。稱法行著重主體性的發用，此主體性應是自行利他的菩提心。由自行而利他，並廣修六度萬行的基本內容——布施、持戒、忍辱、精進、禪定、智慧——也可說涵蓋了報怨行、隨緣行、無所求行的基本意涵。

三、早期禪學的發展：從慧可到弘忍

(一)慧可

　　據《楞伽師資記》及《中華傳心地師資承襲圖》的記載，達摩之後，付法慧可，慧可傳法僧璨，僧璨傳法道信，道信傳法弘忍，這譜系大抵為禪門所接受㉘。目前找到記錄慧可、僧璨與道信的文

㉘　我們要指出，在僧傳與燈錄的記載中，其實反映著不同的思想面相，我們此處所談的早期禪法，多據燈錄如《楞伽師資記》的記載，及少數僧傳的資料，主要在處理燈錄中反映的禪思想，至於燈錄與僧傳間禪思想的差異則不在本文的處理範圍之內。相關問題可見龔雋的討論，他在西方與日本學者研究的基礎上也提出了：「燈錄通常以『理想為故實』」，在歷史與虛構之間對

獻並不多，他們個人著述的文獻也很少，形成理解他們禪法的困難。

　　據《續高僧傳》的記載，二祖慧可是位博通經藏、智慧超群的人，它這樣論述慧可的禪法：

　　　　說此真法皆如實，與真幽理竟不殊。本迷摩尼謂瓦礫，豁然
　　　　自覺是真珠。無明智慧等無異，當知萬法即皆如。……觀身
　　　　與佛不差別，何須更覓彼無餘㉙？

　　所謂「真法」就是如實的真理，這裏說慧可只是如實地呈顯真理，並未對真理加以增減。而真理的具體內容是什麼呢？他以摩尼寶珠來譬況真法，並且說「無明智慧等無異」，把無明與智慧拉在一起說相當有意思。因為「無明」是有垢的，「智慧」象徵清淨法，慧可說無明與智慧相等無差別，就是承認存在是一體兩面，有正有負，真理就是二者的綜合。「綜合」有頓顯佛性全部的意涵，這裏不能高懸一個真理作為對象，來對治現實中的無明，而是要對真理與無明同時超越。至於說佛性是迷是覺呢，這端賴眾生能否刮

　　理想禪師或禪的觀念展開想像，這正是燈史傳記所開展出的的一幅禪宗思想
　　的發展圖式。」，例如達摩傳的變化，又如《楞伽師資記》對達摩、慧可和
　　僧璨作傳時，雖參考道宣的《續高僧傳》的說法，但關於道信傳的書寫，卻
　　有建立「楞伽傳承」有意放棄《續僧傳》的寫法，加入「入道安心」的形
　　象。龔雋著，《禪史鈎沉——以問題為中心的思想史論述》（北京：生活、
　　讀書、新知三聯書店，2006 年），頁 334-363。
㉙　《續高僧傳》，《大正藏》50‧552 中。《楞伽師資記》所記與此近同。

除塵垢，顯現佛性的光輝。我們從在迷處說，是「摩尼謂瓦礫」；從覺悟處說，是「豁然自覺是真珠」。

《續僧傳》對於慧可的禪法的敘述，主要便是此偈，但是我們若從《楞伽師資記》慧可傳的資料做比對的工夫，可以看到慧可的思想並不是那麼統一的，他說：

> 日光不壞，只為雲霧障。一切眾生清淨性，亦復如是。只為攀緣妄念諸見，煩惱重雲，覆障聖道，不能顯了。若妄念不生，默然淨坐，大涅槃日，自然明淨❸。

以雲、日為喻，講人本來便內具清淨自性，只是受了妄念、煩惱的遮蔽而不能顯露，這便導致無明。達摩也說：「深信含生凡聖同一真性，但為客塵妄覆，不能顯了。」在此慧可的說法基本上和達摩是一致的，二者皆走「捨妄歸真」的修行工夫，都把清淨心、真性、大涅槃、佛性與受染的心對立起來，進行對治的工作，是漸修的路子。

在兩種記載中，我們可以發現兩種不同形態的禪思想，一種強調以綜合的圓覺形態覺悟，一種則是以分解的偏覺形態覺悟。同樣記載慧可的禪法，二者卻有顯著的差別，這有幾個可能，其一是認為僧傳和代表宗派思想的燈錄對於禪師的思想表述有一致性，這可能表示偏覺與圓覺形態在禪思想的發展中尚未定型。其二是認為僧傳和燈錄的記錄反映了記載者本身在禪思想上的取捨，例如我們考

---

❸　《楞伽師資記》，頁 1285 下。

量《楞伽師資記》是北宗禪的作品，那麼這裏便可能反映作者在文本敘述中的宗派思想。但是，這兩者的區別並沒有絕對性，因為《續僧傳》和《楞伽師資記》同時記載了慧可這種近於圓覺的說法，在此意義下，我們傾向採取第一個可能性。我們甚至認為一直到了神秀與惠能，偏覺與圓覺的形態的分野才正式被定格。

回應：

　　我們先從慧可「日光不壞，只為雲霧障」的說法解讀，這與達摩說真性為客塵所覆是同樣的思路。日光與雲霧分別表示清淨與染污，真、妄二分顯示二者有別，這是超越而分解的思路。在工夫上得先去除「攀緣妄念諸見，煩惱重雲」，才能夠顯出「眾生清淨性」，這可說是順承達摩禪而提出的說法。再看慧可提的「本迷摩尼謂瓦礫，豁然自覺是真珠。無明智慧等無異……觀身與佛不差別」這幾句話，就不能輕易放過。無明與智慧、身與佛，兩者都是背反，無明與身是有垢的、迷執的表現；智慧與佛是無垢的、清淨的表現。慧可視這兩種背反為同體，意謂覺悟並非清淨對染污的超克，而是說覺悟即在於突破背反的活動，統兩端為一體，那麼他的工夫論就是綜合而非分析。以此視之，這種思想與前文達摩的超越的分解的工夫論並不相同。何以在慧可思想上出現這種矛盾呢？我們或可說慧可在「無明智慧等無異」的綜合思路或捨妄歸真的分解思維中，尚未有辦法做出極為明確的定論，其明確的分野，一直要到弘忍印可惠能後，神秀禪與惠能禪二法分弘，形成宗門所謂「南能北秀」之說，才可說這兩種形態被明白地確定下來。

(二)僧璨

　　慧可傳法僧璨，歷史上的文獻記錄並不多，僧璨自己著述不多，《楞伽師記資記》說他：「蕭然淨坐，不出文記，祕不傳法。」[31]傳云著有《信心銘》一篇。由於達摩到三祖僧璨基本上都有強烈頭陀行（苦行）的色彩，並沒有與外界有太多的接觸，據禪籍記載，這種情況，要到四祖道信才逐漸與外界有所接觸，在蘄州黃梅的雙峰山（今湖北黃梅縣）大倡禪法[32]。

　　僧璨的《信心銘》說：

　　　　至道無難，唯嫌揀擇。但莫憎愛，洞然明白[33]。

僧璨的說法具有以一種非分別的般若直觀，在自自然然的狀態下體會終極真理的意思。又說：

　　　　欲得現前，莫存順逆，違順相爭，是為心病。……莫逐有
　　　　緣，勿住空忍，一種平懷，泯然自盡。……不用求真，唯須
　　　　息見，二見不住，慎勿追尋。纔有是非，紛然失心，二由一

---

[31] 《楞伽師資記》，頁 1286 中。

[32] 《楞伽師資記》，頁 1286 下：「唐朝蘄州雙峯山道信禪師後，其信禪師，再敞禪門，宇內流布。」據《歷代法寶記》，唐太宗曾遣使請四祖入內弘法未果。見《歷代法寶記》頁 181 下。

[33] 此處所引《信心銘》係據《景德傳燈錄》，以下出處僅以《信心銘》表示，《大正藏》51‧457 上。

有，一亦莫守，一心不生，萬法無咎❸❹。

　　「揀擇」就是「分別」，這是僧璨所謂的「二見」，諸如「順逆」、「真妄」、「有空」、「得失」、「是非」都是，這些二見都依於人的心的虛妄認識而一一成立，「二由一有」的「一」就是指人的心，心能造作、取捨，使人的認識不停地分裂、追逐，終至離開至道。僧璨說：「一種平懷」就是以平實的懷抱，止息人的邪見─分別心，因為心一動，念一起，就是分別。甚至僧璨也認為，應該連「心」都不執取，不管這心是「真」抑是「妄」，守著它就被它給束縛住，形成主客的二元對立的關係，因此僧璨的禪法有在種種背反的突破中體證真理的意味。

　　在這裏，佛性圓覺的思維模式隱約可見，這個關鍵在「二由一有，一亦莫守」，「二」就是背反，「一」就是能迷能覺的心，僧璨並不是以「一」去對治「二」，而是走「一空同兩」❸❺的綜合思辯。我們可以說，雖然達摩禪走的是超越分解的路線，但也潛藏著佛性由偏覺走向圓覺的路向，只是禪師在傳授禪法時可能尚未自覺到可以有如是的發展。這種佛性圓覺形態的定格，一直到要惠能禪的出現才算完成。

回應：

　　這裏可以做個簡短回應，僧璨著有《信心銘》，信心就是信心不二，心不二就是不起背反，不落背反。由於人在日常生活中泰半

---

❸❹　《信心銘》，頁 457 上-中。

❸❺　《信心銘》，頁 457 上。

具有分別心，像「順逆」、「真妄」、「染淨」、「空有」、「得失」、「是非」種種的分別意識，這些分別性在佛教的眼中看來是一種邊見，是二非一，而其根源便是人的起心動念，造成種種二見的取捨，因此，心動念起，念起境生，環環相扣，心若崇有則落有，心若體空則耽空，皆是執相、住相，要破除這種執著，便要以平常心看待一切，僧璨說：「至道無難，唯嫌揀擇」，就是說你在體道、進道的生活中不能夠有意識的去挑選，不能只要證菩提而不要煩惱，不能只要享樂不要痛苦，這都是一偏，生活的一切就是道的全幅內容，見「二」是人的分別妄想所致，實際上是「萬法齊觀，歸復自然」❸❻。講到這裏，我們便可以看到僧璨《信心銘》中，實際上也有接近慧可禪學中綜合的思路，若把這種情況置諸達摩禪的發展，便可見到綜合與分解、圓覺與偏覺兩種模式常常並存於他們的言談、實踐之中，只是祖師們尚未能自覺地緊抱佛性圓覺的思想，致在早期禪學的發展中，凸出了捨妄歸真的偏覺形態。

㈢道信

　　道信有《入道安心要方便法門》。在其中，道信仍是遵循達摩禪自性清淨的思想，他說：

> 若知心本來不生不滅，究竟清淨，即是淨佛國土，更不須向西方❸❼。

---

❸❻　《信心銘》，頁 457 上。

❸❼　《楞伽師資記》，頁 1287 下。

道信指眾生心本來清淨，本來是佛，只要人們能體會此點並住於此心，那麼自身心境就如同淨佛國土一樣。道信以心為「不生不滅，究竟清淨」，具有明顯的超越性格。至於下一句話則帶有很強的自力解脫意味，他認為明心見性，自力成佛，才是解脫的根源，西方淨土不過是為下根人所設的方便法門而已。這種理解和前述慧可強調要有絕大的意志力，突破自身識心的綑綁，是相同的義理形態❸。

　　其次，有一點要留意的是，道信的如來藏自性清淨心思想，著眼的是能觀的主體，延續慧可以來強調從自覺談覺悟的思想，因此把「如來真實法性之身」、「佛性」、「諸法實性實際」❸等「真性」的思想作為行者所證的境界，為一價值的標準。而主體能動的「心」則與具有般若思想的《文殊說般若經》中「一行三昧」的觀念結合，談「念佛即是念心，求心即是求佛」，這裏可分為兩個步驟來論述❹。所謂「一行三昧」指的是心專於一行而修習的正定，道信以眾生本具如來藏自性清淨心做為一行三昧的基礎，以念佛即是念心做為實踐的法門，藉由能念與所念打成一片，來作為他所謂「一行三昧」的第一個步驟，他的目的是：

　　　　入一行三昧者，盡知恒沙諸佛法界，無差別相。夫身心方
　　　　寸，舉足、下足，常在道場，施為舉動，皆是菩提❹。

---

❸　《楞伽師資記》，頁 1286 下。《師資記》記載慧可的說法：「若精誠不內
　　發，三世中縱值恒沙諸佛，無所為。是知眾生識心自度，佛不度眾生。」
❸　《楞伽師資記》，頁 1286 下。
❹　《楞伽師資記》，頁 1286 下。
❹　《楞伽師資記》，頁 1286 上。

這也是說入「一行三昧」的境界就是要知不可遍數如恆河沙般事物的世界皆無差別相，而經過念佛三昧鍛鍊的行者，身心都處於堅固的狀態，使自身的施為舉動都能像在道場一樣，以一種如實而平等的身心狀態來面對種種事物。這裏所談及的身心堅固，讓我們聯想到達摩所談的禪定法——壁觀。由於在前文我們已論述過壁觀應理解作觀的狀態，即是此狀態是如牆壁般堅固，並且可以有活動性，具體落實於活動施為上的，在道信的禪法教學中，我們可以看到這種思想的體現。

　　至於一行三昧的第二個步驟，筆者以為是更為積極的唸佛三昧，即是進入離言掃相的階段，要深入體悟並且證得「無相不相，名為實相」❷的觀空法門。對於這個觀空法門，道信以「修道得真空者，不見空與不空，無有諸見也」❸來表示。

　　綜合兩個步驟來說，道信的意思是，由於人心的無明障礙，造成心的染污與晃動，所以第一步可透過唸佛的行為來攝受我們的心，並使心能體證萬法的根本狀態是空無自性的。然而當我們在念佛時，其實是「心」在念佛、求佛，佛也是我們的心所變現出來的一個神聖象徵或者救渡者。那麼根據萬法唯識，識亦非實的佛教根本義理，我們可推知：心是剎那生滅的，是空；佛是心之所變現，也是空。所以，能念之心是空，所念之境也是空，能所二空。只是如果我們說所念之佛是空，則正在念的是什麼呢？只是證真空的主體。因此道信才說教人不見空與不空，無有諸見。這樣的發展，道

---

❷　《楞伽師資記》，頁 1287 中。
❸　《楞伽師資記》，頁 1287 下。

信所說的仍是達摩談凡聖不二的思維模式，只是道信結合了《楞伽經》與般若思想，重新詮釋生佛不二。而達摩所提的「真性」思想，本是一價值的標準，如今在道信引入般若思想後，「捨妄歸真」之真就不再只是一個靜態詞，而是將觀照般若融入觀心看淨的禪法中，使得真性的終極性與實存性的對象性被打破，令行者不能只停止於對於真性（如來藏）的追求，卻讓修行的內容擁有一種動感，這動感的展現就在心的念念相續下持續作動，念佛即是念心，念心即是念佛，相而無相，無相而相❹。

㈣弘忍

據禪籍記載，五祖弘忍七歲時便侍奉道信，其間長達三十年，後來得到道信的認可，在雙峰山幽居寺傳法，時稱「東山淨門」，又叫「東山法門」。關於弘忍的著述，流傳有《最上乘論》，此經以問答方式行文。

弘忍的禪學思想繼承道信偏向清淨心思維，仍是把客觀或客體方面的真性思想轉向主觀的主體性即情淨心這方面❺。弘忍認為真心是內在於人的，非由外在獲得，是覺者顯，迷者隱的關係。他

---

❹　筆者以為用「相而無相，無相而相」來說道信的禪法是可行的，從相而無相的角度說，道信說「入一行三昧者，盡知恒沙諸佛法界，無差別相。」從無相而相說，道信說「身心方寸，舉足、下足，常在道場，施為舉動，皆是菩提。」這個問題的思考，起自吳汝鈞先生〈純粹力動與絕對無：我與京都哲學的分途〉，「相而無相，無相而相」一節，《臺北大學中文學報》創刊號，頁58-62。又此文已收入於氏著《純粹力動現象學續篇》（臺北：臺灣商務印書館，2008年）。

❺　吳汝鈞著，《中國佛學的現代詮釋》，頁148。

說：

> 1. 修道之本體須識當身心本來清淨，不生不滅，無有分別。自性圓滿清淨之心，此是本師，乃勝念十方諸佛❹。
>
> 2. 一切眾生清淨之心亦復如是。只為攀緣、妄念、煩惱、諸見黑雲所覆。但能凝然守心，妄念不生，涅槃法自然顯現，故知自心本來清淨❹。
>
> 3. 先守真心，妄念不生。我所心滅，後得成佛❹。
>
> 4. 我既體知眾生佛性本來清淨，如雲底（疑作蔽）日，但了然守本真心，妄念雲盡，慧日即現❹。

從「真心」、「自性圓滿清淨之心」、「自心」等字眼，可以見到弘忍在論述中的濃厚的主體性意味。他要我們先認識與佛等無差異的清淨自心做為體道的根本，其次藉由「本來清淨，不生不滅，無有分別」來說明自心的超越的體性。且此清淨心是圓滿而且具足萬法的，只是由於眾生的種種攀緣、妄念、煩惱及錯誤的知見，使得人的心如同烏雲蔽日，不能得見光明。因此，弘忍認為除明白自心本具為入手處外，還要有實踐的內容，這就是「先守真心」，讓妄念不生，要讓我執徹底地瓦解之後，才能夠得到解脫。不過，這裏有一點值得留意，即是「守本真心」是原則性的描述，它的意義與

---

❹　《最上乘論》，《大正藏》48・377 上。

❹　《最上乘論》，頁 377 上-中。

❹　《最上乘論》，頁 378 上。

❹　《最上乘論》，頁 378 上。

實際的運作應是如何？我們看弘忍如何交待。

> 但於行住坐臥中，常了然守本真心。……念念磨鍊莫住者，
> 即自見佛性也❺⓪。

弘忍對於真心的護持並不從呆板的禪定來入手，他所理解的真心是隨時隨地都能發用的，在行住坐臥中，修行者都不只能固守真心，而且還能夠「了了清淨，獨見佛性」；在念念相續中，念來不執，念去不追，以無住為本。這是他所持守的義理。弘忍又說：

> 更重教汝，好自閑靜身心，一切無所攀緣，端坐正念，善調氣息。懲其心不在內、不在外、不在中間，好好如如，穩看看，熟則了見此心識流動，猶如水流陽焰，曄曄不住。既見此識時，唯是不內不外，緩緩如如，穩看看，熟則返覆銷融，虛凝湛住，其此流動之識，颯然自滅。……吾更不能說其形狀，汝若欲得者，取《涅槃經》第三卷中〈金剛身品〉及《維摩經》第三卷〈見阿閦佛品〉，緩緩尋思，細心搜撿熟看❺⓵。

　　這裏弘忍傳授的實踐方法是靜坐法，由於眾生常陷於攀緣妄想之中，所以藉由調息而後調身，調身而後調心的方法，次第地轉換

---

❺⓪　《最上乘論》，頁 378 中。
❺⓵　《最上乘論》，頁 379 上。

身心狀態，由此達到一種輕安的境界。其次是在靜坐中，觀照心識的流動，如水的瀑流，如日光中的塵埃，是相續不斷而且騰湧不止，於此收攝自心，進入鬆緩自在的般若觀照，「緩緩如如」。其實踐方法，大抵如是，純屬行者內證自明，故不多論。

從達摩以來，他的《二入四行論》談真性，《達摩禪師論》談真心，等於為真性與真心的結合預設了一條出路。慧可繼達摩之後，真性、真法的發揮仍是他所重視的。直到僧璨、道信之後，我們看到了對於主體性的重視，並且般若與如來藏思想呈現交匯現象，「性」由本質性的存在理解轉向對真理無住無著的動態實證。到了弘忍時代，對於清淨心的論述已是其主要思想，這和道信融般若學入如來藏的情況又自不同，反而更強調守心住淨的意味❺❷。

弘忍的貢獻在於把達摩禪的「真性」用「真心」代替，在思想上，由客觀的最高存有轉向重主觀活動的心。另一點值得注意的是，根據《壇經》及一般禪思想史的說法，神秀與惠能各領弘忍之法而有「南能北秀」之稱。惠能禪走的是「平常心是道」的禪法，這平常心含有種種的背反，談「平常心是道」便有擁抱背反的兩端而突破背反的深蘊。歷來多以弘忍印可惠能，授與衣鉢，這件事反映了弘忍的寬大胸懷，他不僅瞭解達摩禪的思路，也能夠同情地瞭解惠能禪比神秀禪更具終極性與周延性，甚至更充實飽滿，並且予以肯定。對此而言，弘忍算是對於達摩所傳的「如來禪」與惠能所闡的「祖師禪」進行了一場無聲的過度、連繫，後來南宗禪的發展

---

❺❷　相關理解亦可參考洪修平，〈東山法門與禪宗初創〉，《南京大學學報》，1996 年，第 2 期。

反映了這個情況。至於神秀禪與神會禪的發展，可視為如來禪的餘波，在禪宗思想上的作用都不及惠能及其後學的影響來得大。

回應：

　　首先，我要先對弘忍的禪法做一扼要的評論。弘忍做為東山法門的祖師，整個禪法的路向，仍明顯帶有達摩禪的性格，即在超越的基礎上開出清淨無染的真心，此真心可說為超越的主體性。在工夫論上，隱含捨妄歸真的修行方式。但弘忍在禪法的開拓上仍有貢獻，這個部分表現在他比較徹底地把性轉向心方面來，真性就為真心所代替，在思想上便有一種進步，由客體轉向主體，由存有轉向活動，由對最高主體性的把握轉向主體能動的心的開拓。其次，我覺得在禪思想上更應注意的一點是：根據《壇經》，五祖付法惠能，而後有南能北秀的分途。根據《壇經》的記載，神秀禪很明顯是達摩禪的餘緒，走的是超越真心的路數，開啟了北宗禪；惠能則從種種背反的成素裏頭要求突破，顯出真正的主體性，這種主體性既有心也有理的意味，這種思路和達摩禪相當不同。此後惠能以此得到五祖的衣缽，成為南宗禪的祖師，這種情況表示弘忍自身雖接近達摩禪的立場，他印可惠能則展示出一種慧識及寬大的懷抱，區別了神秀與惠能在禪理上何者具有終極性與周延性，並在分析與綜合的兩條路向中，指引出一條更為具體、平實、飽滿的實踐之路。

　　我們可說達摩禪發展到弘忍就告一段落了，雖然在唐代北地仍有神秀代表的北宗禪在作用著，但其影響力正逐漸式微。相對地，南宗禪的發展則日益盛大，對於佛教徒或非佛教徒都帶來深遠的影響，又更進一步滲透到民間的各種生活領域方面。

四、附論：早期禪學與《楞伽經》的關係

　　由早期禪學的發展來看，真性或真心的思想都可說是如來藏自性清淨心的另一種說法而已，都屬於如來藏系統。如來藏系統最大的思想特色，在於肯定一個超越的清淨心體，做為眾生心識流轉與還滅的存有論與工夫論的依據。當它顯現，生命便走向涅槃法身；當它隱沒，生命便走向生死輪迴。代表如來藏系思想的著作有《楞伽經》、《如來藏經》（Tathāgatagarbha-sūtra）、《勝鬘夫人經》（Śrīmālādevīsiṃhanāda-sūtra）、《寶性論》（Ratnagotravibhāga-mahāyānottaratantra-śāstra，寶性分別大乘究竟要義論）等。其中四卷本《楞伽經》和早期禪學的發展有莫大關係。《續高僧傳》即記載：

> 初達摩禪師以四卷《楞伽》授可曰：「我觀漢地，惟有此經，仁者依行，自得度世。」❺❸

《楞伽師資記》也說道信傳弘忍《楞伽經》：

> 蒙示《楞伽》義云：此經唯心證了知。非文疏能解❺❹。

而《楞伽師資記》便以《楞伽經》的譯者求那跋陀羅（Guṇabhadra，

---

❺❸　《續高僧傳》，頁 552 中。
❺❹　《楞伽師資記》，頁 1289 下。

功德賢）置於達摩傳之前，並云：「承求那跋陀羅三藏後，」❺這都顯示早期禪法的思想與《楞伽經》的密切關連。我們可以看到《楞伽經》對於如來藏自性清淨心及無明染污思想的影響有深入的描寫。像：

1. 如來藏自性清淨，轉三十二相，入於一切眾生身中，如大價寶，垢衣所纏。如來之藏常住不變，亦復如是。而陰、界、入垢衣所纏，貪、欲、恚、癡、不實妄想、塵勞所污❺。

2. 此如來藏識藏，一切聲聞緣覺心想所見，雖自性淨，客塵所覆，故猶見不淨，非諸如來❺。

兩段文字都表示眾生自有覺悟的寶藏──如來藏自性清淨心。只是為後天染污質素所蒙蔽或影響，而使得它不能起作用。這種說法和達摩說「凡聖含生同一真性，但為客塵所覆」的義理是如出一轍。

　　吳汝鈞先生指出，如來藏思想至少有二種形態：其一是所肯定的如來藏，一方面是原理，是價值標準，另一方面又是心能，是能動的主體性。這是心理為一的如來藏。另一則是所肯定的如來藏只有原理義，只有價值標準義，而無心的能動性。這是心理為二的如來藏。前者以《大乘起信論》為代表，它的「心真如」，表示所肯

---

❺　《楞伽師資記》，頁 1284 下。

❺　《楞伽經》，《大正藏》16・489 上。

❺　《楞伽經》，頁 510 下。

定的如來藏是心，亦是真如理。後者則可以世親（Vasubandhu）的
《佛性論》（*Buddhatā-śāstra*）為代表，他的應得因佛性只有原理
義，而不是一心能。即此吳先生認定達摩禪屬於心理為一的如來藏
思想，達摩所云真性與真理是要求「與道冥符」的。❺❽

---

❺❽　詳細內容，請參見吳汝鈞，《游戲三昧：禪的實踐與終極關懷》，頁 10-11。

第二章　神秀禪

一、前言

　　禪宗由初祖達摩傳至五祖弘忍後，禪法便一分為二，一是順著達摩禪以降，以佛性偏覺為形態的如來禪系統，包括早期禪、北宗禪（神秀一系）；另一脈思想形態走的是佛性圓覺的路數，是惠能南宗禪一脈，我們稱之為祖師禪。所謂如來禪，是透過分解、分析的方式，設定一清淨心（或云如來藏自性清淨心），或真性（達摩語）、真心（弘忍語）作為覺悟成佛的基礎。至於如來禪工夫所著力的地方，便在於時時涵養修持此一最高主體性，使之不為煩惱無明所染污及遮蔽。祖師禪則不同，它乃就當前一念妄心作頓然的轉化，這含有一個辯證的歷程，即對當前一念心所涵的背反做一突破，超越染淨、善惡……等綜合性的內容，而達致覺悟。簡而言之，如來禪是分析的，祖師禪是綜合的。

　　在本章中，我們要探討北宗禪的代表人物—神秀的禪法。神秀在唐代武后、中宗、睿宗時期，貴為「兩京法主，三帝門師」，北宗禪的散布一度興盛，然而在神秀歿後，逐漸走向衰落❶，為惠能

---

❶　神秀以後，有弟子普寂、義福續弘北宗禪法，與此同時，他們也面對神會所

的南宗禪所取代。本文探討北宗禪的理論學說，集中在神秀部分，有關神秀的較為可靠的文獻以《觀心論》為主，其次像《大乘無生方便門》歸類在北宗禪一系的禪著則僅作參考❷。以下所論是據上述文獻以探討神秀北宗禪之哲學理論與實踐方法，文章將分兩部分論述神秀禪法，首先就《觀心論》探討神秀禪法的哲學理論基礎，其次則討論其禪法的方便法門，此則以《大乘無生方便門》為主要的文獻。

二、神秀禪法的哲學理論

㈠《壇經》中神秀心偈的哲學意涵

　　關於神秀禪法，除前文所述《觀心論》及《大乘無生方便門》外，值得吾人留意的尚有《壇經》中記錄神秀呈給五祖的心偈。據《壇經》記載，其中所載神秀之偈語如下：

代表的南宗禪向北宗禪爭法統的挑戰。

❷　關於神秀是否有著作傳世，《楞伽師資記》說他是「禪燈默照，言語道斷，心行處滅，不出文記」，降低了神秀著述的可能性。不過，敦煌經卷中有幾本著作被認為是由神秀口述，弟子紀錄而成，都可代表神秀或北宗禪的思想。參看洪修平，《中國禪學思想史》（臺北：文津出版社，1994 年），頁141。另外，在敦煌本《觀心論》被發現之前，在朝鮮和日本流傳著《達摩和尚觀心破相論》，其中《觀心論》被認為是達摩所作。其後，日本學者神尾弌春根據中唐·慧琳《一切經音義》卷 100 所記：「《觀心論》大通神秀作」，證明此論是神秀所作後，學界方逐漸接受《觀心論》為神秀在禪法方面的著述。

身是菩提樹，心如明鏡臺。

時時勤拂拭，莫使惹塵埃❸。

　　首先，神秀以身喻菩提樹，以心喻明鏡臺，這是以分析、分解的方式，置定一超越的分解的最高主體性，此主體性是將現實經驗的一切雜染去除，顯出超越無染的清淨心，並具有絕對的性格。但是，神秀以明鏡喻心，這個心很容易被推開去，變成被把握的對象，予人產生心的外在化（externalize）、對象化（objectify）的嫌疑，這樣心便讓生命存在產生一定程度的割裂。實際上，身與心都是我們生命存在的內容，兩者是一個整體，不應被割裂，成為二元對立的狀態。

　　第二、據偈文，身與心被神秀視為被拂拭的對象，那麼應預設一個較高層次的心或主體性的存在，做為覺悟的基礎，那麼這個覺悟的基礎在哪裏？本偈未有完善的交待。

　　第三、心在偈中具有覺照的作用，所照的對象是經驗事物，因此心居於超越的層面，超越的清淨心與經驗現象顯然不是同質的東西，而應該是異質❹。兩者必需有所隔離，清淨心得隨時保持明淨覺照的狀態，才能發揮它覺照的作用，所以兩者不得雜染。因此，超越的清淨心與現實的經驗世界形成一種對立，清淨心只能以孤懸

---

❸　《六祖大師法寶壇經》，《大正藏》48·348 中。

❹　吳汝鈞先生指出：佛性、如來藏和現實的經驗性的事物分離開來，雙方不是同體，而是異體。超越的佛性與經驗的罪垢雖然碰在一起，但雙方沒有存有論的交集，仍是呈現分離的狀態。見〈佛性偏覺與佛性圓覺上〉，《正觀雜誌》第四十四期，2008 年，頁 51。

之姿顯示它的超越性，而不能說它內在於經驗世界。以圓融義理的
角度考量，這是一種偏圓，未臻圓善，只見其真，而不見其實。它
只保留了清淨心超越無執的性格，成就其真，卻不能涵容現實世
界，即九界眾生而成佛，故不能說實。

　　第四、從實踐論的角度看，神秀認為要體證超越的清淨心在於
不間斷的工夫操持，才能使它不受經驗所染，而失去明覺，這種實
踐導向，是漸修的路數。超越的清淨心能如如的觀照萬物緣起性空
的性格而不起執著，使吾人能經由工夫的涵養逐漸臻至覺悟的境
界，這是北宗禪漸教之特色。

回應：

　　神秀以「拂拭」作為工夫，已預示這是一個得隨時護持的實踐
歷程，本身便有漸教的意味。而以譬喻的方式說心，恐怕是權宜施
教的做法。不過，譬喻本身便是點撥語，仍要開權顯實才行，可
是，在本偈的說明裏，身與心、超越的淨心與現實的經驗，都呈現
出二元對立的關係。從我自己提出的純粹力動現象學來說，身本是
作為終極原理的純粹力動在自我呈現之際，而表現的凝聚、下墮、
詐現為氣，氣再分化詐現便為身。另方面，心若是經驗主體，它就
是純粹力動詐現而成的氣凝結於生命主體內。反之，心若是明覺
心，那它便是純粹力動直貫到生命主體的睿智的直覺。從這個角度
來看，身與心之於生命存在同時可以被保持住，不至於像神秀把身
心切割、分離，讓生命的同源性被破壞。在這個意義上，神秀禪便
不夠圓融。

　　在這種禪觀中，超越的一面和經驗的一面以分解的方式呈現出

來，作為最高主體性的心、清淨心，可以看作是佛教式的本質明覺我，本質明覺我的朗現是在轉染成淨、捨妄歸真的工夫實踐中成就，由於神秀對超越界的關心大過對世間法的包容，這便與世間產生一種距離，這比諸佛性圓覺強調直下突破背反的綜合思維，顯然動感不足，況且這種明覺是在分析、分解的方式中成就的❺。

㈡《觀心論》的哲學

《觀心論》是神秀禪中較富哲學理論的系統性著作。它的內容可分為兩部分，首先是在存有論的基礎上確立心為萬法的根本，其次是在工夫上說明去除染污以攝心守淨，持守此清淨心的重要性。以下分別詮釋其哲學要旨。

回應：

神秀的弟子不多，較具代表性的就是普寂。這篇文獻可能就是神秀在他的講堂上說觀心的工夫論，再由弟子作成紀錄，上首弟子就是普寂。所以除了前文註❷所示日本學者的考證外，就我個人主觀的推想，這個作者跟普寂有某種程度的關係，不過，在文獻上我們未有足夠證據，說這篇《觀心論》就是普寂寫的，或是神秀在講堂上所講。一般情況而言，祖師很少寫書，孔子跟佛陀都沒有，很多時候都是祖師在堂上講課，然後弟子作紀錄，最後挑一個最好的本子流通下去，如果是如此的話，本書若不是神秀所作，也可當作是門人的記錄。《楞伽師資記》也有記載神秀「不出文記」的作

---

❺　〈佛性偏覺與佛性圓覺上〉，頁 95。

風,可以作為參考。

神秀《觀心論》一文,其主旨是確立心作為萬法之存有論的基礎,無論善惡、染淨,皆是由此一心所發,故若能對於作為諸法之根源的心有所了悟,觀心的清淨無染的本性,即可以此而得解脫。神秀認為世人之所以為煩惱無明所苦,乃是由於心陷於各種染業所致。《觀心論》云:

> 心於本體中自為三毒,若應現六根,亦名六賊。其六賊者則名六識,出入諸根,貪著萬境,能成惡業,損真如體,故名六賊。一切眾生由此三毒及以六賊,惑亂身心,沈沒生死,輪迴六道,受諸苦惱。又有江河,因少泉源涓流不絕,乃能彌漫波濤萬里,若復有人斷其本源,則眾流皆息。求解脫者,除其三毒及以六賊,自能除一切諸苦❻。

《觀心論》開首說「心於本體中自為三毒」,把心與三毒煩惱連結起來,明顯地是一綜合的說法,與神秀禪法的清淨心的分解思路不同,從存有論觀之,此句明說心為染污,又如何能為清淨心呢?故與神秀的清淨心思路有矛盾之處,這亦可證明此論應非神秀一人所為,而應是其講述後經多人之手所雜記而成,故思路有所不同。

回應:

若依引文第一句,「心於本體中自為三毒」,這是說心在人的

---

❻ 《觀心論》,《大正藏》85・1270 下。

本心裏面就有他的三毒，自具煩惱、染污，心的內容具有三毒的質素。若是這樣，《觀心論》就不是超越的清淨心的分解形態，而是「平常心是佛」的綜合、辯證模式。可是，下文如「若應現六根，亦名六賊，其六賊者則名六識……輪迴六道，受諸苦惱」，明顯地是清淨心的思想形態。一般都認為神秀禪是超越分解的形態，那麼，何以在《觀心論》中出現辯證、綜合的形態（如引文第一句）呢？我們不妨回到原典做一檢視。首先我們要注意《觀心論》的開頭，一再言及心的無明與覺，至於心的無明由何而來？則是三毒（貪、嗔、癡）的造作，並且這個無明心「具足一切諸惡」、「生諸惡業」❼，其後方接「如是心於本體中自為三毒」這句話，這個心指的是無明心、一念妄心。而《觀心論》中尚有「真如之性既被三毒之所覆障」的說法❽，這樣它的分解思維便可很清楚地判定，清淨而絕對的是真如之性，它被置定為最高主體性，而心指的是生滅心、無明心，要透過「攝心離諸邪惡」❾的工夫才能體證這超越而清淨的主體性、真如自性。依此詮釋，那麼經文的思想便可統一起來❿。附帶一提，我剛剛引《觀心論》的本文：「生諸惡業」，這

---

❼　《觀心論》，頁 1270 下。《論》中說：「未審無明之心，一切諸惡，以何為根？答曰：無明之心，雖有八萬四千煩惱、情慾及恒沙眾惡無量無邊，取要言之，皆由三毒以為根本，其三毒者即貪嗔癡也，此三毒心自能具足一切諸惡。」

❽　《觀心論》，頁 1271 上。

❾　《觀心論》，頁 1271 上。

❿　《觀心論》中，以「真性」與「心」相對而言，真性表示超越而清淨的主體性，心表示經驗層次的生滅心，所以要透過「制三毒心」、「六根清淨，不染世塵」的工夫論復歸清淨，這種思路仍然是達摩禪「捨妄歸真」的形態。

個「生」字應當怎麼說呢？在文本，相關說法如下：

　　三界業報，惟心所生❶。

　　這個「生」字，並不是實體主義所說的創造義，禪宗雖說「教外別傳，不立文字，直指人心，見性成佛」，在基本義理上，仍得提出佛教的基本思維──緣起觀，由緣起觀見一切法無自性，只是人往往執著根塵相對下的境相而為其所惑，這個法是誤認萬法有自性的假法，《觀心論》有「若應現六根，亦名六賊，其六賊者，則

相關引文見《觀心論》，頁 1271 上、1271 中。另外洪修平亦指出：「除三毒、淨六根也就成為觀心禪法的主要修習內容與所要達到的目的」、「神秀的所謂念佛實際上就是觀心看淨」，這亦表示神秀禪仍是一分解形態。不過，洪氏認為《觀心論》思想與弘忍所說「守本真心」的禪法相一致，則值得吾人再深入探討，因為《觀心論》裏，更多地強調做為客體性的真如本性，雖說真性必定要藉由真心來顯，兩者有相當密切的關聯，但真性偏向客體性，真心則偏指主體性。事實上，這裏有一個重要的問題，我們多以終極性格說佛性、如來藏、清淨心、真如、法性等等，《大乘起信論》用眾生心、真常心說佛性，這真常心是心能，具動感，而覺悟的對象是真如，是理，按照道理講，心與理應冥符為一體，這樣理也應有動感，可是理多被視為靜態的，其價值基準、原理的意味，這裏便有類似儒家所謂心即理的趣向的要求，主體與客體需要會通起來，這種思想在《觀心論》並不顯著，但在《大乘無生方便門》中，神秀有「覺心初起，心無初相，遠離微細念，了見心性，性常住，名究竟，是法身」，即心見性，頗有這個意思。相關資料，參見吳汝鈞，〈佛性偏覺與佛性圓覺上〉，頁 98-100；洪修平著，《禪宗思想的形成與發展》（南京：江蘇古籍出版社，2000 年），頁 189；《大乘無生方便門》，《大正藏》85‧1274 上。

❶　《觀心論》，頁 1270 下。

名六識，出入諸根貪著萬境」，便說得很清楚。法是染心詐現而成
（取唯識學的意思）。另外，「生」字既不是創生義，不妨視為一種
由心生起的感應，由感應而「應現六根，亦名六賊」，當心是染，
則一切法都覆於無明，故說「三毒心於一念中皆為一切」⓬。這裏
可以留意一點，神秀所說的真如自性並不生起一切法，一切法是在
無明心中所顯，真如自性充其量只是一切法的憑依因罷了⓭，它的
存有論意味能否有如同學所言，以心作為萬法之存有論的根本呢？
恐怕沒有那麼強烈的意思，佛教畢竟是要趨於解脫的，義理著重在
救贖論上、實踐論上，它的存有論意味較淡。

　　接著看報告的引文，「又有江河，因少泉源涓流不絕，乃能彌
漫波濤萬里。若復有人斷其本源，則眾流皆息。求解脫者，除其三
毒及以六賊，自能除一切諸苦。」這裏，或許可以有兩種解讀的可
能。第一種解讀是眾生受到三毒跟六賊的影響，所以沉於生死苦
海，輪迴於六趣之苦，這就好比江河裏有三毒六賊的持續不絕，最
後由涓滴細流，變成波濤萬里。但眾生亦可轉迷成悟，化染污為清
淨，只要能夠截斷這為惡的本源，就好像截斷眾流一樣。第二種可
能的解釋是，雖然有眾多苦惱，可是江河有小泉源的匯流而可成其
大，這個泉源象徵一個希望，是覺悟的泉源，終究可以涓流不絕，
要靠這個泉源才能講覺悟。這裏有積極的一面，就是說即便在六賊

⓬　《觀心論》，頁 1271 上。

⓭　洪修平看法近此，他認為神秀的《觀心論》是受了《起信論》體用思想的影
　　響，表示「根據《大乘起信論》的思想，心的清淨本體與心的生滅作用並不
　　是一種相生的關係，而是相依的關係。」《禪宗思想的形成與發展》，頁
　　187-188。

氾濫的情況下，好像沒有希望了，可是突然一轉，泉源涓流不絕，終究可以瀰漫波濤，展開成為波濤萬里的大海。但無論這兩種解讀怎麼說，神秀禪的分解意味還是很濃。

神秀認為人的煩惱無明乃是由心所發，而心所以會成為無明的根源，是因心陷溺於各種煩惱慾望中而不能自拔之故，究其解脫之法，便是由此心作工夫，止息無明煩惱的妄動，去惡離染，呈顯出超越的真如自性。

> 故知一切善業由自心生，但能攝心，離諸邪惡，三界六趣輪迴之業自然消滅。能滅諸苦，即名解脫。……此三毒心於一念中皆為一切，恒何沙者不可數也。真如之性既被三毒之所覆障，若不超越彼三恒河沙毒惡之念，云何名得解脫也？……既知所修戒行不離於心，若自清淨，故一切功德悉皆清淨❶。

由此可知，神秀認為的「觀心」要旨，在強調一切煩惱無明皆以此心為其根源，故解脫的工夫涵養，唯有使此心從迷執染污中超越翻昇，化除煩惱嗜欲的障蔽。神秀「觀心」的工夫，要點便是使此心與一切經驗現實的種種事項隔離開來，使心不為經驗現象染污，由此而顯露一超越的清淨心，以達解脫的究竟。這種分析的思路與《壇經》中神秀所呈心偈的哲學理路相同，不外乎把最高主體性的

---

❶　《觀心論》，頁 1271 上-中。

清淨心（在《觀心論》裏，神秀使用「真如自性」及「真如佛性」之詞），與經驗現實的雜染脫離開來，而形成超越的分解的工夫進路。不過，較諸《觀心論》，《壇經》所載偈語過於簡短，在義理上僅能約略揭示神秀的哲學思想而已，較為細緻的討論則無法觸及。

回應：

　　本段與上段，在義理上仍是分解的思路。至於「知一切善業由自心生」，這裏的「自心」內容究竟是一念妄心還是清淨心呢？頗值得討論。在這句話之前，《觀心論》有「三界業報，惟心所生，本若無心，則無三界」字眼❺，因此一切善業的發生是不執著於貪、嗔、癡三毒的造作，是無心以後的結果，這裏有轉識成智的意味在。神秀禪的基本觀念是清淨心，人所以有痛苦、煩惱跟執著，就是因為心給周圍那些染污的因素所矇蔽，才成為一個凡夫而不能覺悟。所以當你把那些染污煩惱去掉，人就能離開凡夫的地位，上提到覺悟的境界。他所關心的就是這種問題。

　　如上所述，《觀心論》說明解脫的可能，在使作為吾人最高主體性的真如自性朗現，方能證悟空理而得覺悟。但這如何可能呢？這是工夫論問題。由《觀心論》記載神秀與弟子之間的問答可知，時人常以種種善行實踐，作為獲致覺悟解脫的要素，認為由此可以積聚功德，可得福報善果，可以超離生死而得解脫。對此，神秀則認為此屬外在善行，僅是外緣，與覺悟解脫不存有必然關係。解脫的要點，乃在於受染污的心能夠由經驗世界的染污中超越出來，使

---

❺　《觀心論》，頁 1270 下。

真如自性能如如朗現。《觀心論》云：

1. 又問，所說釋迦如來為菩薩時，曾飲三斗六升乳糜，方成佛道。即是先因食乳，後證佛果，豈唯觀心得解脫也？答曰：誠如所言，無虛妄也。必因餐乳，然始成佛。佛言食乳，乳有二種，佛所食者，非世間不淨之乳，乃是真如清淨法乳。三斗者，即是三聚淨戒；六升者，即是六波羅蜜。成佛道時，食如是法乳，方證佛果❻。

2. 又問經中所說。佛言：眾生修伽藍，鑄形像，燒香，散花，然長明燈，晝夜六時，遶塔行道，持齋禮拜，種種功德，皆成佛道。若唯觀心，總攝諸行，如是事應妄也。答曰：佛所說無量方便，一切眾生，鈍根狹劣甚深，所以假有為喻無為。若不內行，唯只外求，希望獲福，無有是處。……若永除三毒，常淨六根，身心湛然，內外清淨，是名為修伽藍也。又鑄形像者，即是一切眾生求佛道所為，修諸覺行，防（疑為仿）像如來，豈遣鑄寫金銅之作也？是故求解脫者，以身為鑪，以法為火，智慧為工匠，三聚淨戒、六波羅蜜以為畫樣，鎔練身心真如佛性，遍入一切戒律模中。如教奉行，以無缺漏，自然成就真容之像。所為究竟，常住微妙色身，非有為敗壞之法。……又燒香者，亦非世間有相之香，乃是無為正法香也，薰諸穢

---

❻ 《觀心論》，頁 1271 中-下。

惡業，悉令清滅**⓱**。

由此可知，神秀認為種種外在的善行皆須涵攝於「觀心」的工夫實踐中，他將各種善行都比喻為使心超脫於經驗現象的工夫。善行的意義，在於能為「觀心」的工夫修養所綜舉包攝，由此能於種種善行中融入「觀心」的修養實踐，將外在有形的善行轉化為內在主體的超越翻轉，達到覺悟解脫的境界。此處重點表現了內修實踐更勝於外在功德。但此處亦出現了一明顯問題，此論於說明工夫實踐時，似乎又有稍微偏向《維摩經》的情況，認為於行住坐臥間，無論何時何地皆能表現而成就佛道，在日常生活中便能作工夫修養，以體證空理，這與達摩禪展現的頭陀行，強調苦修、壁觀的內容並不相同。

回應：

在這裏，《觀心論》的作者回應問者的問題，他說佛運用無量方便的法門渡化眾生，對於條件不好的眾生，我們就要假借有為的法門。所謂有為的法門，就是上文所述「修伽藍，鑄形像，燒香，散花，然長明燈，晝夜六時，遶塔行道，持齋禮拜」等工作，藉由這些有為法，來導引眾生，讓他們了解無為的真理，這就是喻無為的意思。不過，作者所傳達的主旨仍是圍繞修行者自己向內作修行，作反思的工夫。所以他說：「若不內行，唯只外求，希望獲福，無有是處。」內行就是「觀心總攝諸行」，其他的事只是助

⓱　《觀心論》，頁 1271 下-1272 上。

力，如果不作內行的工夫，一味向外馳求，以為真理就在外面，這不是正確的修行方法。所以這一部分還是表示神秀重視那種內修或內觀的工夫。

禪門裏面有一則公案叫「廓然無聖」，你們有沒有聽過呢？就是有一次達摩去見梁武帝，武帝問達摩關於自己做了那麼多功德的看法，達摩就說「廓然無聖」。梁武帝就是摸錯了門路，以為自己所做的那些功德就是成佛最重要的工夫，殊不知達摩所持的是另一種觀點，覺得武帝所做一切，都是向外炫燿，跟自己內在的修行或成佛根本沒有關連。後來，梁武帝以他自己尊貴的地位問達摩：「對朕者誰？」頗有我是皇帝，而你不過就是一個僧人的輕蔑之意，結果達摩回答說「不識」，表明他不起分別心，覺得沒有分別的必要，結果鬧得不歡而散❽。

故若不能使心離染去執，由經驗世界超拔出來，人們光只是實行外在的種種善行，如禮佛修廟、佈施供養等，對於解脫並無幫助。神秀於《觀心論》中所述的種種工夫修行，其要不過在於息妄歸真，使吾人的超越的真如本性徹底透顯，才能臻至解脫之境。故神秀認為，工夫修養的種種法門，不過是方便「觀心」的手段，人們在遵守戒律，披上袈裟之餘，仍要過著道德的生活，廣修六度萬行，方可漸至佛道。

---

❽ 原文如下：（梁武帝）大通元年，南天竺菩提達磨汎海至廣州，詔入見帝。問曰：「如何是聖諦第一義？」師云：「廓然無聖。」帝曰：「對朕者誰？」師云：「不識。」帝不契。見《佛祖統紀》，《大正藏》49‧350 上-中。

回應：

　　這裏作者認為在「修伽藍，鑄形象，燒香，散花，燃長明燈」的活動中，我們也可以體證這個真心真性，找到一條解脫之路。這些活動並不是完全外在而與我們的心性修養完全無關。我們得藉由各種活動提煉我們的意志，使一切行為合乎戒律要求，使我們更為堅強，這樣子對我們求解脫，所謂「鎔練身心真如佛性」，是有幫助的。其次，「遍入一切戒律模中，如教奉行，以無缺漏，自然成就真容之像」，這「真容之象」就是解脫。所以世間諸多活動，不妨權視為一種方便，這裏有一種洞見，便是我們可循著種種方便法門的指點，磨練出自己成佛的決心，並且可以忍受種種苦惱，若是這樣，這些活動本身，便與成佛得覺悟產生關聯。況且文中描述的這些鑄形象的活動，若把它看作是一種譬喻而不是真的去從事，這種譬喻還是表示一種入世的態度。這就與達禪所代表的早期禪法有較不同的表現❶，這種思想無寧與《維摩經》有較密切的關聯。這意思是說成佛得解脫不是要跑到一些清淨或渺無人煙的地方修行，而是在十字街頭、酒館之類的地方都可以作修行的工夫。若是如此，《觀心論》的義理思想便接近觸類是道的圓覺形態，表示要在那種日常的生活裏面去磨練自己的意志，祈求在這些日常的生活作業裏面能讓自己體會到清淨心的存在，如果是這樣的話，他就是從達摩禪那種頭陀行的苦修方式解放出來而走向對世間的關懷。不

---

❶　達摩在嵩山進行九年的壁觀，他的生活無疑是出世的、苦行的，關注的層面是個人的，與現實世間的關懷有一定的距離。

過，觀諸本論，「永除三毒，常淨六根」❷⓪、「修諸覺行」❷① 可見它走的仍是漸修的路數，「如是真如正覺燈明，破一切無明癡暗。能以此法轉相開悟，即是一燈然百千燈，以燈續明明終不盡。」❷②我們可以說《觀心論》的義理思想還沒有發展到《維摩經》那樣圓熟的階段。達摩禪的修行方式發展到道信跟弘忍的時候，已有所不同。東山法門的闡揚，就是在禪的僧伽及禪法上逐步跟世俗方面取得聯繫，而論中所講的那些種種方便的做法，也與世間的事物保持某種程度的關係，從這一點來講，就是說他所繼承的不是達摩，而是道信跟弘忍的傳統。如果我們說出世是消極，入世是積極的話，那我們就可以說在這方面《觀心論》所代表的思想較早期禪更具有積極性。從這點來講，《觀心論》若真是神秀的作品，那它還是在清淨心這條思路上面有所貢獻，即從達摩禪那種與外在世界完全不聞不問的專心修行的做法，轉到漸漸入世的傾向。

總括來說，這一段文字還是有它不一致的地方。就心性論方面，它宣揚真如佛性，這是從弘忍回歸到達摩，強調真性而不強調真心，著重客體性而不強調主體性。在哲學思想上，這是一種思想的倒退。就實踐論說，它一定程度地繼承並發展道信跟弘忍的禪法❷③，而捨棄了達摩那種凝住壁觀的頭陀行。依此二點，《觀心

---

❷⓪　《觀心論》，頁 1271 下。

❷①　《觀心論》，頁 1271 下。

❷②　《觀心論》，頁 1272 上。

❷③　《楞伽師資記》記錄了唐武后對神秀禪傳承的詢問。云：則天大聖皇帝問神秀禪師曰：「所傳之法，誰家宗旨？」答曰：「稟蘄州東山法門。」問：「依何典誥？」答曰：「依文殊說般若經一行三昧。」則天曰：「若論修

論》的思想是有矛盾、不一致，本書是否真如日本學者的考察，為
神秀的作品，可以留待日後再做更多文獻上的考證。取寬一點的角
度，我們可以說這本作品大概不是一人一時完成的，也有可能是神
秀講經說法，多位弟子聽法的紀錄，並摻雜了個人意見的發揮，導
致思想間的歧異化、複雜化。這跟早期禪發展的情況稍有不同，由
二祖到五祖，他們的禪法彼此可以看到發展的軌跡，因此在義理邏
輯上較具一致性。❷《觀心論》則不然，不一致的情況頗為明顯，
所以可以推斷這應該是部集體創作。

　　達摩強調真性，修頭陀行，這很清楚，沒有矛盾。四祖以後，
東山法門的流布，在在顯示禪宗走向具體的社會活動，包括建廟
造像、翻譯、印製經典等世俗活動，涉及現實層面，呈現積極的
一面。五祖弘忍的禪法也有自己的一致性，他暢言真心思想，確
立心的主體性，從心能處說，這是活動義，本著能動性強的真
心，在世間進行轉化的活動，作很多對世俗方面有幫助的事情，
這在義理上是順適的。所以早期禪到神秀為首的北宗禪有一定的

道，更不過東門法門。」以秀是忍門人，便成口實也。見《大正藏》
85‧1290 上-中。楊惠南亦為文指出繼承五祖弘忍乃至四祖道信之禪法的，應
該是神秀而不是惠能，且引印順法師《中國禪宗史》的考證，認為「東山法
門」亦指道信的禪法。〈道信與神秀之禪法的比較〉，《臺大哲學論評》，
第 11 期，1988 年，頁 207、218。

❷　從佛性論的觀點看，達摩在《二入四行論》主要談的是真性，《達摩禪師
論》則談真心，真性與真心的思想發展到五祖，則以真心為主。《觀心論》
談真如佛性，這與達摩禪的思想較為契合。不過，值得留意的是〈達摩與早
期禪〉一文，曾討論二祖慧可提出的「無明智慧等無異」，接近佛性圓覺的
形態，這也顯示早期禪在義理上的某些不一致之處。

正面的發展。

三、神秀禪法的方便法門

　　神秀的《大乘無生方便門》，內容分為五部分：第一總彰佛體（亦名離念門），第二開智慧門（亦名不動門），第三顯不思議門，第四明諸法正性門，第五了無異門。究其內容，展示了北宗禪的修行次第。宗密曾概括北宗禪的特色為「拂塵看淨，方便通經。」❸關於「拂塵看淨」，宗密的看法如下：

> 拂塵者，即彼本偈云：時時須拂拭，莫遣有塵埃是也。意云：眾生本有覺性，如鏡有明性，煩惱覆之，如鏡之塵，息滅妄念，念盡即本性圓明，如磨拂塵盡，鏡明即物無不極❸。

拂塵看淨，本自神秀呈給五祖弘忍的心偈，義理形態是背塵合覺的漸修之路，前文已有述及。至於「方便通經」，何謂「方便」？何謂「通經」？學者認為方便是指道信〈入道安心要法門〉所說的五方便門，通經是會通經教❸。冀雋於此有較具體的說明：

---

❷❺　宗密著，《圓覺經大疏釋義鈔》，《卍續藏》14·554 上。

❷❻　《圓覺經大疏釋義鈔》，頁 554 上。

❷❼　《禪宗思想的形成與發展》，頁 198。

　　東山門下的神秀開始把達摩、楞伽宗和道信以來的禪法傳承
與經典之間的關係進行了系統化的處理和整合，這就是神秀
「方便通經」中最為引人注意的「五方便」❷⒏。

把禪法傳承與經典之間進行「系統化」、「組織化」，這應可視為
達摩以來「藉教悟宗」的延伸，禪宗雖不立文字，但在禪思想上卻
大量吸收經典的智慧，並且注入了個人的實踐體驗，而不耽溺於典
籍本身，這很自然便導出禪師與經師的差別。關於這點，經師基本
是在「文本─閱讀」結構內力圖再現經典中的聖人之道，禪師無寧
是試圖在經典之外，重新體會先於書寫、先於典籍的原始直觀的世
界❷⒐。少覽經史的神秀，出入於儒、釋、道三家的思想，這可以看
出他在文獻上的訓練，及某些程度的經師特質。另方面，他本身是
「口說玄理，不出文記」，呈現鮮明的禪師性格。洪修平便指出五
方便門的內容乃是對於《大乘起信論》、《法華經》、《維摩
經》、《思益梵天經》及《華嚴經》等經典的會通❸⒗。這種作法，
顯示經典的理解只是一種手段、憑資，更重要的是個人的生命體驗
與背反的突破，這才是修行解脫的重點。此外，口說玄理，方便通

---

❷⒏　龔雋引用柳田聖山及杜默林（Heinrich Dumoulin）的意見，其中柳田聖山認
　　為以神秀為代表的北宗協調了達摩禪以來的傳承與經典系統的關係；杜默林
　　則提出神秀把道信禪法中的方便作了「系統化」的組織，深深地涉入大乘形
　　上學。龔雋著，《禪史鈎沉：以問題為中心的思想史論述》（北京：生活·
　　讀書·新知三聯書店，2006 年），頁 212。
❷⒐　《禪史鈎沉：以問題為中心的思想史論述》，頁 207-208。
❸⒗　《中國禪學思想史》，頁 146。

經的禪師們，他們隨處借用經典，闡發個人的實證經驗，這表示經典的義理間架，無形中也成為禪師的思想架構，門人徒眾若沒有足夠的經解能力與熟習，恐怕也不足以理解禪師所說的確切諦義。以下我們便討論五方便門的理論要旨。

回應：

　　神秀禪走漸教的實踐方法，它強調「方便」（upāya），是很自然的事。他在呈給弘忍的偈中以菩提樹比喻身，以明鏡臺比喻心，便很清楚。比喻為一種方便法門，古來已有，在《阿含經》（Āgama）中也時常看到這種事例。大乘的《法華經》（Saddharmapuṇḍarīka-sūtra）更是善巧地運用比喻以助生徒開悟的典範。而對於心的明鏡要時時拂拭，比喻的運用更為明顯。比喻是以熟識的、流行的方式來指點對終極真理的體證，不一語道破，也有它的好處、善巧之點。修行人需在比喻中用工夫，思考比喻背後的密意，想通了，便對這密意有根深蒂固的印象。這對覺悟的達致，有積極的幫助。

第一、總彰佛體：

　　關於總彰佛體的要旨，宗密的看法是：

> 第一總彰佛體。依《起信論》，謂佛者，覺也。自覺，覺他，覺滿。離心，名自覺；離色，名覺他；俱離，為覺滿**❸**。

---

❸　《圓覺經大疏釋義鈔》，頁 554 上。

這裏提到《起信論》，《起信論》的序文，對於該論宗旨，有明確的說明：

> 其為論也，示無價寶，詮最上乘。演恒沙之法門，惟在方寸；開諸佛之祕藏，本自一心㉜。

序文的意思是說，《起信論》的要旨在開顯諸佛秘藏，即如來藏自性清淨心。而《大乘無生方便門》所說的總彰佛體，佛體便是指這能行覺悟的如來藏自性清淨心，它能夠自覺，覺他，覺滿。關於超越的如來藏自性清淨心，《大乘無生方便門》還有佛性、淨心、真心、本覺、心真如、法界一相、如來平等法身、本覺等詞彙㉝。淨心、真心、本覺，偏指覺悟的心能，有較強的動感；佛性既是成佛的潛能，也是成佛的主體性，它有潛藏義，但也能發用，表現出來；法身是指由佛性顯現自己而成的精神性主體（虛義的體性）；心真如則是個複合詞，真如是理，是客體義，心是能作動的心能，有主體義，兩者結合在一起，表示這如來藏是心能，是活動，而非存有。

其次，神秀在論述總彰佛體的意旨時，他分別從佛、虛空界、法界、佛界一路說下來，這種模式顯然是強調清淨心的超越面。綜

㉜　馬鳴著，真諦譯，《大乘起信論》，《大正藏》32·583 下。

㉝　原文如下：「性心瞥起，即違佛性」、「長用淨心眼看」、「佛心清淨，離有離無」、「身心不起，常守真心」、「是沒是真如？心不起，心真如」、「法界一相即是如來平等法身，於此法身，說名本覺」。見神秀著，《大乘無生方便門》，《大正藏》85，頁 1273 中-下。

觀而論,不論是《大乘無生方便門》或者是《起信論》,都是超越分解的思想形態,都是先置立一超越無染的清淨心做為客觀的本質存在。只不過從現實層面來看,眾生在染,此心是妄,所以必須仰賴工夫來保障清淨心,再以漸修的方式,使染心復歸明覺。故說:

> 1. 看心若淨,名淨心地❸。
> 2. 身心不起,常守真心❸。

《起信論》說眾生心是「在纏而體淨」❸,是不染而染,所以一心而開二門,即心真如門與心生滅門。這心真如與心生滅,端在一心升揚沉迷而現成,從心的升揚處說覺,從心的凝聚、下墮處說不覺。眾生在現實經驗中,恆迷不覺,所以在實踐上,要採取背塵合覺的修行過程,這就是神秀所說的「先染後淨」❸,而做工夫的關鍵便是心,他說:

> 堪受淨戒、菩薩戒,是持心戒。以佛性為戒,性心瞥起,即違佛性,是破菩薩戒❸。

這則有一個重點訊息,即作者關注的重點在心,談的是淨心法門。

---

❸　《大乘無生方便門》,頁 1273 下。
❸　《大乘無生方便門》,頁 1273 下。
❸　《大乘起信論》,頁 584 上。
❸　《大乘無生方便門》,頁 1274 上。
❸　《大乘無生方便門》,頁 1273 中。

要言之，淨心法門便是「離念」法門，故總彰佛性門，又稱為「離念門」。其文說：

1. 虛空無心，離念無心❸⁹。
2. 若心起同緣，即是染法界，是眾生界。若不起心同緣，即是淨法界，是佛界。法界一相，於十八界中有二，一染一淨，先染後淨。眼見色，意識同緣知。眼等五根依塵，五處起染，即一切處，染一切處，染即是染法界，是眾生界❹⁰。
3. 見聞覺知是用，寂而常用，用而常寂，即用即寂。離相名寂，寂照照寂。寂照者，因性起相；照寂者，攝相歸性❹¹。

首先，引文 1.說「離念無心」，念與心都是自心的表現，具虛妄性，捨離它，就是不執於它，這裏有強烈的般若精神。談般若精神，便要說及般若智，從體用關係說，佛性是體，般若智是用。引文第 3.則，便是在用上說，但神秀沒有交待清楚能發用的主體是什麼？我們僅能從文中說及「攝相歸性」的內容上，推得這主體應是佛性。綜而言之，般若智是用，它恆常地作用，但它是由空寂的主體所發，這主體便是真性、真心。不過，這種體用關係是虛說的。因而，這裏談離念無心，正是從否定自心的角度說，所以經文中「見聞覺知」，筆者以為這知是般若思想的作用，是具有宗教性格

---

❸⁹　《大乘無生方便門》，頁 1274 上。
❹⁰　《大乘無生方便門》，頁 1274 上。
❹¹　《大乘無生方便門》，頁 1274 中。

的知，而不是嚴格的認識論意義的知，它是超感覺而近乎睿智性的，無寧是睿智的直覺❷。這裏般若智是以空為性，所以說「寂而常用」，它不取不捨，所以說「用而常寂」，實際上是「即用即寂」。「照寂者，攝相歸性」，意指離相，般若智照見萬法，知萬法本空，這是寂，整體是清淨無染的法界，一切相都以其自身本來面貌存在，游於自得之所，所以法界一相，都是如相，是空相，是寂相。而「寂照者，因性起相」是指般若智亦能照見萬法的殊性，知萬法在不同的緣起法中，而具有種種的相貌、作用。

至於引文 2.，則在交代落在現實層面的眾生，如何進行轉化、救贖。在《起信論》裏，它用心的自體相熏習來說，認為眾生本有覺悟的潛能，可以進行自我熏習，自我救贖。然而後天氣質涉入，無明因素蓋障眾生的清淨自性，所以呈現迷染的情況。

回應：

宗密是惠能之後的神會禪法的繼承者。在譜系上來說，宗密與神會都應是惠能禪的綜合的形態，是平常心是道的旨趣。但兩人都未有自覺到他們其實已偏離惠能，而接近神秀禪，強調超越的清淨心，認為只要此心能發用，便能生起般若智慧而得覺悟。對於這清淨心，他們用的字眼是「靈知真性」，這通於《起信論》所說的心真如或真如心。宗密更是華嚴宗的祖師，他所強調的靈知，實與華

---

❷　若這個見聞覺知，確屬筆者所持的觀點，是近乎睿智的直覺，那麼《大乘無生方便門》的思想便與神會禪的「靈知真性」有對話的空間，神會所談的靈知，是般若智，是空寂的本性所發的用，即神會所謂「本空寂體上，自有般若智慧」。

嚴宗言「性起」的性無異。可惜他自己未有覺察到。

第二、開智慧門：

　　智慧門的內容是論如何經由實踐，使人能破迷離執。神秀以「定慧雙等」做為禪法的實踐。他取用《法華經》的思想，說佛為一大事因緣出世，這大事因緣便是要使眾生悟入佛的知見，而佛的知見即是「證入修行，取無為道」❸。在文章中，他論述了凡夫、二乘、菩薩對於定慧的理解，由於根性的不同，因此有境界上的深淺落差。他批評凡夫容易受到感官經驗的影響：

　　　　凡夫有聲即聞，無聲、聲落謝不聞❹。

二乘人則是：

　　　　二乘人貪著禪味，墮二乘涅槃。……在定無慧，不能說法，亦不能度眾生，出定心散❺。

這是批評二乘修行人，耽溺對於道果的追求、禪境的喜悅，是耽空溺空。他們只能在入定的狀態有所行持，出定之後，便不能凝聚自己的心志。所以此門又有「不動門」之稱。至於菩薩，

---

❸　《大乘無生方便門》，頁 1277 上。

❹　《大乘無生方便門》，頁 1274 下。

❺　《大乘無生方便門》，頁 1274 下、1275 上。

於空、無相、無作法中而自調伏。……證得六根不動,了貪瞋癡性空,見空不取空為證,不厭生死,不住涅槃❹。

神秀認為菩薩不同於二乘人,他們證取空性的真理而不取空性,深入涅槃而不執著涅槃,並且隨時隨地可以在日常生活中做出清淨善行。在他們眼中,一切善法、惡法都是平等地位,都是緣起無自性,這有唯識學的平等性智的意味。在這裏,有一點可以說明,就是神秀並不贊同二乘人的耽空溺空,而提出了不厭生死,不住涅槃的思想,這種想法有由出世走向世間,並且突破生死與涅槃的背反的積極意味,有圓覺義,若是如此,便與我們前文討論《觀心論》對於成佛得解脫應在紅塵之中作修行的工夫相呼應。引文中,「六根不動」是禪定的表現;但後文又接著說「了貪瞋癡性空」,這是般若智慧的作用;而「自調伏」,表示其心是定,說「空、無相、無作」,這又是從般若智說。因此,不動的實踐是以定慧雙修為內容,二者並進,而不動也不是走入深山,獨覓清淨,更不是死於坐禪的頑空之中,這就把禪定的實踐落實於生活之中,有入世的意味,這就與我們在前文討論神秀禪乃是承繼道信以來的禪法,對於入世有較積極的作為接上了。我們可以說不動的思維,並非神秀個人的發明,在道信的《入道安心要法門》便有了,至於定慧雙修,道信也有接近的看法:

1.說我此法,要依《楞伽經》,諸佛心第一。又依《文殊說

---

❹　《大乘無生方便門》,頁 1275 上、1276 上。

性格般若經》，一行三昧，即念佛心是佛，妄念是凡夫。

《文殊說般若經》云：文殊師利言：世尊！云何名一行三昧佛？法界一相，繫緣法界，是名一行三昧。如法界緣不退不壞，不思議無礙無相❼。

2.身心方寸，舉足下足，常在道場，施為舉動，皆是菩提❽。

聖嚴法師解釋不動時，如是說：

「不動」有兩層意思：一種是不動情緒的智慧心，另一種則是心止於一念的禪定境❹。

比較道信與聖嚴的內容，道信說一行三昧，是繫緣於清淨法界，這是聖嚴說的心止於一念的禪定境；道信說修定的活動可以在不同的地方進行，這是聖嚴所說的禪定的智慧要在不動心中表現，也就是《金剛經》的無住精神。值得注意的是道信是用《文殊說般若經》來解禪定，這便把禪定與般若精神結合在一起了。回過頭來看神秀禪是不是也是如此呢？他說：

身心俱不動即寂滅，是菩提滅諸相故。又身心俱離念，即是

---

❼　《楞伽師資記》，頁 1287 上。

❽　《楞伽師資記》，頁 1286 下。

❹　聖嚴著，《聖嚴法師教默照禪》（臺北：法鼓文化，2004 年），頁 50。

圓滿菩提❺。

神秀的說明是分析的，前者說禪定，後者說般若，即便如此，他仍明顯是繼承道信的禪觀。最後，我們對於定與慧的想法是：心的穩定與清澈是定的功能，慧是般若智的作用，定慧二者不能兩相捨離，需要同時並進。

回應：

按禪宗初期的修行的焦點，是放在定方面，這即是禪定，以打坐為主。達摩面壁九年，雖無史實可考，但總有其代表義涵，這即是靜態的靜坐。到了神秀，由於吸收了般若思想，連實踐的方式也現成地套取。般若思想強調般若智慧的涵養與觀照的動感性，這便是慧。因此，禪的修行，漸漸加入了動感的智慧的觀照。這種觀照可以向內，也可以向外。向內是禪定，向外則是觀照萬法皆無自性可得，只是緣起性、空性。

第三、顯不思議解脫門：

此門以「不起心」、「不思議」為解脫的契機，泯除經驗世界之特殊差別，對於經驗現象的一切皆不起心動念而如的觀其為空之本性，不對諸法起執，則能覺悟解脫，這正是般若思想的精神。《大乘無生方便門》說：

心不思，口不議。心不思，心如，心離繫縛，心得解脫。口

---

❺　《大乘無生方便門》，頁 1275 中。

不議，色如，色離繫縛，色得解脫。心色俱離繫縛，是名不
可思議解脫❺。

不思、不議，大抵與離念、離相，或《觀心論》所言制三毒、淨六
根思想相近。心色俱離繫縛，便是不受現實所染。心不執境，不著
色，淨除根塵和合所產生的對象性，這種去除染境，色心一如的思
想要點，顯然著重在守心、觀心的工夫上。在論中，神秀以須彌入
芥子為例證：

> 若菩薩住是解脫者，己（疑作以）須彌之高廣納於芥子中，
> 無所增減。須彌山王本相如故。問：是沒是須彌納芥子中無
> 所增減？答：須彌是色，芥子亦是色。心不思心，如須彌芥
> 子俱是色如，同一如相無所增減，須彌山王本相如故❺。

當心是染，須彌與芥子都以經驗性格而呈現，具有質礙性；當心是
淨，須彌、芥子都在般若照用下，呈現它物自身的一面，是緣起無
自性，是如相、空相。

回應：

這裏出現「不可思議解脫」字眼（上又再上的引文）。這字眼在

---

❺　《大乘無生方便門》，頁 1277 上。這裏也提到「不可思議解脫」，但與天臺
　　宗智顗所提的不同。後者以不斷煩惱而得解脫為不可思議，這裏則以離一切
　　繫縛煩惱為不可思議。

❺　《大乘無生方便門》，頁 1277 上-中。

《維摩經》與智顗的書中常出現，但神秀所取的意思不同。在《維摩經》與智顗來說，解脫不必要否定世界以滅除煩惱；人可即在世界與煩惱中證得終極真理，不必全部事情都不做，只求清淨環境、心境。神秀即是後一形態，是偏的工夫，不是圓的工夫。

第四、明諸法正性門；第五、了無異自然無礙解脫門：

二門的文字脫略，不能詳考，二門的內容應是循前三門為基礎，門門深入，而豁顯真性，成就解脫境界。

四、結語

整體而言，神秀禪仍是超越分解的形態，從禪思想史來看，達摩以真性、真心開出禪思想的兩條路向❸，在早期禪的發展中，真性觀有往真心思想移動的傾向，逐步側重心的主體能動性。但是，把真性做為最高主體性，它的動感並不強烈。至於以真心為最高主體性，真心卻易與妄心一分為二，而有捨妄歸真的工夫，這種思想模式便與現實世界產生一定程度的疏離。就神秀在呈給五祖的心偈及《觀心論》中看，心雖如同明鏡一般，卻也有受染的可能性，因此要時時拂拭來提撕自己，這就形成神秀禪的分解形態。而《觀心論》處處要人修三聚淨戒，並制服三毒心，顯然此心是經驗性格的，在此心之上，應有一更高的主體性，這主體性是什麼呢？在過

---

❸ 關於真性、真心，分別見於《二入四行論》及《達摩禪師論》二文，後者有日本學者關口真大的詳細考證。（關口真大著《達摩大師の研究》，東京：春秋社，1969。）

於簡單的心偈並沒有明確的表示，我們卻在《觀心論》找到蛛絲馬跡。即是：神秀似乎有意思把這更高的主體性置定為真性，而他所言的心，則具有背塵合覺的能力，它本來覺悟，但為無明所染，所以不覺，由不覺而有向上超拔的種種捨妄歸真的工夫，這個思路與《大乘起信論》的義理形態契合。另方面，早期禪避世、離世的精神較重，像達摩在嵩山壁觀九年，二祖、三祖在相當程度也是以隱遁的方式進行修行的工作。四祖、五祖以後，禪門日弘，尤其是五祖弘忍大倡東山法門，禪宗一時蔚為風潮，提高了禪的普世性格。神秀雖不出文記，但貴為兩京法主的他，顯然在後人的記錄中，展示他逐步入世的精神，《觀心論》正展現了他不離世俗修行的態度，雖然在這方面，積極性仍然不夠。至於《大乘無生方便門》，則展現了漸教的工夫次第。談次第，便不是頓，修行人得廣修三聚淨戒、六波羅蜜，制服三毒的心，才能體證真理。而定慧雙修的實踐基礎，以般若思想的般若智，開顯出主體覺照的空慧，了知諸法實相，即是一相，是名空相，諸法乃因緣所生的諦義。這種思路模式與四祖道信的《入道安心要法門》顯然有脈絡可循。至於禪定的實踐部分，神秀特別就活動說，它較《觀心論》的入世精神顯然又更強些。最後，在《大乘無生方便門》的結構上，是先論佛體，末論諸法正性、入不思議解脫，這意謂著對於諸法的超越面、清淨面的重視，這樣表示神秀對現實諸法關注的興趣不足。

第三章 《六祖壇經》中的禪

一、惠能論「自性」的思想特點
——般若與佛性的匯流

在《壇經》的記載中，如眾所知，惠能是以聽聞《金剛經》為其覺悟的契機。有關他的覺醒與受法經過，這裡不擬細論。但有一點要提出來的，就是《壇經》中所提及惠能前往接受東山弘忍而受法、個人傳法的敘述，傳達了什麼樣的思想訊息呢？

1. 弟子是嶺南人，新州百姓，今故遠來禮拜和尚，不求餘物，唯求作佛。大師遂責惠能曰：「汝是嶺南人，又是獦獠，若為堪作佛！」惠能答曰：「人即有南北，佛性即無南北；獦獠身與和尚不同，佛性有何差別？」❶

---

❶ 黃連忠著，《敦博本六祖壇經校釋》（臺北：萬卷樓圖書公司，2006 年），頁 10-12。該書係據任子宜所收藏的敦煌本《壇經》為底本，與日本學者矢吹慶輝校定的敦煌本互校，並參考當代主要學者的研究（諸如：周紹良、向達、潘重規、楊曾文、鄧文寬、榮新江）撰寫。案：本文使用《壇經》經文主要皆出自該書，我們用《敦博本壇經》稱之，並參考了《南宗頓教最上大乘摩訶般若波羅蜜經六祖惠能大師於韶州大梵寺施法壇經》，《大正藏》48。

2. 惠能大師於大梵寺講堂中，昇高座，說摩訶般若波羅蜜法，受無相戒❷。

3. 善知識！我此法門從一般若生八萬四千智慧❸。

4. 善知識！若欲入甚深法界，入般若三昧者，直須修般若波羅蜜行，但持《金剛般若波羅蜜經》一卷，即得見性，入般若三昧❹。

據第1.條引文，基於對成佛的目的或者說對於「佛性」的深入理解的需要，開啟了惠能前往東山的求法經過。第2.條引文是惠能在韶州最重要的說法內容。第3.、4.條說明了覺悟的重要利器是般若學的實踐。總的來說，惠能是從主體（成佛的覺悟）出發，而以般若思想做為成佛的實踐依據。再輔以惠能聞受《金剛經》而得覺悟的背景來看，我們可以說《壇經》的主要思想在於對般若思想的闡發及其對佛性思想的應用。

　　一般說來，佛性與般若是兩個不同概念。佛性是成佛的潛能或

---

❷　《敦博本壇經》，頁 4。據宗寶所編《六祖大師法寶壇經》僅有：「出於城中大梵寺講堂，為眾開緣說法」的說法。見《六祖大師法寶壇經》，《大正藏》48·347 下，以下省作宗寶本《壇經》。並沒有敦博本的「說摩訶般若波羅蜜法」諸字，確切表示說法的內容或者依據，可以推測敦博本對於惠能的思想側重般若思想。關於這個問題，洪修平的看法是：「敦煌本《壇經》更多地突出了《金剛經》的般若思想。這是否表明神會對惠能兼融中道般若和涅槃佛性的思想，在繼承發揮時有所偏重呢？」可參見〈關于《壇經》的若干問題研究〉，收入《世界宗教研究》，1999 年第 2 期，頁 87。

❸　《敦博本壇經》，頁 102。

❹　《敦博本壇經》，頁 104。

者根據，般若則是觀空的智慧。以體用關係來說，佛性是體，般若智是佛性所發的用，在體用關係上二者「不即不離」❺。從如來藏自性清淨心系統的角度談佛性與般若的體用關係，般若智乃由如來藏自性清淨心所發，相關經典有《勝鬘夫人經》、《不增不減經》、《寶性論》、《起信論》等。然而在天臺宗與華嚴宗的判教思想裡，前者判為通教，後者歸入大乘始教❻，都未能列入圓教的範圍，這表示般若學尚不是最究竟的教法。這肇因於般若乃是融通淘汰諸法，否定諸法的自性，它是一個透過遮詮的方式而起的觀照作用，對於萬法的存在說明不足❼。

---

❺ 牟宗三先生的大著《佛性與般若》便是抓緊了這一點，深入探討了二者的體用關係及其在天臺、華嚴、禪宗的運用以及發展。不過，我們一般說的體，泰半具有實體意味，尤其是熊十力先生談「體用」關係，是從體不是用，但是體用不即不離處說明二者關係。筆者認為談體用思想容會有往存有論詮釋的偏移，但佛教基本上是否定實體概念，強調宗教的救贖功能，因此體用關係不是重要議題。牟宗三先生對於闡釋一套佛教式存有論似乎有特別的關注。諸如：「若明法華圓教，先須了解存有論的圓具，而此則必須從『無住本』說起。」見氏著，《佛性與般若》下（臺北：臺灣學生書局，1997年），頁756。

❻ 按智者大師《法華文句》判通教：「佛明即色是空，空即是色，色空、空色無二無別。空、色不異為如，即事而真為是。阿難傳佛文不異為如，能詮即所詮為是。此則通教經初如是也。」。見《大正藏》34·3中。又《華嚴經義疏鈔》：「第二時中但明於空，空即初門。」，第二時即始教。見《大正藏》36·61中。二者分別以通教、大乘始教來判般若系思想。

❼ 牟宗三先生曾深入指出：「教之圓不圓不能只由般若決定也。……它無一切法之根源的解釋故。……般若自身之作用的圓不須開，因為它只是如此。但卻須補充，補充之以真實圓教，使其落實於此真實圓教中，方能成為實般若。」又云：「作用的圓必須歸於存有論的圓，方能落實。」關於牟先生的

回應：

報告的開頭，談到惠能與《壇經》或是般若思想與《金剛經》的關係，我們可以先這麼看，因為《金剛經》屬於般若系中很流行的文獻，它的基本觀念就是般若智，般若智是觀空的智慧，我們若能發般若智來觀照萬物，便能夠觀照萬物普遍的空性，即萬物具有依於緣起，無自性的性格。從這點來看，整套般若文獻的中心思想便是說般若智的，般若智是一種作用，是觀照事物為空的普遍真理的作用。其次，我們若根據般若智來觀萬法的空無自性，般若智僅有觀空的作用，我們仍可追問般若智的根源在哪裡？這一點在般若文獻中沒有進一步的說明。實際上，般若智的來源是從佛性而來，因此我們若要從一套周延的宗教實踐哲學來說，這是有所偏的，未臻圓滿。就《壇經》而言，它除了談般若智外，也盛談佛性，惠能自己的說法稱之為「自性」，整部《壇經》可以說是般若智與佛性的綜合，這個佛性或自性正是般若智的根源。佛教思想中有一系談如來藏自性清淨心，這如來藏自性清淨心等同佛性，因此我們也可說般若智從如來藏自性清淨心發出，這樣般若智便與如來藏思想有密切關係，關於這種思想的論述，在《楞伽經》、《勝鬘夫人

說法，確實點出了般若融通淘汰的性格，它只是在觀法中的作用，使人徹見實相，牟氏所指般若是「作用的圓」的意思是般若以不取不捨一切法而具足一切法的意思。（《佛性與般若》下，頁 623。）至於牟先生所論作用的圓須歸於存有論的圓，他的看法是在般若的作用下，一切法是本來現成的，不過以實相般若穿透之，因此而說具足而成就一切法，這是般若的妙用，而非對萬法做一根源的說明。《般若經》及空宗的內容只是佛教大小乘乃至佛乘的共法，它不是一個系統，般若之圓只是不取不捨的妙用的圓，不是存有論的圓。（關於這個概念的細緻闡述，可參考《佛性與般若》上，頁 69-86。）

經》、《不增不減經》、《究竟一乘寶性論》、《佛性論》這類經論中都可以找到。

　　另方面，從判教思想來看般若思想，般若學在天臺及華嚴的判教中都被判定為初階的教法。在天臺宗智者大師的判教中，化法四教：藏、通、別、圓，般若思想僅屬於通教；華嚴宗則以小、始、終、頓、圓五教分判，般若思想僅列於大乘始教。二者在判教上，都給與較低的位階，這應有其道理，我認為這與般若思想不講佛性有關係，它少了佛性這一段，便無緣進入圓教，但我們不能說般若思想就不重要，它仍是構成圓教重要的一部分。

　　附帶一提，佛性思想做為圓教思想的部分也有其分別，有佛性偏覺與圓覺二種發展，這在前面談早期禪的發展時曾論述過了。我們可以從華嚴宗與天臺宗分判圓教為別教一乘圓教、同教一乘圓教這兩種模式來看佛性思想的偏圓形態，別教一乘圓教是取超越分解的佛性偏覺模式，而同教一乘圓教則取圓融、綜合、平常心的圓覺模式。在智者大師的天臺判教中，則以圓教說佛性圓覺，以別教處理佛性偏覺。

　　我們這樣說，無非是從禪思想的大脈絡來看般若思想與佛性對禪宗的影響，這樣比較全面。至於文中談《金剛經》與《壇經》的關係，不妨放大到般若思想對《壇經》的影響，這樣可以小大互見。況且《金剛經》在南北朝已被譯出，到了唐代，流傳已相當廣泛，惠能對於這部經典應不會陌生。

　　簡單來說，論般若，由於佛教對於這個世界（萬法）的生起，總是傾向以負面的、遮詮的方式來表達，這即是緣起性格，由此引

人進入「空」的世界。佛教認為世界並沒有常住不變的事物，一切法的成立都是依因待緣的。若我們推敲一下「空」這個語詞所表述的意義，便會發現「空」往往與「緣起」、「自性空」這組語詞相關聯。《說無垢稱經》（*Vimalakīrtinirdeśa-śāstra*）云：「諸法究竟無所有，是空義。」這應可視為般若系經典對於「空」的主要詮釋❽。我們可以說「空」是就著萬法「假有」而論的。

回應：

　　報告中，引用了《說無垢稱經》（即是《維摩經》），有些東西需要說明一下。智者大師在判教中把《說無垢稱經》置於通教，但是該經有些特出且弔詭的說法，如：「諸煩惱是道場，知如實故。眾生是道場，知無我故。一切法是道場，知諸法空故」❾、「婬怒癡性即是解脫。」❿這都是圓教特有的圓融說法，與智者大師的一念無明法性心的思想相互輝映，有相互融通之處。但智者把《說無垢稱經》放在通教，不列入圓教，這在判教上具有什麼意義呢？我想從同學的報告所引「諸法究竟無所有，是空義」，可一窺端倪。這表示智者可能只注意到本經強調空的一面，進而判為通教。其實《說無垢稱經》思想特色不應侷限於此，因為空是大乘佛教中所共同認同的基本思想，本經的特色應在於它那些弔詭的說法，視無明與法性、染污與清淨、善與惡、生與死是一如的關係，這種思想的根據便是我剛才所引的婬怒癡性即是解脫、一切法是道場的說法。

---

❽　《說無垢稱經》，《大正藏》14・563 上。
❾　《維摩詰所說經》，《大正藏》14・542 下。
❿　《維摩詰所說經》，《大正藏》14・548 上。

從這裡著眼，則應視之為圓教。因此，我覺得智者大師這裡有點疏忽，他把「諸法究竟無所有，是空義」做為本經思想的特點，而未能較為重視其圓教思想，這是可以再做討論的。

另一方面，我們慣常地使用「如」、「真如」、「真如相」、「真如自性」、「真如佛性」等語詞正面表示實相，其中「如」、「真如」表示萬法如其本然的面目，偏指客體。「真如自性」、「真如佛性」則強調內具於人的成佛的普遍主體性，偏指主體。總的來說，我們可以說「真如」意指一種絕對的、超言詮的、正面的內容。其中，像《大般涅槃經》（Mahāparinirvāṇa-sūtra）談「常樂我淨」或《楞伽經》（Laṅkāvatāra-sūtra）等宣說如來藏思想的典籍，在正面彰顯佛性思想方面，可補足般若經典傾向以遮詮的手段說萬法的不足。至於「真如佛性」這個複合詞，則把「真如」或萬法的真實狀態與內具於人的普遍主體義的「佛性」結合在一起。惠能本身就有「真如本性」這種用法❶。

回應：

上文所提「『真如』或萬法的真實狀態與內具於人的普遍主體義的『佛性』結合在一起」，我們可以做這樣的說明：真如或萬法

---

❶　關於惠能使用「真如本性」一詞，可見《敦博本壇經》，頁 56，或者宗寶本《壇經》，頁 351 上。天臺宗智者大師有「中道佛性」、「佛性真心」的用法，前者見《法華玄義》，後者見《維摩經玄疏》。智者大師以常住性、功用性和具足諸法三個面相來說中道佛性的性格。常住性是終極意義下的精神性格，是法身；功用性是發自法身的作用；具足諸法則是中道佛性與諸法相即不離，或可云諸法就具足於中道佛性中。

的真實狀態的提法相當於達摩禪的真性；內具於人的普遍主體義的佛性相應於達摩禪後期乃至弘忍所談真心的地位，這便類似達摩禪由客體的真性發展到主體的心的過程，從真性發展到真心，客體回歸到主體，我們這種談法，可視為宗教上類似性（homology）的表現。

其次，「佛性」一詞可說是成佛的性能、潛能，是內在於人的主體性，也就是我們的心。智者大師有「佛性真心」的提法，這是一個複合概念，把佛性與真心等同起來，真心具有主體能動性，兩者等同起來，佛性便具有能動性。

般若和佛性在惠能禪的結合，使「自性」帶有無礙的性格，無礙就是不取不捨的心境朗現，既不住著也不捨離一切事物，它要藉著對背反的突破與超越，解消一切對象化，建立「無住的主體性」。吳汝鈞先生指出：

> 六祖惠能在他的偈頌所說的「無樹」、「非臺」、「無一物」，便是要徹底衝破對象化（objectification）這一僵化的思維模式，以透顯那絕對自由的主體性❷。

使用「無」的否定詞的目的，便是吳先生指出「要徹底衝破對象化」，這和《金剛經》的無相思想是暗合的，至於「絕對自由的主體性」就是佛性的純粹顯現，這又和般若「無住」、「不取不捨」

---

❷　吳汝鈞著，《純粹力動現象學》（臺北：臺灣商務印書館，2005 年），頁103-104。

的思想息息相關。循此脈絡，我們便能說惠能禪學是般若與佛性的結合與應用的結果。

回應：

　　同學提般若可以說是一種智慧，把般若放在圓覺的形態來說，有一點值得注意。此即在圓覺形態中「無明」與「法性」相合，即淨與染是綜合的狀態。般若智是一種作用，般若是佛性主體所發的一種智慧，用以觀照事物緣起無自性的性格。若以體用這種範疇來看，佛性就是體，般若就是用。像牟先生的大著《佛性與般若》即在體用論脈絡下訂立書名。般若是作用，偏向實踐論、救贖論的概念；佛性是存有論的概念。然而存有論的佛性與實踐論的般若是不能分的，就體用論的關係來說，佛性就是體，是般若智作用的根源，二者的關係緊密，所謂「不二」。不過，不二卻不是等同，而是「不離」的意味，從究極的眼光來看，仍是體用二分。熊十力先生說：「體用不二，而亦有分」❸，意思很清楚。表面上體用關係雖在存有論上不相分離，用存在於體中，體也存在於用中，或用可依於體而展現，體含於用中而為根源，但從圓融的角度來看，講體用不二而有別仍具有分析的性格，體仍是體，用仍是用。因此只有從體用的同一來說，才能使體用關係具有充盈而飽滿的關連，進一步，體用關係也可在此理解中解消掉。舉例來說，夫妻甚為恩愛，各種活動皆在一起，在日常生活中夫唱婦隨，然而現實上，夫仍是夫，妻仍是妻。另一點，熊先生以大海水與眾漚為喻，談大海水與

---

❸　熊十力著，《原儒》（臺北：明文書局，1997 年），頁 6-7。

眾漚的不相捨離。但是漚泡只是大海水的一種表現,為海水的表面部分,雖二者為同質,但漚泡並不包含它們之下的海水,同質而不同狀態仍是有所分別。在我個人的力動論裡頭則要廢掉體用關係,由體用不二而有分別嘗試進到體用不二而無分別的關係。

二、惠能以「自心」著「自性」的思想意義

在《金剛經》中,佛陀以「若以色見我,以音聲求我,是人行邪道,不能見如來」、「如來無所從來,亦無所去」❹,表示佛的不可求、超思議境;在《說無垢稱經》中,維摩詰以「真如」乃是超越一切概念、背反性格的說法,回答佛陀個人對於「真如」的看法,相當精彩地展示般若思想對於萬法的不取不捨的作用❺。由此可看到般若文獻的論述重點在於「關自性」,建立「無住」、「無住本」❻的般若觀。回到《壇經》本身,惠能在多處以「自性」做

❹ 《金剛經》,《大正藏》8‧752 上、752 中。

❺ 《說無垢稱經》,頁 584 上-中。略引幾句證之:「真如非如,於真如境常無所住,於真如智恒不明應。真如境智,其性俱離。非因所生,非緣所起。」、「無增無減,平等平等,同真實際,等法界性。非能稱,非所稱,超諸稱性;非能量,非所量,超諸量性。」,文中「境智」、「增減」、「能所」是二元性,皆可視為一種背反,用「超」字有超越背反的兩端以突顯中道的意義。

❻ 「無住」,據《金剛經》:「應無所住而生其心」,《金剛經》,頁 749 下。「無住本」據《說無垢稱經》:「夫無住者,即無其本,亦無所住。由無其本,無所住故,即能建立一切諸法」,《說無垢稱經》,頁 573 中。

為「佛性」的代名詞，這種說法和般若思想的「闢自性」給人矛盾之感，甚至予人誤會「自性」就是一種實體性的概念，這些都不是正確的理解。惠能道：

　　若言歸佛，佛在何處？若不見佛，即無所歸❶。

「佛」是覺悟者、救渡者，在淨土思想裡，阿彌陀佛是他力解脫的象徵，眾生皆以祂為依歸。但在惠能的自性觀裡頭，他認為只有「自歸依」才是體證真理，獲得最終的救贖的確切方法，這是「若言歸佛，佛在何處」的意思，至於「若不見佛，即無所歸」，在語義上並沒有明確交待歸依的去處，因為既云歸佛，就要見佛，那麼惠能所謂見佛要在哪裡見呢？順著文意推敲，我們固然可以類推出惠能所指乃在歸依「自性」，《壇經》的其它章節也有「一切法在自性，名為清淨法身」、「自性不歸，無所依處」❸的說明，但這在敘述上並不嚴密。惠能又說：

　　自性迷，佛即是眾生；自性悟，眾生即是佛❹。

「自性悟」就是「悟自性」的意思，「自性」是成佛所憑依的根

---

❶　　《敦博本壇經》，頁 88。

❸　　《敦博本壇經》，頁 72、88。「一切法在自性」，換句話說就是「性含萬法」、「萬法盡是自性」，只有徹見真理的全幅，才是真正的見佛，也就是悟自性。

❹　　《敦博本壇經》，頁 138。

據，這裡惠能將眾生與佛的差別收束到對「自性」的迷悟上，使「自性」可能落入被把捉的對象之中。惠能如是闡明「自性」的內容：

> 惠能言下大悟：「一切萬法不離自性。」遂啟祖言：「何期自性本自清淨，何期自性本不生滅，何期自性本自具足，何期自性本無動搖，何期自性能生萬法？」[20]

「一切萬法不離自性」表示萬法與自性不相分離，換言之，自性本身具足萬法，涵攝萬法，成立萬法[21]。至於「自性」的內容是什麼？惠能分就「性格」、「狀態」與「具足性」說。從性格或狀態來說，自性是清淨的，非生滅性格的，非經驗世界的存在，是絕對而超越的真理世界的存在。從具足性來說，它是本自具足，能生萬法。不過，惠能這裡使用「生」字很值得注意，因為在實體主義的理論中，往往有一個大實體，如天道、天理、上帝、梵天做為創生者，而存在物是其創生的內容。站在佛教闢斥實體主義的立場，惠能以「生」來說萬法的成立便變得曲折，這就引出惠能如何看待自性，而自性與萬法具有什麼樣的關連，並且萬法的存在如何被說明的一連串問題。這裡可以先確定地說，自性生萬法決不是構造論的生，如雞生蛋的那種生法。

---

[20] 宗寶本《壇經》，頁 349 上。

[21] 惠能說：「性含萬法是大，萬法盡是自性，」便是說自性就包含了萬法的全部。《敦博本壇經》，頁 94。

回應：

　　報告中提到：「自性能生萬法」，同學要留意惠能所提的自性並不具有實體意味，因為惠能所謂「生萬法」，「生」字表示成立之意，這意思是說萬法是因緣所生的萬法，是《中論》所提的「以有空義故，一切法得成」的意味。因此，「自性能生萬法」一句，有別於儒家的天道、基督宗教的上帝、印度教的梵創生萬物那種方式。這裡的自性絕對沒有宇宙論的創生義。

　　復次，說到自性與萬法的關連或者萬法的存在性如何被說明的問題，這和前文所云自性有「具足性」有密切關係。因為談「自性能生萬法」，可以從心在實踐上觀照三千諸法或是在存有論上具足諸法來說，在這點上，心與法的關係相當緊密。前文已論佛教闢斥實體主義的創生義，故在此不必備述了。但從實踐特別是存有論的角度來說，就有討論的必要。先看惠能的說法：

　　　　故知一切萬法，盡在自身心中，何不從於自心頓現真如本性❷❷？

　　「一切萬法，盡在自身心中」，「在」字的存有論意味頗重❷❸，後文「從於自心頓現真如本性」，嚴格說來，「自心」是主

---

❷❷　《敦博本壇經》，頁 114。

❷❸　牟宗三先生論天臺宗「性具三千」便往存有論方面做深入的詮釋，吳汝鈞先生持不同意見，認為佛教是關乎救贖問題的，實踐導向重，存有論意味淡。我們認為禪宗心性思想的宗教救贖意味重，對萬法成立之所由的詮釋則不是

體，「真如本性」是客體，「自心」是頓現「真如本性」的根源。這裡有個樞紐要留意，即是「自心」有被理解為「真如本性」與「萬法」的體證者，甚至中介物的意味，於是自性、自心、萬法便有層次的差別。一般理解「性」，主要指陳客觀的存有的基礎、本質、本性。「心」表示主體和它的活動，具有動感性格。萬法則用以泛指存在的世界。這裡惠能用主體來顯現客體，有「以心著性」的意味，並且也意謂著心具有經驗與超驗的兩種性格，而以超驗方面為主，即心具有智的直覺的作用。而使用「心」、「自心」的語詞表示比「性」有更強的能覺性。這裡可以從文獻與義理兩方面來進行考察。

就文獻本身來說，惠能禪中有「以心著性」的傾向，《壇經》除使用「自性」一詞，亦以「心」、「自心」等語詞來說明「自性」、「真如本性」的概念❷。如：

它關心的重點。牟氏說法在《佛性與般若》第三部第二章〈從無住本立一切法〉中有詳盡論述，後說見吳汝鈞著，《天臺智顗的心靈哲學》（臺北：臺灣商務印書館，1999 年），頁 84。

❷ 吳汝鈞先生指出：「《壇經》到處都以心說性，因而亦可說這是體現自性的要訣，實亦是自性自身的表現。若能這樣，心體或自性便能一方面保持寂然的狀態，一方面卻又有恆河沙數般無量數的妙用。這真是體用無間，動靜一如也。」見吳汝鈞著，《游戲三昧：禪的實踐與終極關懷》（臺北：臺灣學生書局，1993 年），頁 39。張國一則指出「事實上，悟『般若』，惠能最常說成悟『自性』，『自性』又與『自心』、『內性』、『法性』、『道』等指內心外物不同範疇之用語混用。」、「惠能在《壇經》中，代表『般若』，最常使用的字是『自性』。」見張國一著，《唐代禪宗心性思想》（臺北：法鼓文化，2004 年），頁 50-51。我們檢索法海本《壇經》使用「自性」廿三次、「自心」十三次，到了後期宗寶本《壇經》則突增為「自

1. 自心皈依覺，邪迷不生，少欲知足，離財離色，名兩足尊。自心皈依正，念念無邪故，即無愛著，以無愛著，名離欲尊。自心皈依淨，一切塵勞妄念，雖在自性，自性不染著，名眾中尊。凡夫不解，從日至日，受三皈依戒。若言皈佛，佛在何處？若不見佛，即無所皈；既無所皈，言卻是妄。善知識！各自觀察，莫錯用意。經中只言自皈依佛，不言皈依他佛。自性不皈，無所依處❷⑤。

2. 故知一切萬法，盡在自身心中，何不從於自心頓現真如本性？

3. 但於自心，令自本性常起正見❷⑥。

4. 三世諸佛，十二部經，在人性中，本自具有。不能自悟，須得善知識示道見性。若自悟者，不假外求善知識。若取外求善知識望得解脫，無有是處。識自心內善知識，即得解脫❷⑦。

這裡惠能著眼於自皈依、自力解脫的宗教觀，在般若觀照中，心展現無礙不執的性格而體現自性，這種敘述和惠能所述「何期自性本自清淨，何期自性本不生滅，何期自性本自具足，何期自性本無動搖，何期自性能生萬法」的涵義具有一致性。所以我們也可以這樣說惠能提出覺悟的關鍵在「心」。

性」一百三次、「自心」三十三次，這表示心性思想的融合與重心的傾向。

❷⑤　《敦博本壇經》，頁88。

❷⑥　《敦博本壇經》，頁110。

❷⑦　《敦博本壇經》，頁118。

回應：

引文 1. 中，有一個關鍵性的名相可以提出來討論一下，即是「見佛」這個觀念，據引文：「若言皈佛，佛在何處？若不見佛，即無所皈。」這裡，我們可以說若要皈依佛即要見佛，那麼見佛要在哪裡見呢？以什麼方式見呢？在禪宗，有明心見性的說法，惠能在文章中也有「從於自心頓現真如本性」之意，雖有指向皈依自性的意涵，不過，仍需要留意心與性二者的關係。

至於引文 2. 中，惠能說「一切萬法，盡在自身心中」，這帶有存有論的意味，令人費解。萬法如何「在」自身心中呢？我個人覺得比較好的詮釋是一切萬法盡在心的觀照之中，無一法可遺，這種說法比較能減輕其存有論的意味，同學不妨與天臺宗講「一念三千」相比觀。這個意思是，惠能說「一切萬法，盡在自身心中」不一定說心是一切萬法的根源，這樣的話存有論意味太重。我認為可以換個說法，即心總是引領著萬法，萬法是染是淨就在心的或迷或覺中呈現，當然這個提法與牟宗三先生的所見不甚相同。就牟先生而言，他著重於「一念三千」給予萬法根源性說明的存有論思維，一念即具三千法，心為萬法根源，存有論意味濃厚。然而，從哲學的立場來看，我覺得佛教固然可以有一套存有論，但它的終極關懷仍立基於宗教的解脫、救渡、離苦得樂的救贖論上。總的來說，佛教畢竟不是一套形而上學，毋需建構一套完美的存有論。因此，存有論在天臺宗可以看得淡一點。哲學的角度著重於存有論的探討，由於存有論是講宇宙所有的存在的性格，心做為萬法的存有之源，萬法與心的關係會建立在心的實體性的意涵中。這樣便與作為宗教的佛教的救贖論缺乏交集。所以我傾向於以萬法皆在一心的觀照

中，萬法或淨或染皆在一心之狀態中表現來詮釋。禪宗發展到惠
能，他們更為注意救贖這方面，《壇經》中存有論意味相較於天臺
宗來說，自然更為淡薄。

就義理來看，惠能說：

> 心即是地，性即是王，性在王在，性去王無。性在身心存，
> 性去身心壞。佛是自性作，莫向身外求。自性迷，佛即是眾
> 生；自性悟，眾生即是佛❷。

「性」就是眾生本具的佛性，亦是眾生得以成佛的根據，惠能說：
「性在王在，性去王無，」實際上，「性」為最高的主體性，它具
有恆常性、絕對性、無所謂有無。但心不同，它是萬法之本，能生
一切諸法，故名「心地」。「性」無迷悟，「心」有迷悟，「自
性」的迷悟都在心上呈顯出來。惠能「以心說性」，或者說「以心
著性」，都是表明由心體現自性的實踐。當心在迷，它所成就的就
是存在世界，是有執的；當心在悟，它所成就的是真如之境，是無
執的。心是一種中介物，通於執與無執兩層。當心的主體性確立而
表現般若智，心就由染心而為淨心。這就是惠能所謂：

1. 自性迷，佛即是眾生；自性悟，眾生即是佛。
2. 自心皈依淨，一切塵勞妄念，雖在自性，自性不染著，名

---

❷　《敦博本壇經》，頁138。

　　眾中尊。

迷悟在於心的升沈，心可說是引領著萬法。心的升沉與迷覺息息相
關，其中，般若智的作用就有它重要的位置。我們在前文業已略論
惠能禪法以般若的無礙精神建立「無住的主體性」的意義，自性與
般若的關係不可不謂緊密，下文引例更為明白。

> 1. 性含萬法是大，萬法盡是自性。見一切人及非人，惡之與
>   善，惡法善法，盡皆不捨，不可染著，猶如虛空，名之為
>   大❷❾。
> 2. 用智慧觀照，於一切法不取不捨，即見性成佛道❸⓿。
> 3. 般若之智亦無大小，為一切眾生自有，迷心外修覓佛，未
>   悟自性❸❶。

這三則的內容有一共通的地方：自性與般若被惠能連結在一起。惠
能說「性含萬法是大」，這是因為「性」具有「虛」的性質。
「虛」就是般若智的作用，「用智慧觀照」講的就是這種作用，它
涵攝一切對反而超越一切背反，成就絕對的境界，這就是「自
性」、「佛性」的顯現，我們稱這種境界為「空境」。惠能說：

---

❷❾　《敦博本壇經》，頁 94。
❸⓿　《敦博本壇經》，頁 102。
❸❶　《敦博本壇經》，頁 110。

> 何名摩訶？摩訶者是大。心量廣大，猶如虛空。若空心坐
> 禪，即落無記空。虛空能含日月星辰大地山河，一切草木，
> 惡人善人，惡法善法，天堂地獄，世人性空，亦復如是㉜。

惡人善人、惡法善法、天堂地獄都是對反，般若精神就在涵攝一切
對反而超越之，此超越並非一片麻木而淪為虛無主義式的漠不關
心，像是空心坐禪，不理世事，成無記空。這空境或佛性的顯現乃
立基於一切主體的實際修煉上而現成的最高主體性。它亦是絕對的
主體性，惠能又名之為「法身」㉝。並且在空境之下，我們不執著
也不停滯於任何一個概念所造成的封閉性，認為有任何法具有實體
性格，其間無「我」亦無「法」的自性可得。我們要指出般若智必
處在「觀」的狀態，觀照萬法都在如其本然的狀態之中。說
「有」，它是依因待緣的假有，是「此生故彼生，此有故彼有」的
有，或是《中論》「以有空義故，一切法得成」之的義㉞。在這種
「觀」的精神貫注下，心與萬法同起同寂，因此心與萬法雙方並沒
有哪一方具有更強的先在性。也正因惠能禪的重點是在強調般若智
的作用，這就讓心有由思議境轉向超思議境的實踐導向，在此意義
下，我們也可說心與萬法的距離較萬法相互間在存有論上的距離來
得近。

㉜　《敦博本壇經》，頁 92。

㉝　惠能云：「一切法在自性，名為清淨法身。」《敦博本壇經》，頁 72。

㉞　吳汝鈞先生指出龍樹的空性觀尚未具有佛性的觀念，這點和惠能把般若和佛
　　性統一起來說不同。惠能的說法，在義理上更為圓熟。參見《純粹力動現象
　　學》，頁 103-104。

從般若思想及「空」等語詞的說明，到把佛性思想導入空觀之中，「真空」與「妙有」在惠能禪法中呈現融合的態勢，而其思想的結穴，自是以「無住」，或者「無」做為核心。吳汝鈞先生說：

> 對諸法的不取不捨的妙用，預認一種不取不捨的主體，或主體性，這也是上文提到游戲三昧的主體性。這主體性是惠能綜合了般若文獻的不取不捨與《大般涅槃經》的佛性思想而建立起來的。我們以為這主體性是南宗禪或《壇經》的思想特質。……惠能的自性，便是這樣意義的主體性。對於這樣意義的主體性，惠能更透過具體的實踐的方式展示出來，這便是「無」的實踐㉟。

三、「無」的思想特質：
無念、無相、無住

在《壇經》中，惠能明確地說明他的禪法宗旨，其中有兩個處所的說法如下：

1. 我此法門，以定慧為本。第一勿迷，言慧定別，定慧體一不二。即定是慧體，即慧是定用。即慧之時定在慧，即定之時慧在定。善知識！此義即是定慧等。學道之人作意，

㉟ 《游戲三昧：禪的實踐與終極關懷》，頁 39。

莫言先定發慧，先慧發定，定慧各別。作此見者，法有二相，口說善，心不善，慧定不等；心口俱善，內外一種，定慧即等。自悟修行，不在口諍。若諍先後，即是迷人。不斷勝負，卻生法我，不離四相❸❻。

2. 善知識！我此法門，從上已來，頓漸皆立無念為宗，無相為體，無住為本。何名無相？無相者，於相而離相。無念者，於念而不念。無住者，為人本性，念念不住，前念、今念、後念，念念相續，無有斷絕。若一念斷絕，法身即離色身。念念時中，於一切法上無住；一念若住，念念即住，名繫縛。於一切法上，念念不住，即無縛也，是以無住為本❸❼。

引文 1. 從體用關係談「定慧不二」，這得略作解釋。在魏晉玄學中，體用、本末、有無等觀念常被引來做形而上學的討論，甚至影響佛教。例如《肇論》有：「用即寂，寂即用。用寂體一」的字句❸❽。但是體用論一般是用來建構一套形而上學的，體指實體，用指實體的作用，嚴格地說，佛教不能有當體的體用關係，它不立自性、實體。這與關涉實踐論的定慧問題內容並不相同。體用論有能所關係，但在實踐論裡，定與慧是對等的，在大乘佛教中有「六度」之說，定與慧是菩薩應修的基本德目，在與禪前後期發展的天臺宗止

---

❸❻　《敦博本壇經》，頁 44。

❸❼　《敦博本壇經》，頁 52。

❸❽　僧肇著，《肇論・般若無知論》，《大正藏》45・154 中。

觀教學中，也有「如鳥雙翼，如車兩輪」的說法❸，這都顯示佛教
對於止觀或定慧有一種並行而不偏頗的看法。據此而論，定慧可以
不從體用關係來談。另外，既然六度都是菩薩要行救渡、起轉化前
所應具備的能力與德目，在修行上也無次序之分，所以惠能說「莫
言先定發慧，先慧發定，定慧各別」，這正是在實踐的角度說二者
並存，無輕重之分。但是惠能說「定慧體一不二。即定是慧體，即
慧是定用」，明顯用體用關係來說，這不啻與上論矛盾。我們要澄
清的是，基於實踐論的立場，定慧是對等的，我們在實踐的過程中
或許會對它們有或先或後上修習的取捨，但對一個覺悟者而言，定
與慧必須同時存在，他不會只成就孤定或孤慧，所以我們應特別注
意惠能說的：「定慧等」、「即慧之時定在慧，即定之時慧在定」
這些話頭，這都意謂惠能說二者「體一不二」乃在表示「同時具
足」的意思❹。進一步來說，心的穩定與清澈是定的功能，慧是般
若智的作用，般若智隨時都在觀照之中，實踐上不可能有心起無明
而能行觀照之事，因此定慧二者並不能相互分開，定慧的顯現就在
日用常行之中，這種精神的極致便是：「一行三昧者，於一切時中
行住座臥常真」。這也就引出了「無念、無相、無住」三無的實踐

---

❸ 智顗著，《修習止觀坐禪法要》，《大正藏》46‧473 下。這尤其在《摩訶
　止觀》中發揮到極致的程度。

❹ 黃連忠從定慧的體用關係及引用南傳佛教的說法認為這與惠能在這裡的意思
　相符，筆者認為有商榷的空間，可以再討論。他說：「『定』與『慧』的關
　係並非先後的關係，而是南傳佛教由『定』（禪定）而『發』（發起）
　『慧』（般若智慧）的關係，因此，『發』字的意義是優於『後』字，因為
　禪定可以發起般若智慧，般若智慧也可發起禪定，所以『發』字包含了
　『後』字的意義，同時也說明了時間的次序。」《敦博本壇經》，頁 45。

法門。

　　引文 2.是惠能接續引文 1.所言。惠能認為不論頓漸的工夫實踐，都應確立「無念為宗，無相為體，無住為本」的總綱，清楚地提出以「無」的觀念展開的三無的工夫法門。他論「三無」以「宗」、「體」、「本」道出了它們的重要性。從「離相」、「離念」到「無住」，般若的「不取不捨」的精神貫注其中。從義理來說，「離相」是離開對於某種相貌、狀態的執著；「離念」是不停留於一個念頭之上；「無住」是以主體「不取不捨」的動感的存在形態為據。我們接下來要通過其他討論「三無」的說法作進一步說明。

回應：

　　《壇經》談「三無」是以「無一物」為總綱，三無就是無所念，無所相，無所住。我們可說就客觀的東西來說是無一物，從主體所證得的境界來說也是無一物。從這裡就可以瞭解京都學派講「絕對無」是從無一物講起。久松真一談「無相的自我」的相，就是物相，沒有對物相、一切相起執，就是無相。這一切相可以指花草樹木、山河大地，乃至意識的種種意象，而這一切皆無有可得，這就是絕對無。

學生問：

　　惠能或者京都學派都以無一物為思想的總綱，這種說法傾向遮詮、消極的一面，從此來看其終極關懷是否圓滿呢？

回應：

　　禪宗乃至佛教都是立基於空、無，都有偏向負面、遮詮的一面，對於我們當前所對的萬法沒有正面的肯定。京都哲學講絕對無，實際上也有這種弊病，這也是因為絕對無主要是從無一物的思想形態發展下來的緣故。（案：京都哲學也有般若思想、德國神祕主義講的虛無觀念、海德格所謂 Gelassenheit 讓開一步或 Ereignis 自然的看法。）我們可以說惠能禪是佛教思想中少見的倡導動感與世間建立不取不捨關係的流派，惠能的無與天臺宗智者大師的佛性中道或中道佛性的觀念是較般若思想或中觀學更具積極性，是少數能與儒家對話的佛教學派，不過，它仍不能脫離佛教緣起性空的根本立場，它仍是非實體主義的立場，它的動感仍然有限，京都哲學以絕對無為終極真理，自然也有限制。

　　關於無相，惠能說：

　　　1. 無相者，於相而離相。
　　　2. 善知識！外離一切相是無相。但能離相，性體清淨，是以無相為體❹。

這裡所說的「相」與「離相」，筆者認為和《金剛經》所提的「無相」觀是吻合的，並沒有歧異之處，也就是不要執取在心境的相對關係中成立的相狀。「離」含有擱置、停止追求事物自性的意味，馬祖道一的學生南泉普願曾說：「擬向即乖」❷，「擬向」有成立

----

❹　《敦博本壇經》，頁 54。
❷　《五燈會元》，《卍續藏》138·127 中。

「相」的意味，是執取自性的表現，這種作為使我們遠離了真理，如下語云：

1.一切草木、善人惡人、惡法善法、天堂地獄，盡在空中，世人性空，亦復如是❸。

2.惡之與善、惡法善法，盡皆不捨，不可染著❹。

任何人都知道善與惡、天堂與地獄的差別，可是惠能卻以終極的、絕對的真理的眼光告誡世人這種認識是錯誤的，他要把所有相對法都包含在真理的眼光之中❺。甚麼是離相呢？簡單來說就是停止我們的分別知見，因為認識的過程會產生一種「矢向」（vector），而擱置認識的活動，就是取消這種矢向，作為體證真理的開始。這種真理觀實際上就是《金剛經》的無相觀。值得我們留意的是惠能攸關對「離相」的論述往往就著「無念」來論述，二者沒有顯著區別。茲引文如下：

1.悟般若三昧，即是無念。何名無念？無念法者，見一切法，不著一切法；遍一切處，不著一切處。常淨自性，使六賊從六門出，於六塵中不離不染，來去自由，即是般若

---

❸ 《敦博本壇經》，頁 92。

❹ 《敦博本壇經》，頁 94。

❺ 《敦博本壇經》，頁 182。惠能說：「舉科法門動三十六對，出沒即離兩邊。說一切法莫離於性相，若有人問法，出語盡雙，皆取法對，來去相因，究竟二法盡除，更無去處。」

三昧，自在解脫，名無念行❹。

2. 然此教門立無念為宗，世人離境，不起於念。若無有念，無念亦不立。無者無何事？念者念何物？無者，離二相諸塵勞；念者，念真如本性。真如是念之體，念是真如之用。自性起念，雖即見聞覺知，不染萬境，而常自在。《維摩經》云：「外能善分別諸法相，內於第一義而不動。」❹

3. 一切諸法唯依妄念而有差別，若離妄念，則無一切境界之相。是故一切法從本已來，離言說相，離名字相，離心緣相，畢竟平等，無有變異，不可破壞，唯是一心，故名真如。以一切言說，假名無實，但隨妄念不可得故。言真如者，亦無有相，謂言說之極，因言遣言。此真如體，無有可遣，以一切法悉皆真故；亦無可立，以一切法皆同如故。當知一切法不可說，不可念故，名為真如❹。

回應：

引文 2.，談「真如是念之體，念是真如之用」顯然是受《大乘起信論》影響，該論有一心開二門的說法，二門是心真如門與心生滅門。惠能講真如，有真如心或心真如的意思，在這種脈絡下，心理是同一，沒有分別，這與宋明儒學中陸王心理合一的思想一致。

---

❹　《敦博本壇經》，頁 120。
❹　《敦博本壇經》，頁 56。
❹　《大乘起信論》，《大正藏》32 · 576 上。

從這裡，我個人覺得惠能在經典的記載中多指出他不識字，但從他聽聞《金剛經》而開悟，又有《起信論》的思維痕跡，他談「含藏識」又與《楞伽經》相關，這就表示他長期受教於弘忍門下，雖然都在做粗活，但仍培養了基本的佛學素養。

　　就「相」的產生而言，是經由我們的感性直覺及知性在時空及範疇概念化的經營下的存在的狀態，被執著為有實體性。《大智度論》說：「相言可識」，《金剛經》則以相乃根、塵相對之所由生。《大智度論》以這個「識」指的是識心的分別作用和由此而成立的萬法，借用康德的語詞來說，是「知性」（Verstand）及其範疇的範鑄作用而成的對象。復就念來說，念有所念，即是對境，在廣義來說，境也是一種相，同屬六根作用的範圍。如果從發生學的角度來看，根、塵作用而生相，必須要透過識心的了別—取相—而成立現象，而念頭是直接由意識所出，它遠較相來得細微難測，因此就心、念、相三者之關係言，心與念較相的關係更為緊密❹。這樣我們便可歸納惠能的思想間架為：修「性」在修「心」，修「心」在修「念」；「性」是本，而心具迷妄，一念悟是佛，一念迷是眾生，如何超越心的迷妄，則以般若精神的「不取不捨」為本。經此檢視，我們可以做這樣的說明，即三無之間的概念關係是相當緊密

---

❹　我們此處乃據佛光線上大辭典釋「意識」條所作之論述：「蓋依唯識宗之說，眼、耳、鼻、舌、身等前五識各緣色、聲、香、味、觸等五種對境，然此五識僅由單純的感覺作用來攀緣外境，而不具有認識、分別對境之作用；第六意識始具有認識、分別現象界所有事物之作用，故又稱分別事識；乃前五識共同所依據者，故又稱意地。五識即須與此第六識共同俱起，方能了別對境。」

且相互涵攝，但是在惠能的論述中，「無住」是不取不捨的般若精神的發揮，這也是惠能開悟與傳法內容的核心要旨，而無念又較無相與心的關係更為相近，這種關係的比對也吻合惠能盛談「以心著性」的禪教思想。

最後，惠能「三無」的實踐哲學除掃除我們對境相的執著之外，有對萬法更積極的說明。他說：

1. 出外，於相離相；入內，於空離空。著空，則惟長無明；著相，惟邪見謗法❺。

2. 內外不迷，即離兩邊。外迷著相，內迷著空，於相離相，於空離空，即是不迷❺。

3. 善知識！此法門中，坐禪原不著心，亦不著淨，亦不言不動。若言看心，心原是妄，妄如幻故，無所看也。若言看淨，人性本淨，為妄念故，蓋覆真如。離妄念，本性淨。不見自性本淨，起心看淨，卻生淨妄，妄無處所，故知看者，看卻是妄也。淨無形相，卻立淨相，言是功夫，作此見者，障自本性，卻被淨縛。若修不動者，不見一切人過患，即是性不動。迷人自身不動，開口即說人是非，與道違背。看心看淨，却是障道因緣。今既如是，此法門中，何名坐禪？此法門中，一切無礙，外於一切境界上，念不去為坐，見本性不亂為禪。……相性自淨曰定，只緣境

---

❺　《敦博本壇經》，頁 192。

❺　《敦博本壇經》，頁 170。

觸，觸即亂❷。

首兩則的內、外之分是個概略的分法，外自然指外境，內則就主體的證境來說。不執著於世間法，是離相，是空。同時，惠能認為空亦不能作為對象的淨相被把握，他說的極為清楚：「淨無形相，卻立淨相，言是功夫，作此見者，障自本性，卻被淨縛。」這裡闢斥了「住心看淨」、「捨妄歸真」等偏真偏淨的實踐方式。般若經盛言「空空」、《金剛經》亦說：「如來說三十二相，即是非相，是名三十二相。」這些說法或涵義都可見於惠能的無相思想中，我們很明顯地可以看到中觀學與般若思想對於惠能禪的影響。惠能談離相思想，「離兩邊」，固然有突破背反，獲致中道的意思，與中觀、般若思想「非有非無」的思想一致，但若只談「空」的一面，最多也只是「相而無相」的境界，這仍得往「無相而相」這一面來提升。這是說離相之後，仍應在作為經驗之相的世界中存在。

惠能說：「世人離境，不起於念」，此處「不起於念」是說世人為免墮進執著之淵，因而斷掉念頭，而落入斷見，也要免於執取一種極端的念頭，變成邊見。「不起於念」是不想落入知解的葛藤，故要做一個無念人。惠能的確切意思應是「外於一切境上」而且「念不去為坐，見本性不亂為禪」。「外於一切境上」是超越境的對象性，這是「相而無相」的一面，這是對「無相」之境的追求，「無相」之境的證成也就是絕對的主體性的完成。這「無相」之境必須在以般若的智慧徹見諸法實相中，以深沉的禪定工夫來輔

---

❷　《敦博本壇經》，頁 58-62。

佐,這就是定慧一體。進而言之,惠能要求達致無相之境後應回歸到平實的相方面去,這平實的生活便從當前「一念妄心」開始,這就不是離開現實生活而獨立存在,對於混濁的世間掉頭不顧,而更要回返到世間,「念不去」,「本性不亂」。誠如惠能極力闢斥的「住心看淨」的實踐論一樣,乃是具有一種糾正的意思,表明真理不離開生活世界,我們不可能棄絕尋常日用的一切,自然不能隔絕在行、住、坐、臥中的種種對境而生的念頭。惠能認為無念的要義是「見一切法,不著一切法;遍一切處,不著一切處」,這就有「無相而相」的意味。「三無」的實踐裡,無者乃「無」掉種種意識所執取之相、所發之念,不停滯於某個念頭或者相狀中,超越思量與不思量的二律背反,而達致非思量的境地,超越諸如種種對於善惡、罪福、迷悟、美醜、好壞……的分別執取,而成就一種清明的、任運無礙的實相觀照。而這種觀照就是一種輕鬆的、自在的禪觀,這就是前文一路說下來的「無住的主體性」的建立。在與臥輪禪師的機鋒中,惠能暢言了這種禪觀的深蘊:

　　惠能沒伎倆,不斷百思想。對境心數起,菩提作麼長❸。

回應:

　　第 1. 則引文:「於相離相……於空離空」,第 2. 則引文亦是此意,這是要一般人對於相採取不執著的態度,不要執著相的自性,

---

❸　宗寶本《壇經》,頁 358 中。

若只就這點來說，惠能未有說明離相離空之外應採取什麼態度。人與相的關係要如何發展進行呢？因為空是化掉對種種相狀的執著，這便是去執。這並不是告訴我們可以把相置之不理，視為與我們兩不相涉，人仍要在境相中過生活。在佛教中，如來藏思想也有空如來藏、不空如來藏的提法，對於相或空的不執著，此無執義偏向空如來藏的說法，離不空如來藏的說法較遠。而做為一個修行人要慈悲渡眾生，面對世界的種種存在總不能處於捨離的態度。同樣的，在京都哲學中，久松真一盛談「無相的自我」，無相就是沒有相對相，要突破一切相對的極端所成的背反，體證絕對無的境界，其結果便會淪於境界的孤懸，凸出了往相而忽略還相，變成只有相而無相的超越的一面而缺乏無相而相的世間關懷。這在義理上自然不夠飽滿圓融，其中也可見到京都學派受到禪宗、中觀學及般若思想的影響。

不過，對於惠能的第 3 則引文，說「外於一切境界上，念不去為坐」可以留意一下。境界相對於人，故言外。念不去，這句話較難解釋，因為惠能有「於念而離念」的說法，離念是不執著於念，念不去，則有不離念的意思，這有表面的矛盾。實則惠能有真理並不遠離生活的意思。人處於現實之中，並非單只是個無事人或無念人，人仍然要飢食渴飲，會生起各種念頭，有種種的境遇，人要隨順它，突破它，成就它。我們再看引文，惠能說：「看心看淨，卻是障道因緣，」這無疑是針對北宗禪的批判，敲響其迷夢，提醒修行者，佛法在世間，不離世間覺。

四、小結

從這種禪觀中，我們可以得出惠能以行住坐臥皆有真理存在，要求自性的體證並不能離開自心以及生活的一切的旨趣。「無住」所表示的是般若精神的不取不捨，是一種實踐導向，指引我們建立「無住的主體性」，辯破二邊，直取中道，體證絕對的主體性。然而無念與無相得在花紅柳綠的世界中證得。「無」也不是否定一切，而是不取不捨一切，這代表一種辯證後的超越。以《壇經》「若無有念，無念亦不立」的說法為例，從分析的角度來說，它有歷經念到無念的過程；從實踐的角度來說，無念是對念的超越，是一種藉由否定二邊，去除對自性的執取。在這個意義上，分析與實踐可以是同時肯定的❺。要言之，我們以「無住的主體性」與「絕對的主體性」概括惠能禪的特色，實際上，這正是佛性與般若、游戲與三昧的綜合所形成的一種與生活世界不即不離的禪觀。

---

❺ 這個看法，受啟發於阿部正雄。見氏著，王雷泉、張汝倫譯，《禪與西方思想》（臺北：桂冠圖書公司，1992 年），頁 25-26。

第四章　馬祖禪

一、前言

　　在禪宗的思想發展中，可以說「心」與「性」的說明，在早期禪宗及中晚期禪宗有著截然不同的取捨傾向。在達摩及早期禪法的階段中，由達摩以迄弘忍諸師對於終極的真理觀及其實踐，有從客體的「真性」轉向主體的「真心」的發展脈絡。著重「真性」，容易凸顯客觀真理的本質一面，使人在工夫實踐上，有捨離現象、追求真理的傾向。早期禪談「捨妄歸真」，以真不屬妄，真妄相對，提出對於迷覺背反的心的捨離，結果使得真理與現象有割裂的危機。著重「真心」，容易表現心的主體性所展現的能覺性格，也能指點出工夫的所在，在於我們自心的悟與迷。不過，以「真心」做為實踐的基礎，在義理上，並不能算是圓滿的說明，因為略談「真性」而暢言「真心」，雖表示悟道這件事是由靜態的真理觀往動態的真理觀發展，表示覺悟的工夫實踐在心的主體性，然而，在實踐方面，走的仍是住心看淨的工夫論，心仍是分為淨、染兩層，仍不脫二元對峙的傾向。❶

---

❶　如達摩云：「深信含生凡聖同一真性，但為客塵妄覆，不能顯了。」《楞伽

·禪的存在體驗與對話詮釋·

　　惠能禪在禪思想史上具有樞紐性的地位，它以「三無」的思想為綱，以無相、無念、無住為目，「三無」的思想展示了禪的任運無礙、不取不捨的精神。這種活潑潑的禪教被惠能注入到主體性的心中，顯示惠能對於心的看法，有以般若的不取不捨的對事物的態度建立無礙的主體性的意味。無礙的精神，從不取來說，就是無住著於任一事物；從不捨來說，就是不捨離一切事物。進一步來說，「取」與「捨」本身就是一種意向的背反，不取與不捨就有突破一切背反，建立對於萬法的平等觀的意思。而突破一切背反，顯現空性，我們可以名之為「絕對的主體道」。京都哲學家久松真一便有一部著作名《絕對主體道》，正符合惠能禪的這種旨趣。惠能從無礙的主體性說心，他說：「無住者，為人本性，念念不住，前念、今念、後念，念念相續，無有斷絕。」❷意之所發為念，念之所對為境，凡有境相，即有能所，不取不捨正是要離能所，泯主客，消解一切對列格局，成就心的純一性、圓滿性。

師資記》，《大正藏》85・1285 上。「真性」被視為是絕對的、客觀的本質存有。道信說：「心本來不生不滅，究竟清淨，即是淨佛國土，更不須向西方。」這不生不滅，究竟清淨的心表示另有與此相對的、生滅的、染污的心，仍將心性的說明放置於真妄相對的格局中。《楞伽師資記》，頁 1287下。又弘忍有「守本真心」、「先守真心，妄念不生。我所心滅，後得成佛」的提法，《最上乘論》，《大正藏》48・378 上，這都是清淨心是佛的思路。

❷　黃連忠，《敦博本六祖壇經校釋》（臺北：萬卷樓圖書公司，2006 年），頁
　　52。按：本文所據以黃氏所校《壇經》（後列引文，迳稱《敦博本壇經》，
　　為《大正藏》48 所存的法海本。）與《大正藏》的宗寶本為主（後文稱宗寶
　　本《壇經》）。

·216·

　　另外，我們要留意惠能對於「心」、「性」詮釋的焦點的移轉問題。在早期禪到弘忍的禪思想中，對由客體真性到主體真心的論述是禪思想的一個躍進。而考諸《壇經》，惠能在「性」或「自性」的問題，以不少篇幅進行了討論。其中，「心」、「自心」常被做為一個類比性語彙相互參看，❸這種參照在某種意義上揭示了禪師們重視對禪體驗過程中的絕對主體道的體證。尤其是在宗寶本《壇經》中，記錄了惠能聞五祖開示後的自言：「何期自性本自清淨，何期自性本不生滅，何期自性本自具足，何期自性本無動搖，何期自性能生萬法。」❹可以明確發現，惠能悟道的重點在對「自性」的體證，這點在他有關的禪思想的闡釋中佔有相當的地位。其次，他把「心」、「自心」做為參照性語彙，表示「自心」被理解為「真如本性」與「萬法」的體證者，甚至中介物。於是自性、自心、萬法便有層次的差別。這裡惠能用主體來顯現客體，有「以心著性」的工夫論意味。並且意謂心具有經驗與超驗兩種性格，而以超驗方面為主，即心具有智的直覺的作用，可以通有執與無執兩

---

❸　檢索法海本《壇經》使用「自性」廿三次、「自心」十三次，到了後期宗寶本《壇經》則突增為「自性」一百三次、「自心」三十三次。

❹　宗寶本《壇經》，頁 349 上。法海本《壇經》只有「五祖夜至三更，喚惠能堂內，說《金剛經》。惠能一聞，言下便悟」的交待，悟的內容是什麼？未有詳言。但考察法海、宗寶編的兩個本子，重點仍是針對「自性」的境界或工夫論進行說明。茲舉數例如下：「見自性自淨，自修自作自性法身」、「離妄忘，本性淨。不見自性本淨，起心看淨，卻生淨妄」、「般若常在，不離自性」，法海本引文，參見《敦博本壇經》，頁 64、58、102。「一切般若智，皆從自性而生」、「須知一切萬法皆從自性起用」，宗寶本《壇經》，頁 350 中、358 下。

層。這裡惠能顯然是把「心」、「自心」視為是重要的關鍵性觀念。故有：「故知一切萬法，盡在自身心中，何不從於自心頓現真如本性」的說法❺。

回應：

通常我們說絕對主體性都從心來說，不太涉及客體的終極真理，不過，我們若從圓融的角度來說，做為客體性的終極真理仍要與具有無限義的主體性的心融合為一，心即在與終極真理的融合中證成它的無限性。如果這樣看，心就是讓客體與主體融合為一的媒介，那這個媒介的觀念就不能是相對的、經驗的媒介，應說為絕對媒介。這個詞彙是京都哲學家田邊元所提出的，用以解釋西田幾多郎的絕對無、場所的觀念。一般我們所用媒介一詞多用於相對的概念之中，比方說現實生活裡經由媒妁之言結合的夫妻，那麼媒妁便是一種媒介。不過，田邊元使用絕對媒介解釋西田的場所，表示媒介不是一個具體物，是充滿包容性的精神或意識空間，它本身就具有絕對性格，能涵容一切質礙性的事物。處在其中，事事物物的相對性格都在絕對媒介的絕對性中而淡化、消失，彼此相融相攝，這就是華嚴宗的事事無礙法界。禪的心與性的相通也需要媒介，這亦只能是絕對媒介。心憑其無限性可與性相通，故無限性是絕對媒介。絕對媒介就是終極真理。禪宗的惠能與馬祖在思維上的細密度恐怕沒有如此細緻，這種觀念要到田邊元提出後才臻完整。我的意思是馬祖談平常心是道，平常心具備豐富的現實生活的意味，此心

---

❺ 《敦博本壇經》，頁 114。

含藏無限背反，藉由突破背反，絕對的主體性才能出現。我們剛才提到田邊元的絕對媒介，便是已經轉化所有背反的存在，萬物乃自由自在地遊息於其中。詳觀《馬祖語錄》，也不乏與此境界相應的說明，只是做為一個大禪師，其首要任務在教導弟子解脫之道，而非理論的建樹，我們在這裡便是從他與弟子的言談之中，勾勒其智慧的靈光。

惠能禪表示一種禪法的轉向，即對於現前一念心的肯定，我們可用下列圖示表示：

真性→真心→一念心（妄心）

這種轉向表示一種積極的意義，即禪師們認為真理並不外於人心，佛法在世間，不離世間覺，我們如何透過當前的一念予以頓然地轉化，是修行者的主要課題。於此，我們便不難理解何以早期的壁觀、守心看淨的靜態禪法會轉向強調「游戲三昧」的動態禪法❻。

懷讓是惠能的法嗣，馬祖受學於懷讓，我們自然也可從惠能禪的思想特質見到馬祖禪的風貌。我們在閱讀馬祖的有關文獻時，除了深刻感受到馬祖睿智地在生活中表現他的禪法的強烈動感和機鋒外，還要明白惠能禪的思想特質，和般若的「無住」思維徹頭徹尾地貫注在實踐主體中，不然的話，我們會輕忽了禪門在「無住

---

❻　惠能有云：「去來自由，無滯無礙，應用隨作，應語隨答，普見化身，不離自性，即得自在神通，游戲三昧，是名見性。」從自在神通、游戲三昧所表示的禪法的強烈動感，及根據自性（佛性）而產生的種種作用，便可積極地進行救渡眾生的事業。宗寶本《壇經》，頁 358 下。

為本」的體用思想大放異彩中，所展示的嚴謹而深刻的戒律要求，同時，「游戲」與「三昧」是「鳥之雙翼，車之兩輪」，並行而不廢❼。

回應：

站在道德理性的立場來說，如康德或當代新儒家，宗教最後還是要依附道德，道德可獨立存在，宗教則否。另方面，京都學派則認為道德仍具有善惡、染淨相，只有置身於終極真理──絕對無之中，其對象性才能解消。於此我們可提出一合理的理解，一方講絕對有，一方講絕對無，都是從終極真理的角度來說，二者不應矛盾，都可視為對終極真理的表述，從正面來說是絕對有，負面來說是絕對無，二者的綜合便是純粹力動。

游戲三昧在禪的典籍中出現不算多，但意義頗為重要。《壇經》、西谷啟治、維根斯坦、葛達瑪（H.G. Gadamer）都重視游戲的概念。游戲的概念表示體證真理後所進行的一種轉化的方式，修行者能夠任運無礙地運用各種法門進行宗教的救渡。我個人詮釋游戲三昧這種語詞時，是把游戲三昧分成兩個概念，三昧是禪定的工夫，為個人自修的項目。游戲則是依於三昧所成就的功德，據此功德變化出種種方便法門進行宗教的教化活動，而且教化的活動必須

---

❼ 《修習止觀坐禪法要》，《大正藏》46‧473 下。又，徐嘉認為從惠能始，強調心地法門，到馬祖禪的發展，南宗禪反對煩瑣的律條和持戒等形式主義，也使得佛教清規的約束力大降，百丈懷海的出現，正反應了時代對於革除禪門流蔽的要求。見氏著〈馬祖道一禪學思想研究〉，發表於 2005 年舉行的馬祖道一和中國禪宗文化研討會，收入《馬祖道一與中國禪宗文化》（北京：中國社會科學出版社，2006 年），頁 108-109。

逗機，按照教化對象的特殊性而運用相應的法門、因緣而說法。運用的手法自由無礙，如孩童游戲那樣。

二、馬祖禪法的思想特質

㈠游戲：説似一物即不中

　　毋庸置疑，馬祖禪以動感（dynamics）著稱，他在示教的過程中，以豐富而多變的方式指引後學，形成了他教學上獨特的範式。且引數例如下：

> 1.泐潭法會禪師，問祖云：「如何是西來祖師意？」祖曰：「低聲！近前來。」會便近前。祖打一摑，云：「六耳不同謀，來日來。」會至來日，猶入法堂云：「請和尚道。」祖云：「且去。待老漢上堂時出來，與汝證明。」會乃悟，云謝大眾證明，乃繞法堂一匝，便去❽。
>
> 2.洪州水老和尚初參祖。問：「如何是西來的意？」祖云：「禮拜著。」老才禮拜，祖便與一蹋。老大悟，起來撫掌呵呵大笑云：「也大奇！也大奇！百千三昧，無量妙義，只向一毛頭上，便識得根源去。」便禮拜而退。後告眾云：「自從一喫馬師蹋，直至如今笑不休。」❾

---

❽　《馬祖道一禪師廣錄》，《卍續藏》119·813下。
❾　《馬祖道一禪師廣錄》，頁815上。

> 3.峰一日推土車次，祖展腳在路上坐。峰云：「請師收
> 足。」祖云：「已展不收。」峰云：「已進不退。」乃推
> 車碾過，祖腳損。歸法堂，執斧子，云：「適來碾損老僧
> 腳底出來！」峰便出，於祖前引頸，祖乃置斧❿。

總的來說，馬祖運用了摑、蹋、吹耳，執斧等動作以為教化的手
段，這些動作都相當激烈。另方面，當下發生的動作，都是在迅雷
不及掩耳的狀況下進行，不讓聽者有所防備，欲令聽者當下來不及
反應與思考，隱含突如其來的舉動背後帶有非思量的教化意味，企
圖阻絕徒眾的提問與思考。馬祖即透過這些手段，指引僧徒在事件
中，自證自悟真理。這種證悟活動，不是一般的感性直覺，而是睿
智的直覺（intellektuelle Anschauung）。這喻含真理的非言說性、非詮
解性、非思辨性，而且是如人飲水，冷暖自知。而祖師與僧徒的這
些對話、行為的互動，可視為一種「游戲」。「游戲」一詞在佛典
文獻中的記載，泰半指向修行者具足無量功德後敷施教化的活動，
如：

> 1.常所遊戲勝妙法樂，不染世間諸欲境界，是為菩薩游戲法
> 樂❶。
> 2.普見化身，不離自性，即得自在神通、游戲三昧，是名見

---

❿　《馬祖道一禪師廣錄》，頁 814 中。
❶　《佛說除蓋障菩薩所問經》，《大正藏》14·724 下。

性⑫。

菩薩以游戲的態度，自在神通，變化萬千，普施教化，雖處紅塵而不染於諸法，這是無住的境界，是般若精神的發用。而談變化便涉及活動，活動中便有種種因緣與解脫的可能。回過來，禪籍中所記錄祖師接引生徒的種種手段，無論是笑是罵，是教是打，在極端地無厘頭表現方式裡，這些對話、行為、感通恆在生活的運作施為中進行，可以說這些活動的本身就是一種「游戲」，它的作用就是在活動中，以種種方式做為指點解脫的契機，使行者頓悟真理的理境。鈴木大拙說：

> 當禪師抬他的眼眉，或揮動他的拄杖，或搓手，或喝，或只說「是，是」，或說「如此」，或說「只麼行」等等時，我們必須記得，所有這些都在指我們內在的某種東西——我們可稱之為純粹的自我意識，或純粹體驗，或純粹覺悟，或直觀（更確當些說，是般若直觀）⑬。

禪師們的施教並不允許弟子們在電光石火的棒喝行止間產生思考，這意謂著體道的過程要有一種跳躍，是一種全面性的感受，強調悟的頓然性與直接性，依於一種純粹而無分別的狀態。因此禪師的激

---

⑫　宗寶本《壇經》，頁 358 下。
⑬　鈴木大拙著，孟祥森譯，《禪學隨筆》（臺北：志文出版社，2000 年），頁 168。

烈手段的表現,顯得非理性,這就顯出禪的非思辯、不落言說的性格。實際上,禪師正是運用這些手段向弟子們指點出他的禪體驗的內容,利根的弟子,在這種游戲的教育方式下,便能馬上捕捉到禪師的意趣。

就細部來說,引文 1.與 2.,皆問「祖師西來意」,問者以「是什麼」表現他們對於真理的某種既定的看法,同時也讓真理與自己形成兩端。這讓我們想到馬祖的弟子南泉與弟子從諗的問答,南泉有「擬向即乖」的說法,對話如下:

> (從諗)問泉曰:「如何是道?」泉曰:「平常心是道。」
> 師曰:「還可趣向也無?」泉曰:「擬向即乖。」師曰:
> 「不擬爭知是道?」泉曰:「道不屬知,不屬不知,知是妄
> 覺,不知是無記,若真達不疑(筆者案:疑作擬)之道,猶如
> 太虛,廓然蕩豁,豈可強是非邪?」師於言下悟理❶。

這中間,「擬向即乖」是最重要的。阿部正雄直譯為:「假如你朝向它,你就離開了它。」❶這意思是說,凡是認識所及之一切,皆已被概念化、實體化,形成主客對列的格局,我們將無由藉著問題本身接近真理,因為做為真正主體性的真我已永遠陷入能問與所問的窘境。回到引文 1.與 2.,禪師問「如何是祖師西來意?」

---

❶　《五燈會元》,《卍續藏》138 · 127 中。
❶　阿部正雄著,王雷泉、張汝倫譯,《禪與西方思想》(臺北:桂冠圖書公司,1992 年),頁 7。

首先，這個「是什麼」的問題已經被當作認識論的問題，使得「祖師西來意」被當成認識的對象。其次，從禪宗的義理來說，「直指本心，見性成佛」是實踐導向，它並不關切「是什麼」的問題，而著重於「心」的解脫，這心就是當下的一念妄心，這心能徹底感覺喜、樂、苦、痛諸感受，並且能夠產生種種的欣趣、取捨、是非的認識，心變成了萬法的中心。故馬祖用激烈的手段，以不合常理的顛覆方式，使弟子在極端的苦痛、迷惘中，突破我執。鈴大木拙也有類似的看法，值得參考：

> 當我們直接投入在我們的感官周遭活動著的事物時，當我們放棄了所謂的常識或邏輯態度，而達成完全的向後轉，前述所有的錯誤都改正過來，而禪也就向我們啟露出來❶⑥。

回應：

剛才說的公案，基本上都是記錄祖師如何引導徒弟體證真理，如何做一些辯證的思考。有一點很重要的是：祖師從來不會跟徒弟說真理是什麼。祖師所做的是讓真理自己說話，讓真理在日常生活的一言一行中自行發生作用，讓當事人忽然悟道，發現真理就在生命中、活動裡。祖師不能把真理直接道出，凡是用言語辯說，便是分別。所以種種公案，諸如《無門關》、《碧嚴錄》、《從容錄》所載，基本上都具有前述的教學風格。

---

❶⑥ 《禪學隨筆》，頁84。

讀禪時，同學要注意禪並沒有難解的文字，但義理卻不好解，導致許多人有瞎猜盲撞的現象，於是基督徒來談，文學家也談，各行各業的人都跑來談禪，事實上禪是一種很嚴肅的宗教活動，我們應當要深入經典，在寺院中生活，並對禪宗史有全面的研究，這樣我們才能有立足點來談禪。今人有些公案禪的著作，都是以外行人的觀點進行論述，令人有隔靴搔癢的感覺，這是相當可惜的。

引文 3.與前例則稍有不同，「峰」指的是鄧隱峰，曾離開馬祖向石頭問學，有「石頭路滑」的公案❶。這則記錄在「石頭路滑」之後，應可視為峰和尚對於禪理進一步的發展。本則以師徒互不相讓，來譬喻現實中，固然有師徒關係的尊卑，但對於真理的深入與體證真理是不能讓的，這是各憑本事，無有尊卑、小大之別。

從「游戲」的層面看禪法，我們便不易要求它有個矩式讓人遵循，如果硬要有個矩式的話，那就是打破種種的矩式，我們可以說這種思維就是惠能所提「無一物」的延伸❷。「無一物」在惠能禪

---

❶ 關於「石頭路滑」公案如下：鄧隱峰辭祖。祖曰：「甚處去？」云：「石頭去。」祖曰：「石頭路滑，云竿木隨身，逢場作戲。」便去，纔到石頭，乃遶禪牀一匝，振錫一下，問：「是何宗旨？」頭曰：「蒼天！蒼天！」峰無語，却回舉似祖。祖曰：「汝更去，見他道蒼天！蒼天！汝便噓兩聲。」峰又去，一依前問。頭乃噓兩聲，峰又無語，歸舉似祖。祖曰：「向汝道石頭路滑。」《馬祖道一禪師廣錄》，頁 814 中。這裡峰和尚所問「是何宗旨」也是一樣，把工夫論問題看成認識論問題，故為石頭不取，以無厘頭式、言而無言的方式教導他。

❷ 鈴木大拙在〈禪：答胡適博士〉一文中有類似見解。他認為惠能提出「定慧等一」是復活了開悟體驗，這種體驗應是動態的，而非靜態的，並且這種定慧等一的觀念啟發了馬祖「平常心是道」的看法。見《禪學隨筆》，頁 158-160。

的使用是要以無礙的主體性成就無執無著的真理觀，到了馬祖這裡，「無一物」的思想具體化成為禪法的指引，馬祖以種種逸出常軌的行為，來破除禪者在修行道路上對於種種事相的執著，乃至於尊佛尊聖的偏失。《金剛經》說：「若以色見我，以音聲求我，是人行邪道，不能見如來。」[19]唯有突破對法的執著，才有可能體悟真理。我們可以看看馬祖對無業禪師的開示：

> 汾州無業禪師參祖，祖睹其狀貌瓌偉，語音如鐘，乃曰：「巍巍佛堂，其中無佛。」業禮跪而問曰：「三乘文學，粗窮其旨，常聞禪門即心是佛，實未能了。」祖曰：「只未了底心即是，更無別物。」業又問：「如何是祖師西來密傳心印？」祖曰：「大德正閙在，且去別時來。」業纔出，祖召曰：「大德！」業迴首。祖云：「是什麼？」業便領悟禮拜。祖云：「這鈍漢！禮拜作麼！」[20]

佛堂之中，這禮佛之處怎會無佛？無業從馬祖的說明中很快地想到了禪門「即心是佛」的說法，並由明了「自心」而推及「自心」的內容（祖師西來密傳心印）是什麼？馬祖以無業正僵持在道理上頭，一時不能明了為由，叫他離開。這種教人離開，又頓喚「是什麼」的動作，很明顯是語言游戲，正因為真理的內容，說似一物即不中，因此馬祖所問的「是什麼」並不能夠被認定為「是什麼」，凡

---

[19]　《金剛經》，《大正藏》8・752 上。
[20]　《馬祖道一禪師廣錄》，頁 814 中。

有所認定，「擬向即乖」，因此當頭一喚，無業馬上明白前問也是同樣的問題——覓心求心，了不可得——而受到啟發。

由這種游戲觀，我們便容易明白後期禪宗為何出現訶佛罵祖乃至棒喝的舉動❷，大抵表示真理觀重在自識本心的深刻意涵。最後，值得我們注意的是馬祖所開啟的動態禪法的思想特質：即他相當重視師徒的互動關係，它隱含祖師在施教的過程中，必需對弟子的言行乃至身心活動都有深刻的洞察，並予以不同方式的點化，這樣才不會變成狂禪。這裡聊以「丹霞木佛」公案做為小結。

> 於慧林寺遇天大寒，取木佛燒火向。院主訶曰：「何得燒我木佛？」師以杖子撥灰曰：「吾燒取舍利。」主曰：「木佛何有舍利？」師曰：「既無舍利，更取兩尊燒。」❷

回應：

在禪語錄中，我們常常看到僧徒會問祖師：「何謂祖師西來意？」這裡，祖師指的是達摩，整句是說達摩東來要傳達什麼訊息？他所說的真理具有什麼意味？換句話說，僧徒如是問，便有如何體證真理，真理是什麼意思的意涵。在祖師的眼光中，這類問題自然不能夠被提出，因為這麼問法，便把真理變成客觀事物來討

---

❷ 禪門有臨濟喝、德山棒的說法。百丈懷海也曾有過被喝的經驗：「佛法不是小事，老僧昔蒙馬大師一喝，直得三日耳聾眼黑。」此故事很流行，故不列出處。

❷ 《五燈會元》，頁 116 中-167 上。

論，這不是禪的精神所在，禪的精神在見性成佛，而真理一旦被客觀化，當成問題來看，以辯解的方式來思考，便成虛脫，就是「擬向即乖」。所以祖師在回應這些問題時，往往採取激烈或不近人情的手段來點醒僧徒。況且體證真理並不能透過他者來獲致，真理的體證是個人生命經驗的，祖師不能只以一個繩套來規範僧徒，他只能在逗機的情況下，指引僧徒。

(二)平常心是道：道不用修

宗密如是總結馬祖的禪法：

> 起心動念、彈指、磬咳、揚扇，因所作所為，皆是佛性全體之用，更無第二主宰。如麵作多般飲食，一一皆麵。佛性亦爾。全體貪瞋癡，造善惡，受苦樂故，一一皆性。……貪瞋煩惱並是佛性。佛性非一切差別種種。而能作一切差別種種。……故云觸類是道也❷❸。

起心動念、彈指、磬咳、揚扇這些都是日常生活中慣常發生的行為，宗密以為在馬祖的眼中看來，這都是「佛性全體之用」。宗密用麵粉能做諸多飲食為譬，表示日常的種種行為都可以是佛性的顯現。我們可以明白：佛性是真理，真理具有普遍性。因此我們不會說佛性只單純表現在某些事物或行為上。就宗密這個說法，我們可

---

❷❸　《圓覺經大疏釋義鈔》卷第三，《卍續藏》14‧557 上。

以引程子解釋顏回「其心不違仁」做為例子，他說：「不違仁，只是無纖毫私慾。少有私欲，便是不仁。」這句話很明白，仁與不仁的區隔，乃在私欲的有無，我們不能說仁德的表現容許絲毫私欲的內容。

其次，宗密又說：「貪瞋煩惱並是佛性。」這也同一般人的理解不同，一般人欣樂厭苦，重生畏死……對於一切事物皆有取好捨惡的傾向，宗密則指出馬祖對於生活世界中種種淨染的表現，採取綜合的思考，認為淨染、善惡等等，都是佛性不同的表現狀態。這便有惠能禪的味道❷。關於宗密的說法，吳汝鈞先生認為可有兩點說明：第一，佛性不單含有善的質素，也含有惡的質素。第二，善惡的行為都是佛性的表現，佛性便要對一切善惡行為負責❷。

就第一點，從存有論的角度說，善與惡具有同等的地位，我們不能只取佛性中善的部分而厭棄惡的部分。馬祖說：

> 道不用修，但莫污染。何為污染？但有生死心，造作趣向，皆是污染。若欲直會其道，平常心是道。謂平常心無造作、無是非、無取捨、無斷常、無凡、無聖❷。

平常心是道，就是要安於日常的生命境遇，包含平常的一念心在

---

❷ 惠能有「惡之與善，惡法善法，盡皆不捨，不可染著」、「即煩惱是菩提」諸語。《敦博本壇經》，頁 94、100。

❷ 吳汝鈞著，《中國佛學的現代詮釋》（臺北：文津出版社，1998 年），頁 206-207。

❷ 《馬祖道一禪師廣錄》，頁 812 上。

內，馬祖說平常心是道，這顯示一種弔詭，因為平常一念心包含了諸如馬祖所言的造作、是非、取捨、斷常、凡聖等兩相背反的事物。因此馬祖的這種提法帶有一種對背反突破的意味，顯示就在這兩相背反的事物上予以存有論上的對待，並視它們是一個事物的兩面狀態。

回應：

　　馬祖的「道不用修」的提法容易引生一般人認為真理不需修煉的誤會，馬祖的說明其實有一種很具原則性的觀點，只是用了負面、遮詮的角度令人不易察覺。這裡便有兩個層次，第一個層次是認識論的層次，是說道不能被對象化，對象化的結果，道即變成外在於心的對象。第二個層次是工夫論的層次，是說不要以一種強烈的意識來凸顯修道的重要性，這會使人的心情緊繃，形成對峙的局面，這就離開了平常心的真義，忽略了道的切近性格。

　　就第二點，佛性要對善惡行為負責，在現實生活中便得往倫理學上靠攏。這個部分，在佛教或禪談的不多，筆者也認為馬祖雖然碰觸到這個問題，但沒有深入的說明，倒是百丈懷海作《古清規》，訂定一套嚴謹的戒律，與此的關連性較緊密❷。

　　再據前引文，宗密對馬祖有「觸類是道」的說法，這表示我們所接觸到的事物都是真理的所在。關於此事，我們可以這樣看，在

---

❷　在西方哲學中，康德有把宗教還原到道德的傾向，視道德可獨立於宗教而成立，而宗教不可獨立於道德而成立。見吳汝鈞著，〈對於當代新儒學的再認識與反思（二）〉，收入《鵝湖月刊》第三二卷，第十期，頁44。

現實生活中，一般人泰半不能夠對我們所不解、不喜的事物平等的觀照，我們傾向將各種事物貼上標籤，並認定種種好壞性格，而將這些事物套上正負、淨染等性質。事實上，萬事萬物紛然於天地間，各有其存在的價值及作用，如屎溺可以供作肥料，可以成為微生物的食物。問題是，在這種不平等的觀照下，我們如何讓自己的心趨向清淨，趨向平等呢？

回應：

宗密談馬祖禪法的特質以「觸類是道」來概括，表面是說道的普遍性，道無所不在，這就好比莊子所謂道在屎溺，或西方史賓諾莎（B. Spinoza）的泛神論。馬祖談觸類是道，也類似泛道化的意思，在存有論上說，萬物便是道的顯現。其次，若從工夫上說，人在體道、進道的過程中不能夠簡別、逃避。三祖僧璨著有《信心銘》，說：「至道無難，唯嫌揀擇。」這意思就是說人不能對生命中的各種事物有分別心，萬物都是平等的，是道的顯現，都是作為一種體道的媒介、機緣，因此在工夫論上都具有對等的地位。舉幾個例子來說，我想到以前我在農村替人放牛，牛糞在一般人的眼光中常被視為不受歡迎的、有味道的、不潔的，可是晒乾的牛糞卻是很好的燃料。另外，像日常生活中，苦被視為一種常數，樂是變數，事實也是：樂是一種適量的滿足，量的過與不及都會造成痛苦的感受。從這兩個例子看，相對來說世上並沒有絕對有用或絕對無用的事物。

現實上，眾生陷於無明之中，馬祖認為其原因來自「有生死

心，造作趨向，皆是污染」㉘。一般人慕生厭死，並不能究明生死的本質。實際上，生與死本就是連在一起的，當人擁抱生命的同時，也就面向死亡，生與死是具有平等地位的，我們不能只要生而不要死。這種種的「造作趨向」就是不平等。進一步說，在宗教上，證道解脫是最重要的事情，也常被視為要離開日常生活而進行的。然而馬祖卻不這樣看，在他的實踐哲學裡：

1. 非離真而有立處。立處即真㉙。
2. 對迷說悟，本既無迷，悟亦不立。一切眾生，從無量劫來，不出法性三昧，長在法性三昧中。著衣喫飯，言談祇對，六根運用，一切施為，盡是法性。不解返源，隨名逐相，迷情妄起，造種種業。若能一念返照，全體聖心㉚。

著衣喫飯，言談祇對，六根運用，這一切施為在馬祖的眼中，都具有真理的內容，這意味體證真理並不能不食人間煙火，隱遁於山林之中，馬祖以「立處即真」為教，即有令人安身立命於個人的境遇的深刻意涵。引文 2 中，馬祖從迷與悟的對舉，來說明實無迷，實無悟。說覺麼，乃是因為有迷才有對覺的企盼；說迷麼，正是因為有覺才知迷的糊塗。實際上，哪裡能有一個真理的對象可以供我們去尋找呢？我們真可以說是「本來無一物，何處惹塵埃」呀！馬祖

㉘　《馬祖道一禪師廣錄》，頁 512 上。
㉙　《馬祖道一禪師廣錄》，頁 812 中。
㉚　《馬祖道一禪師廣錄》，頁 811 中。

說：

> 夫求法者，應無所求。心外無別佛，佛外無別心。不取善，
> 不捨惡，淨穢兩邊，俱不依怙。達罪性空，念念不可得，無
> 自性故❸。

正因「一切法皆是心法，一切名皆是心名，萬法皆從心生」❷，心
是萬法的根本。這一切塵埃卻也因為心的虛妄性格，導致種種二元
對立的謬見，這就是「迷情妄起，造種種業」的結果。馬祖說：
「心外無別佛，佛外無別心」，心佛同體而異用，天臺、華嚴兩宗
在闡述佛法要旨時，也有類似思想，如說「理即佛」、「心、佛、
眾生，是三無差別」。這都是在理上承認眾生本具與佛無二無別的
佛性。而禪門又順著這種思路，把眾生對佛性的追求，拉回到自
心，拉回到與自身息息相關的生活中，乃至拉回到當前的一念中，
這種「平常心是道」的宗門要旨，就與天臺宗所謂「即九法界而成
佛」、「一念三千」的思維模式接近了。一切法都在心的觀照之下
而成立，而心有兩種不同的表現模式，馬祖說：

> 在纏名如來藏，出纏名淨法身。法身無窮，體無增減，能大
> 能小，能方能圓，應物現形❸。

---

❸ 《馬祖道一禪師廣錄》，頁 811 上。
❷ 相關概念，馬祖有：「三界唯心，森羅及萬象，一法之所印。凡所見色，皆
是見心」的說法。《馬祖道一禪師廣錄》，頁 811 上。
❸ 《馬祖道一禪師廣錄》，頁 812 中。

自心迷，佛性沒而為如來藏；自心悟，佛性顯而為法身。這仍是以迷悟來涵括禪的目標。這也導出「平常心是道」在馬祖思想中的意義，即是對絕對主體性的體證。我們不是離開生活，而是要回到生活；除重視清淨之外也平等攝受染污。馬祖採用的是上根禪教，他隨時用最圓熟的話語、機鋒來指點迷者入道、悟道，隨時準備好如何解破迷者生命中的疑團，引領迷者突破一切背反，乃至證得絕對的主體性。這種禪教是建立在說者與受者游戲的基礎上，而且受者得具有慧悟慧解的根器，因為馬祖把高明落於平凡，用生活的點點滴滴，繁衍出禪教的究極。在究極的禪教裡頭，不容受者有絲毫的閃躲，悟與不悟，昭然若揭，馬祖說：「悟即悟自家本性。一悟永悟，不復更迷。」❸❹

回應：

我們一般都說要求法，而馬祖說「求法者，應無所求」，這表面看似有一種矛盾，實際上在義理上仍然有脈絡可循。一方面，求法，是一種宗教生活，在宗教的生活中要對真理進行修行的工作。這就好像玄奘求法西域，它是要落實在宗教生活之中的。另方面，求法若落於刻意妄為，把道置為對象來思考、探求，你就悖離了道。更甚者整日妄想求道，自我和求道的強烈意識容易生起傲慢心，導向自我中心主義。這樣的話自己容易使自我與他者分離開來，使自己沉迷於覺悟和解脫的幻境，這樣反而會使生命的境界下墮。其實，法就在吾人自身心中。因此，這裡的「應無所求」和前

---

❸❹　《馬祖道一禪師廣錄》，頁 813 上。

文的「道不用修」有相同的思維模式，講遠一點，我們甚至還可以向前追溯到達摩二入四行中所提的「無所求行」。

1. 百丈問：如何是佛旨趣？祖云：正是汝放身命處❸。
2. 大珠初參祖。祖問曰：從何處來？曰：越州大雲寺來。祖曰：來此擬須何事？曰：來求佛法。祖曰：自家寶藏不顧，拋家散走作什麼？我這裏一物也無，求甚麼佛法？珠遂禮拜。問曰：阿那箇是慧海自家寶藏？祖曰：即今問我者，是汝寶藏，一切具足，更無欠少，使用自在，何假向外求覓？珠於言下，自識本心❸。

什麼地方是「放身命處」呢？什麼又是「自家寶藏」呢？答案很明顯地都是自心。問佛旨趣也好，求自家寶藏也好，都是離開平實的生活而認為別有高明的真理待人前去追尋。當我們展開對真理的一番追求的同時，我們也遠離了真理。古聖不亦云乎：「拋卻自家無盡藏，沿門托缽效貧兒。」

回應：

總的來說，馬祖談論即心即佛與非心非佛，可以說是運用了《中論》的四句偈中第三句、第四句來講自己的禪法。有關《中論》的四句偈是：

---

❸ 《馬祖道一禪師廣錄》，頁 813 上。
❸ 《馬祖道一禪師廣錄》，頁 813 上。

　　一切實非實，亦實亦非實，非實非非實，是名諸佛法❸❼。

　　有關這四句偈的意思是，每一個東西都是真如，都不是真如，它同時是真如和非真如，它既不是真如也不是非真如，這就是佛的教法。四句偈本身可以看成是四個語句的組合，是肯定語句、否定語句、肯定與否定的綜合及肯定與否定的超越的表述。關於這四句偈並不是我們要論述的重點，可以參考《印度佛學研究》❸❽。回過頭來，馬祖談即心即佛就是第三句，把心與佛綜合起來，心是平常心，修行就以此心來修，這個意思是說，平常心本身就具足佛性，依此修行，可以展示佛性，獲致覺悟、解脫。這種觀念與孟子「即心言性」的思想形態有點相像，但這仍未表示出馬祖禪的真相。因為四句偈或者馬祖談的即心即佛、非心非佛，這些語句都可能實質地與不同眾生的根器相應，不同的說法內容表示對眾生展示真理在理解上的差別，因此這種說法方式或運用涉及具體的或個別的情境問題，這可以說是逗機說法的一種做法。像馬祖談即心即佛，這心可以有淨心與妄心的兩種解讀，按照馬祖思想的譜系來說，理應根據惠能說的平常一念心立論，這平常一念心也通於天臺宗的一念無明法性心。因此這個心的概念不是平常為人信守的清淨心，馬祖所講的平常心的內容是有善有惡的。清淨心是分解的工夫論觀念，平常心是綜合的工夫論觀念。不同的工夫論，在實踐上便會讓弟子不

---

❸❼　《中論》，《大正藏》30・24 上。

❸❽　吳汝鈞著，《印度佛學研究》（臺北：臺灣學生書局，1995 年），可參考〈龍樹的空之論證〉及〈印度中觀學的四句邏輯〉兩篇。

易把握,所以馬祖即心即佛的說法,有針對那些不能深信自己平常一念心的信徒說法的意味。另方面,非心非佛可以類比為四句偈中第四句的修行,馬祖提非心非佛這種說法,有針對那些對於心與佛帶有執著的人的一種破斥,他以雙非思維,說明二者不具有實體性,我們不應執著它們。大抵而言,馬祖談論即心即佛也好,非心非佛也好,我們都可看成一種手段或方便(upāya),主要目的都在斷除修道人在求道的過程中產生的知解上的毛病。不過,平常心是道的提法就與前二者不同,它有以一種直截平實的話語來指點出各人和禪法的個別關連,而採取相應的教法。這與惠能的思想具有一致性,如此看馬祖禪的思想特質就有綱領性,這綱領正是南宗禪的旨趣所在。

三、結語

馬祖禪的思想大抵順著惠能禪而前進,有繼承也有發揮。特別是在繼承方面,惠能「三無」說的提出,深化了般若精神的不取不著的態度,要之能「運用無礙,動靜無心」❸。動靜是一種背反,動靜無心便是以綜合的眼光突破背反,這正是般若的無礙精神的表現。同樣的,馬祖也有「夫求法者,應無所求。心外無別佛,佛外無別心。不取善,不捨惡,淨穢兩邊,俱不依怙。達罪性空,念念不可得,無自性故」的看法。在發揮上,我們則提出兩點淺見,以

---

❸ 宗寶本《壇經》,頁 358 上。

供參考。

　　第一、惠能著重「自性」的說明，並把「心」、「自心」做為參照性語彙，側重於「絕對主體」的體證。馬祖在「自性」與「心」二者之間，更為強調心的作用。他說：「一念妄心，即是三界生死根本，但無一念，即除生死根本。」❹在這裡，「無一念」不應解作沒有念頭，而應視為不執著念頭。且一念法即具染淨，心引領萬法的迷悟升沉，這種看法與惠能禪有相承之處，卻較惠能禪說得更為簡潔順當。

　　第二、惠能在《壇經》裡有「佛法在世間，不離世間覺。離世覓菩提，恰如求兔角」的看法，紅塵萬法的牽纏與菩提境界的圓滿，在實踐上是一非二，這有視所修（道、果）與能修（心、法）為一的意味，但惠能這種說法仍說得不夠多。馬祖則盛發「立處即真，盡是自家體」的圓見，在「不修不作」的般若精神下，以「放汝身心處」❹的主體為依歸，「行、住、坐、臥悉是不思議用」❹為道場，擴大了修禪、行禪的應用。

　　最後試以馬祖的一段話作結：

　　　　若於教門中得隨時自在，建立法界，盡是法界；若立真如，盡是真如；若立理，一切法盡是理；若立事，一切法盡是事。舉一千從，理事無別，盡是妙用，更無別理。皆由心之

---

❹　《馬祖道一禪師廣錄》，頁 811 上。
❹　《馬祖道一禪師廣錄》，頁 813 上。
❹　《馬祖道一禪師廣錄》，頁 812 中。

迴轉。譬如月影有若干，真月無若干；諸源水有若干，水性無若干；森羅萬象有若干，虛空無若干；說道理有若干，無礙慧無若干。種種成立，皆由一心也，建立亦得，掃蕩亦得，盡是妙用，妙用盡是自家。非離真而有立處，立處即真，盡是自家體。……一切法皆是佛法，諸法即解脫，解脫者即真如，諸法不出於真如，行、住、坐、臥悉是不思議用❸。

---

❸　《馬祖道一禪師廣錄》，頁 812 上。

第五章　臨濟禪

一、前言

　　禪的發展自惠能創立南宗禪之後，大多為祖師禪的天下，如來禪則已漸漸式微。惠能之後，其禪法由永嘉玄覺、南嶽懷讓、青原行思、南陽慧忠及荷澤神會五大弟子分別發展。其中的南嶽懷讓與青原行思之後又開展出禪宗的「五家」，即雲門、法眼、曹洞、潙仰和臨濟五家宗風，而臨濟宗是由南嶽懷讓的禪學系統經由馬祖道一、百丈懷海及黃檗希運發展而來。本文探討臨濟禪的思想，首先論述其心性論，臨濟禪非常重視主體性，此可由其「無位真人」的觀念透顯出來。之後便討論臨濟禪的方法論，如何悟入禪機以達解脫覺悟的方法，此中較具特色者有「四喝」、「四料揀」、「三句」、「三玄三要」、「四賓主」及「四照用」等，這些機用都充分的表現出臨濟禪的特色。由於篇幅所限，我在這裏只注意「四喝」。

二、臨濟禪的心性論

　　臨濟禪的心性論的最大特色，便是在於其特別突顯出一生動活

潑的能動主體性。對於主體性的重視，表現了禪的自力解脫的特色，及消解剝除了對於偶像權威的崇拜及迷思的執著。臨濟認為覺悟解脫之事的關鍵在於主體性本身能否超越執著而心無掛礙，故他非常強調對於執著迷思的超越，如此方能契入禪機以達解脫。此所以臨濟特別突顯出主體性本身的重要性，甚至不惜以「逢佛殺佛，逢祖殺祖」之呵佛罵祖的激烈方式破除對於佛陀祖師們的執相，唯有在超越了各種執相後，方能自由無礙地進行種種自利、利他的活動。故覺悟解脫的契機，便是在於主體性的一念省覺而破除超越各種執著，如此方能證知真理而得解脫。臨濟云：

1. 今時學佛法者，且要求真正見解。若得真正見解，生死不染，去住自由，不要求殊勝，殊勝自至❶。

2. 夫出家者，須辨得平常真正見解。辨佛辨魔，辨真辨偽，辨凡辨聖，若如是辨得，名真出家❷。

由此可知，臨濟要求學佛的人必須悟得「真正見解」，方能覺悟解脫，而此處所謂「真正見解」即是吾人內在的主體性，要能先有對於主體性本身的覺察，方能有一自立解脫的心性根源作為基礎，如此便不會陷入對於外在權威的崇拜迷思之中。唯有使主體性挺立起來，經由種種工夫實踐的修行，便能超越各種二元性的相對限制而使主體性獲得真正的自由與解脫。臨濟在此強調了於當下之日常生

---

❶　《臨濟錄》，《大正藏》47・497 上-中。

❷　《臨濟錄》，頁 498 上。

活中，透顯自我的主體性，以超越各種相對的二元性，而所謂「出家」，即是在於覺識此一主體性，使它能辯破各種虛妄不實的二元性對立關係。而當我們能辯破經驗世界之各種相對的二元性時，方能談覺悟與解脫，此方是真正的「出家」，亦是學佛者出家修行之意義所在。此處對於一切二元對立的分別，非存有論意義，而是工夫論意義，即要能點化人生的負面陰暗而提升至正面的超越解脫的境界。若套用京都學派學者久松真一的說法，便是「相而無相」的工夫，及不光是要突破二元論的相對限制，於突破之後仍須有所分別，但此分別並非執念之掛礙，而是一睿智性的分別。

回應：

你這兩段提到「真正見解」這個字眼，這是臨濟禪裡面很重要的一個觀念。所謂見解，也不是我們平常一般人所說的意見，而是你要洞見到「佛性」或是惠能所說的「自性」，所謂洞見當然不是光是在概念上或者是以一種辯解的方式來進行理解，而是在我們的生命裡體證到真正的自我或主體性、佛性，所以就有下面的講法，就是如果能達致這種真正的見解，就能得覺悟、解脫，即可以達到宗教目的。所以這是一個分量很重的字眼，這也可以說是臨濟禪裡面的一個很重要的觀念。

還有就是出家者那一段，他所說的辯解，跟一般所說的要突破一切兩端所構成的背反這個意思不同，那要怎樣了解呢？因為你說要突破一切由二元性產生的背反，就是不管是佛魔的背反，真偽的背反，凡聖的背反，你都要突破，這個階段有一種辯證的歷程。意思是你突破一切二元對立、一切相對性，然後顯現絕對的主體性，

如果以辯證法來講的話，這就是屬於「反」的那一面，突破或者否定便有反的意味。而否定這一切的背反之後，我們還是要面對種種背反的兩端，這裡面還有分別，可是這種分別可以說是一種「睿智的分別」，不是一般講的那種有執著的分別。有執著的那種分別是最初的，這是有背反的，生死、善惡、染淨、苦樂跟罪福等很多背反，這是第一步最先看到的。之後就是第二步，經過一種辯證的程序，你要顯現你的洞見，突破、否定那些背反，不再讓那些背反困擾自己的思維。這並不等於你對這些背反所涉及的生死、善惡、罪福等兩端就不用面對了，你還是要面對那些東西，然後還要辨別它們的不同，凡夫跟佛、菩薩有什麼不同，佛跟魔有什麼不同，你還是要辨別，這辨別不是存有論的意味，而是工夫論的意味。就是在工夫修養的歷程裡面，你可以轉化那些負面的東西。所以在這個層次，他講辨佛辨魔，辨真辨偽，辨凡辨聖，跟我們一般講的分別不一樣，我們一般講的辨別是在第一個層次，他這裡講的是第三個層次，如果參照之前我們談久松真一時所講的說法的話，「無相」就是突破背反，突破以後還要面對背反的雙方。「相而無相」是第一個階段，「無相」是第二個階段，然後從無相再返回「相」是第三個階段。所以他中間是經過兩次的翻騰，從相到無相是第一重翻騰，再從無相到相是第二重翻騰。一定要經歷這兩重翻騰才行，這是比較全面的工夫，這就是所謂的現代詮釋，把我們以前所講的那些比較有原則性的思考，運用到不同的生活方式裡面去。

禪的實踐修行特別重視自力解脫，由惠能所開創的祖師禪更是如此，故特別重視主體性本身的重要性，即經由主體性當下之一念

省覺而頓然悟入諸法實相的空理，使主體性臻至清淨解脫之境地。而此種強調主體性本身的自力解脫的模式，發展至臨濟禪時，更是特別發揮的淋漓盡致。甚至不惜以各種激烈手段破除對於外在權威的執著，將主體性本身呈顯出來。換言之，若主體性無法彰顯，僅想藉由外在的他者的幫助以求覺悟解脫，這是一種迷思與執著，終究會造成對於主體性的束縛，反而扼殺了覺悟解脫的契機。臨濟說：

> 如山僧指示人處，只要爾不受人惑，要用便用，更莫遲疑。如今學者不得，病在甚處？病在不自信處。爾若自信不及，便茫茫地，徇一切境轉，被他萬境回換，不得自由❸。

臨濟認為佛陀或祖師們的理論教法，僅是作為一接引，指示人們修行實踐的方便施設而已，其意義是要人們能藉此而不受迷惑以獲得覺悟解脫。凡此種種皆僅是指月之指，而非月亮本身。學者若能靈活運用祖師們為接引眾生所施設的各種方便法門而無所遲滯疑惑的話，便能自由自在，而毫無掛礙。但現在大多數的人，將佛陀祖師們的理論教法視為不可更動的無上權威，將應機施設的方便法門執為真理本身。這是因自信不足，主體性本身不顯露之故，而只想藉由一外在之他者使自身獲得解脫。這反而會扼殺主體性自身的能動性，心無所主而隨一切外境轉動，使自身陷入重重層巒疊障之迷霧中而失去自由。臨濟在此便特別強調主體性的重要，此是一切自力

---

❸　《臨濟錄》，頁 497 中。

解脫法門所以可能的基礎。人若無自信,則主體性便會萎靡不振,無法挺立,如此便想依賴外在的他力以求解脫,使主體性陷溺而越加執著。故唯有主體性能真正由各種經驗現象的限制中超脫,破除所有二元對立的所執相,甚至對於佛陀祖師們的權威亦加以超越而無所執取,純任主體性如如顯露,如此方能獲致覺悟以得解脫。

回應:

　　這段文字用主體性來講自信是不錯的,就是說如果一個人沒有自信,那下面那些「茫茫地,徇一切境轉,被他萬境回換,不得自由」的不好結果就出來了。就是說你自己的主體性不能挺立、不能顯現出來的時候,那你整個生命就好像是沒有方向,受人影響,所以在這個情況,你就是讓「萬境」主宰自己,即那些外在的對象,尤其是感官的對象,人就很容易受到外在的感性對象所牽引,被它影響,做什麼都隨著它的腳跟轉,這樣你的自我或是下面所要講的真人、主體性就迷失了。然後上面所說的「只要爾不受人惑,要用便用,更莫遲疑」,這個「要用便用」就是遊戲三昧的一種詮釋。你自己怎麼生活,要採取什麼方法去影響別人,如果你能達到挺立自己的主體性,自己顯現一種明覺,沒有迷惑,不受人影響的話,就能講遊戲三昧。所以他講「要用便用」也不是很簡單,是在精神上你覺得什麼生活合理,就照那種方式生活,你覺得要用哪種方法影響別人就用那種方法。這很自由,因為你在這裡沒有迷惑,這就是一種明覺的表現,所以便能「要用便用」,不然的話,就只能給人牽著鼻子走,這樣就不得自由。

　　臨濟對於主體性的強調與重視,已如上述。而在他的心性思想

中，最為重要的，莫過於「無位真人」。「無位真人」的觀念表示
臨濟禪對於作為理想人格的最高主體性的突顯。臨濟在這裡不言佛
或菩薩，而以「無位真人」代之，除了表示他對於主體性的重視以
顯禪的自力解脫的特色外，亦表現了與日常生活的關聯性❹。此一
「無位真人」即是經由種種工夫實踐的修行後，對於經驗世界所構
成的二元對立的相對限制——超越、突破後所顯現的超越主體。但
這一「無位真人」並不須向外擬議尋求，它便是吾人內在的主體
性，即是人們真正的本來面目。若能超越世間凡俗的相對形相，對
於世間一切無所執滯，便可證知此一「無位真人」的存在。《臨濟
錄》曾有一段關於「無位真人」的記載：

> 上堂云：赤肉團上，有一無位真人，常從汝等諸人面們出
> 入。未證據者看，看！時有僧出問：如何是無位真人？師下
> 禪床，把住云：道！道！其僧擬議，師托開云：無位真人是
> 甚麼乾屎橛！便歸方丈❺。

臨濟認為「無位真人」便是我們內在的主體性，它並非一外在超越
的他者，而工夫修行的目的，便是要將此一「無位真人」顯露出
來。「無位真人」所代表的，是成覺悟得解脫後所呈顯的超越二元
相對性的最高主體性，對它當然不可以言語概念的認知方式加以分

---

❹　吳汝鈞著，《中國佛學的現代詮釋》（臺北：文津出版社，1998 年），頁
　　222。

❺　《臨濟錄》，頁 496 下。

析索求。故當時有一僧人問臨濟何謂「無位真人」時，臨濟便馬上以一激烈方式打斷其問題，希望藉此能迫使他悟入其中禪機。然而這一僧人並未覺察到「無位真人」即是我們內在本自具足的主體性，故仍要以一知識思辯的的方法擬議索求，臨濟便馬上說「無位真人」不過是一乾屎橛耳。提問的僧人，很可能是將「無位真人」看作是一超越外在的他者，故以擬議思索的方式認識，殊不知「無位真人」即是內在於每個人心中超越一切見聞知覺與二元相對的最高主體性，若將之外在化為唯一超越無上的至高權威，便是一種分別心的執取。故臨濟便馬上打掉僧人的分別心，以一低賤的東西形容「無位真人」，無非是要表明「無位真人」即是內在於人的主體性，而非一超越外在的他者，若不知向內省察，而一味往外追尋，無位真人便會成為一堆垃圾。

回應：

　　這裡說當提問僧人想要談論時，臨濟就有一些一般人看來無法理解、荒謬的談話跟行動，他這裡是要點明所謂道，當你能體證到的時候就是「無位真人」。他這裡要表現一個訊息，就是說道不是拿來討論的，你不能把道拿來當作一個形而上學的觀念講東講西，對道建構一套形而上學的理論。這樣做不行，道是用來生活的，你不能在語言文字上把道的情狀表現出來。你要表現道的真相，就要進入生活世界裡面。胡塞爾的現象學有一個很重要的觀念就是「生活世界」（Lebenswelt），你要在這個生活世界裡面來體證道，道就在生活世界裡面。那這個僧人應該怎樣回應臨濟的問題呢？語錄沒有交代，只說他還在擬議這個問題時，他捉錯了用神。這就表示這

個出家人不行，他以為道可以用理論概念來處理，但這個方法行不通，所以臨濟很氣，覺得這個人好像沒有出息。那這個人應該要怎麼做呢？這裡就留下了一個思考的空間，如果你從整個禪的背景來看，也包括臨濟修行的形態來講，他大可以不管臨濟，自己直接去拿一杯茶喝，然後去把他們所在的講堂打掃一下，這樣就好了。這樣問題就解決了。因為你這樣做就表示「無位真人」就在現前的生活裡面，如果要體證真理，達到「無位真人」的境界，你就是要在生活上的一些細節表現出來，這是我個人的一些補充，因為它裡面沒有解釋，只說臨濟很生氣的罵了他一頓就離開了。

有的情況是禪師以一些很強烈的動作加在問者身上，那就表示問者在某些問題上有非常嚴重的執著，老師不會直接講你的問題在哪裡，要怎麼處理你的執著，他這些激烈的動作就是用來震破你那些執著或迷夢，弟子如果能應機的話，便有可能用相同的方式回應祖師。總而言之，祖師有可能會用一些非常不近人情的方式來回應，拿一根棒子把弟子打的半死，之後就直接跑掉，把弟子一個人獨自留在講堂，這個時候如果弟子根基好，就應該有所悟，悟到自己可能對某些方面有執著，所以老師才會用一些激烈的方式把自己的執著震破，打掉。資質較差的弟子可能就覺得莫名其妙，為什麼被這樣對待呢？這樣就沒出息了。這種方式就是要徹底的把執著給去掉。

「無位真人」既是吾人內在的最高主體性，因此如何將它充分的體現出來，便是覺悟解脫與否的關鍵。而在討論它如何體現的問題之前，有一點須先加說明的是，這一作為最高主體性的「無位真

人」是否一超越無染的如來藏自性清淨心呢❻？筆者認為臨濟的「無位真人」應該不屬於如來藏自性清淨心系統。先就思想史脈絡言之，臨濟禪的傳承譜系是由惠能禪發端，經由南嶽懷讓、馬祖道一、百丈懷海至黃檗希運的祖師禪系統一脈相承發展而來，這是強調於平常的一念心的表現中，經由一頓然的轉化以達覺悟解脫之境，不必涉及清淨心系統。再就臨濟的哲學理論觀之，臨濟本身亦要人於日常生活中突破各種經驗世界的相對性以顯現「無位真人」，此一最高主體性的顯現在於心無所執而能自由無礙地活動，並非先置定一超越的如來藏自性清淨心，而以之為成佛的基礎。

回應：

通常我們說真，很容易想到真心、清淨心之類的觀念，可是臨濟的「無位真人」根本不是這種思維方式。而且講真，也不一定要牽涉到如來藏自性清淨心或者是真心真性的思想系統。「真人」這類字眼，人人都可用，不限於某種系統，我們這樣用也不一定表示就是走清淨心的思路。

臨濟說「無事是貴人。但莫造作，只是平常」❼。這個意思非常清楚，無事就是沒有特別的事發生，不要有那麼多的動作來干擾人，讓他們自己發展就好，像老子一樣，不要弄太多規矩來規限人的生活。然後他說「能隨緣消舊業，任運著衣裳，要行即行，要坐

---

❻　張國一便認為臨濟禪所強調的「無位真人」，乃是強調清淨心的如來藏系統。參氏著：《唐代禪宗心性思想》（臺北：法鼓文化，2004 年），頁 174-180。這種看法，是捉錯用神，把祖師禪與如來禪給混淆起來了。

❼　《臨濟錄》，頁 497 下。

即坐，無一念心希求佛果」❽，這是一種生活的方式，例如穿衣服，按照個人平常的喜好就行，不必刻意挑選。所以這裡就是說依據平常的生活方式，自然一點就可以了，不然的話，一般的社交活動就變成一種束縛心性自由的壓力，這樣就不好了。

　　這裡先岔開來講一下有關自力跟他力解脫的問題。一般的思考大概就是有這種情況，例如淨土或是民間信仰所表現的精神，屬於他力的路向，找一個他力的大能，不管是佛祖也好，菩薩也好，人們希望能夠得到這些他力大能的同情回應，積極的幫助他們實現所要求的理想。如果這樣看的話，就是自己根本不負責任，不靠自己盡力而外求一個他力大能，一般的想法都是這樣。康德、儒家或是一些講理想主義的人都是這樣想，我覺得他們這種看法不是很現實，不能真切的注意到人生裡面有很多負面的成素，這是要很艱苦，經過很長的歲月，甚至是如佛教講的要歷劫修行，才能把這些負面的成素解決。另方面，像田邊元所提的那種懺悔道的哲學，就是對自己以前所做的壞事，覺得非常不安，良心受到嚴厲的譴責，然後誠心懺悔，覺得自己好像沒有能力把這種情況扭轉過來，感到一片黑暗，毫無希望，所以他們就只能通過懺悔、祈禱，祈求一個他力大能在這方面幫助他們解決問題。他們也會進一步這樣想，把他們自己想的更壞，就是自己以前做了那麼多壞事，造成別人的痛苦，現在自己好像根本已經變成一個不值得生存的人了。到了這個地步，一般人就會覺得不如自殺算了。但事情卻非這麼簡單，自殺不一定能解決問題，自殺只是結束自己的生命，可是曾經做過的壞

---

❽　《臨濟錄》，頁 497 下。

事依然存在，還在發生不好的效果，有些人還在長期忍受你曾加諸於他們的痛苦。所以他在他生命的底層會有一種反彈，這就是希望的泉源。這種反彈是一種反省性的反彈，就是說你越是感到不值得存在，你裡面就會有一種心智或一種精神的矢向，要盡力去做一些事情，利益他人，讓自己贖罪，感到還是值得生存下去。在這種情況，需要把生命的全部力量都拿出來重新做人，另方面又祈求阿彌陀佛、觀音菩薩等他力大能，在這方面伸出援手，拉自己一把，達到自己的目的，讓自己感到生存在世上畢竟不是全無價值。這種反彈的效力也可以是很強的。光是個人自己的力量自然不夠，便要祈求一個他力大能的幫助。所以田邊元就以這種想法為基礎，發展出一種新的哲學，就是懺悔道的哲學（philosophy as metanoetics）。就是對淨土宗的說法做一種再反思的研究或思考，了解到淨土宗也講一些自力的成分，你在做那種思考性、反省性的反彈時，是從內心發出，跟阿彌陀佛無關。你有這種反思性的反彈時，就表示你還是有希望的。像這種思想，我們也不應該否定，他力的講法有很多種，像田邊元所提的就很特別，他是用他力來講絕對無，這個他力也不是主體性，跟一般的講法也不一樣。

　　還有一點，一般人都以為他力好像是完全放棄自己的自由意志，其實也不是。因為你把自己完全淘空，經過反省以後，覺得自己還是沒有足夠的能力解決問題，然後把自己的生命內容隱藏，去依附一個他力大能，希望他能幫你解決問題。這就是承認自己的無能，承認自己的脆弱，而放棄自己的自主性，去希求一個他力大能解決問題。這也得發自自己的主體自由，就是說去依附一個他力大能也是自己自由的一種表現，所以不能說他力主義就完全不講主體

自由。我們也不能說即使在開始的時候有自由，但歸附以後便全然聽從他力的安排，因為這裡還有宗教理性可講，宗教理性的目的一樣是要求覺悟、得解脫，這是它的宗教目的。至於怎麼樣才能實現這種理想，一般就是講自力跟他力。能夠以自力去做當然很好，不能自理也不表示你這個人根本沒有用，只是你這個人的力量比較弱，智慧比較低，不能以個人的力量解決求覺悟、得解脫的問題，所以就要向外尋找一些外力，來幫助你實現宗教的理想。這種想法也是有價值的，因為它的目的以及所認同的價值跟自力主義還是一樣的，都是求覺悟、得解脫，只不過是能力與根器差一點而已。但這並不阻礙求覺悟、得解脫的決心，只不過是要暫時向現實低頭，承認自己的無力，需要有一些外在力量的幫助去實現宗教理想。這也沒有什麼不可以，畢竟我們也不能說每個人都能自力成佛，能自己達到這個理想的，也不過只有孔子、釋迦牟尼、耶穌再加一個老子而已，還有惠能，莊子也是，只有這幾個人能做到而已。

　　像康德跟儒家，是比較站在道德的立場來處理人的救贖問題，他們認為道德本身有一種獨立性，單憑道德就能達到人的理想，甚至於宗教的理想。在這方面，必須先肯定自力主義才行，要確認人可以憑自己的力量發展自己的道德理性，開拓一個道德的世界，要肯定人有能力如此做才行。可是京都學派就不是這樣想，他們認為道德還是有二元的性格，有二元的對立性，這很明顯就是善與惡的對立，如果不能把善惡的二元性背反突破，宗教的境界就出不來，所以要先突破道德的二元性、善惡的背反，就是道德要先崩潰，宗教才能顯現，這個差別還是蠻大的，康德也不會同意他們的想法，儒家更不會認同了。

　　「無位真人」是內在於吾人生命存在中的主體性，它如何顯現的問題，是一工夫論實踐的問題。對於「無位真人」的體現，並不須任何的擬議思辯，而是如何經由工夫論的實踐修養使自身能超越經驗世界的相對性格，對於一切外物皆能不起分別心，而無所執著，挺立自身的主體性以達覺悟解脫。臨濟云：

> 1. 現今目前聽法無依道人，歷歷地分明，未曾欠少。爾若欲得與祖佛不別，但如是見，不用疑誤❾。
> 2. 若是真正道人，終不如是。能隨緣消舊業，任運著衣裳，要行即行，要坐即坐，無一念心希求佛果❿。
> 3. 道流，切要求取真正見解，向天下橫行，免被這一般經魅惑亂，無事是貴人。但莫造作，只是平常⓫。

此處臨濟所說的「無依道人」、「真正道人」和「無事人」所指的，都是「無位真人」之意。臨濟認為此一「無位真人」即是人人內在本自具足的最高主體性，此是成佛所以可能的根源，佛陀、祖師與凡俗眾生都同樣有此一「無位真人」內在於己，故我們並不須向外尋求或經由其他方法想要尋得此一「無位真人」，因為它本來便內在具足於所有人之中，若能見得此一「無位真人」的存在，則凡俗大眾與佛陀、祖師便無差別。

---

❾　《臨濟錄》，頁 499 下。
❿　《臨濟錄》，頁 497 下。
⓫　《臨濟錄》，頁 497 下。

　　此一「無位真人」既是人人內在本有，則重點便在於如何將它體現出來，這是工夫論的問題。臨濟認為要體現此一「無位真人」，並不須刻意操持把捉，一念專注在如何覺悟解脫以成就佛果，這樣做反而會使自己有所陷溺執持，產生分別心與執著。對於「無位真人」的體現，只須於日常生活中對於任何事物無所執取沾滯，能任運自然，將「無位真人」於平常之一念的呈顯中當下體現出來，如此便能成覺悟得解脫。換言之，「無位真人」的體現，並非一凝斂嚴肅、高不可攀之事，而是於日常生活的行住坐臥之間，對於一切法的存在不起執著，該如何便如何，這便能自然而然的體現「無位真人」。若是有所作意，反而會使此一「無位真人」隱沒不顯。

　　臨濟禪對於如何覺悟解脫的看法，非常強調要先能挺立自身的主體性，如此才能不為外物所惑。若無法樹立主體性，則成佛所以可能的根據便隱沒不顯，如此便容易依於外在的權威，對它產生崇拜，進而執著它為對象，反而無法覺悟、解脫。故唯有先逆覺體證（用牟宗三先生的話頭）自身的主體性，確立「無位真人」是佛與眾生都具足的最高主體性，才能不為一切現象或是各種教法所惑亂。確立自身的主體性，剩下的是如何體現的工夫論問題，臨濟於此特別點出「但莫造作，只是平常」，要人將體現「無位真人」的工夫視為於日常生活的一部分，隨時都能對於一切諸法的存在無所起執，而能任運自然其間，此即含有馬祖「平常心是道」的觀念❿。對於真理的體會，並非向一超越的外在對象去追尋，而是向自身反省，

---

❿　《中國佛學的現代詮釋》，頁 227。

於平常一念心的呈現中超越各種二元相對的限制,便可以了。

三、臨濟禪的機用

所謂「機用」,即是一種教化眾生使之能覺悟以得解脫的方法運用,這在禪宗特別明顯,而臨濟禪的「機用」,更是別具特色,充分表現出靈動活潑的禪機,使人於此種生動的氛圍中覺悟解脫。臨濟往往使用如棒喝的激烈動作,迫使學人於此一情境中,當下證悟禪理。相較於曹洞禪以默照瞑想的方式,於靜坐中悟入禪機,臨濟禪的機用明顯的充滿著活潑的動感❸。

臨濟禪的機用,較具特色的,如前面所述,有「四喝」、「四料揀」、「三句」、「三玄三要」、「四賓主」及「四照用」,以下只討論「四喝」。臨濟禪的「四喝」是非常有名的,在禪門中便有所謂「德山棒、臨濟喝」的說法,可見臨濟是以喝來樹立他的禪的性格。臨濟的「四喝」,是於不同機緣中,因應學者的根器及需要,適時的以不同的喝,喝破學者的執著,使他能於當下體證禪機以得覺悟解脫。臨濟的「四喝」為:

> 有時一喝如金剛王寶劍,有時一喝如踞地獅子,有時一喝如探竿影草,有時一喝不作一喝用❹。

---

❸　《中國佛學的現代詮釋》,頁 228。

❹　《臨濟錄》,頁 504 上。

第一種喝的作用，是要對治一般人執著於命題概念、文字言說，以為這即是真理所在，遂陷於見聞知解的葛藤中而無法自拔，使心黏著於語言文字的理論的虛妄性中。故此第一喝，便是要喝破此種迷思，使人能當下從語言文字的理論中超越出來，獲得解脫。至於第二喝，則是要喝破一些人藉由賣弄語言文字的概念遊戲，以為如此能表示自己的智慧，因此陷入迷執而不自知。臨濟即是以此第二喝，喝破世俗的詭辯之人，使他們能由詭辯的概念遊戲中超脫出來，證立真理並非可由詭辯而得，卻是要有實感實悟，才能當下解脫。第三喝則主要是探測對方之修為已到達何種程度，故以某些看似違反常理邏輯的言語或動作，去試探對方如何反應，以對方的反應來看其修行方向是否正確，甚至是否已達覺悟解脫之境。至於第四喝，則是要使人更上一層樓，使學人之修為能更加精進，將學人於修行路上可能遭遇之迷思與執著一語喝破，摧毀他的我見與我慢的煩惱，使他對於禪理的了悟更為通透圓融，在修行上更向上超昇❺。

回應：

　　這裡有一點補充。剛才講如金剛王寶劍跟如踞地獅子的喝，他們的作用跟目的好像差不多，都是要破除當事人的迷惘，解除被概念的葛藤所纏繞而無法解放的那種思考方式，這的確沒錯。金剛王寶劍就是可以把所有思考上、概念上的迷執葛藤斬斷。第二句踞地

---

❺　關於「四喝」的詮釋，可參照吳汝鈞先生《中國佛學的現代詮釋》一書，頁229-231。

獅子的作用好像就是祖師有如獅子猛獸，踞在地上還沒發作，就看當事人的反應如何。所以我想若要了解這一喝，就是看禪師下一步的做法為何。所以這一喝如果順著文獻學的脈絡來看的話，好像就是喝了一聲以後，就先給對方一點時間空間，看他反應如何，因為他還沒有動作出現。探竿影草很明顯，就是把一根竿放在水裡面，看他的水影有多深多長，來試探他的學養。那一喝不做一喝用，是一種對機的作法，沒有一定的動作或方式，純粹是看當事人在哪一方面有問題，便以一種喝的方式去提醒他，我想可以這樣解釋。

在這「四喝」中，前兩喝的方式較為激烈，主要目的是要喝破學人於實踐修行時所易犯上的毛病，如習於以理論、言說、概念思索禪的終極真理，或是以賣弄詭辯為務，認為如此便能折服他人，突顯自己的智慧。凡此種種，都足以使自己陷於迷思執著而無法超拔。故臨濟要將它們一一喝破。而後兩喝的作用，則是要幫助學人能更加向上。他須先探測對方的修為到達何種程度，因而決定應採取何種方法，使他們能更上一層樓。有時於禪門特別是臨濟禪的公案中，見到一些看似不合邏輯的對話，其意便是在探測對方的修為和弱點，俾能應機，作進一步的處理。

最後，我們略為討論臨濟對於不同根器的人，所採用的相應教法的不同。使眾生皆能隨其根器的不同，而各各得益。臨濟說：

> 山僧此間作三種根器斷。如中下根器來，我便奪其境而不除其法。或中上根器來，我便境、法俱奪。如上上根器來，我便境、法、人俱不奪。如有出格見解人來，山僧此間便全體

作用，不歷根器❶。

臨濟對於中下根器的人，破除其對於外在對象的執著，保留其對於
存在世界的肯定的看法。因此種根器的人最易對於外在對象起執，
故須先破除其對於對象的執著。進而對於中上根器的人，亦破除其
對於存在世界所生的執著，使其了悟存在世界是緣起性空之因緣和
合而成的生滅法。而對於上上根器的人，則因其應對於如幻如化的
空理有所把握，故不奪其境、法、人。因一切法雖如幻如化，但既
已形成存在，亦是已有，故保留它們，這是「除病不除法」之意。
要破除的只是執著，而非存在本身。最後對於超越規格的最上根器
的人，則應機施設，無固定教法，因至此一階段，離悟道之境已不
遠了，故只須隨其所需而加以點化，使他們完全破執而成覺悟，得
解脫。

回應：

　　這一段還是可以關聯到一些佛教的基本態度來了解，然後涉及
一些久松真一與「相而無相，無相而相」的那種辯證思維的關連，
也可以關聯到頓悟跟漸悟兩種不同的覺悟方式來了解。我們並不是
要把臨濟從整個佛教的傳統中特別抽離出來，而是要讓臨濟回歸到
他應有的位置，還原他應有的面目，他在佛教裡處於一種什麼樣的
位置？他在佛教裡的影響如何？對一些根本的佛教義理與修行，他
是如何處理？不過目前這一段比較複雜，首先他分四種根器，就是

---

❶　《臨濟錄》，頁 501 中。

中下、中上、上上，然後是出格。我們說前三種是漸的根基，最後一種是沒有規範性，不能用任何固定的位置把禪者安定下來，就是不依常規，他可能一下就能達到最高境界，這是一點。

　　然後就是佛教從思想史來看，他對主體跟客體，或是對自我跟世間有不同的態度，像早期佛教，如小乘佛教，他們有一種基本的見解：就是法有我空。進一步就是大乘佛教，比如中觀與唯識，就是我法二空。然後到了第三個階段，就是境、法、人或者是主體跟對象都一起肯定。最後就是出格，沒有一定的指導方式。在這裡看的話，對中下根器是奪境不除法，他的立場就是法有我空，所以要奪其境，境就是法，就是要糾正他的理解，把法的有奪掉，他就能明白法不是有，而是空。然後不除其法，就是讓他除去對這些外境的執著，可是還是保留現象世界，這就是奪其境而不除其法。對於中上根器的人，這大概是相應般若思想、唯識宗而言，他們講的就是人法二無我，人無我跟法無我，這就是順應他們的思維，境法俱奪，奪去他們的執著，因為基本上他們是強調人無我跟法無我，可是如果有些人在這方面還是有迷惑，還是會執著人或者法，說人跟法都是有，在這裡就要把他對我與法的執著拿掉，這是一種糾正他們可能生起的錯誤的作法。然後對於那種上上根器來講，就是境、法、人俱不奪，因為他在這種情況，已經不太會執著了，因為他已經是上上根器了，對境、法、人的性格已經很了解，所以便對於他所了解的三者都加以肯定，因為他的了解跟態度是正確的。然後是對於出格的人，很難用常規來限定，他會常發出一些有很高智慧的洞見，所以在這種情況，要全體作用，所有可能的手法都要運用，要視他當前的表現而隨機採用應機的教法開導之。

第一種奪其境而不除其法，還是把法守住，境是無所謂，因為那根本就屬於法的一部份，不過境是專門指感官的對象，是比較低級的法，法的範圍很廣，理論、思想、抽象的觀念都可以是法的內容，我們要不除其法，就是讓他保有這個法。對於另外一種，就是境法俱奪，就是無相，把境跟法的執著去除，以否定的方式處理。第三種還是相，境、法、人俱不奪，讓他們保留。所以第一種根器就是相，第二種就是相而無相，第三種則是無相而相，最後那種就無所謂。對於不同程度修行的人，有不同的處理方式，能不拘一格，不受某種特別的教化方式限制，而是隨機應變。

四、結語

臨濟禪是自惠能後開展出來的五家宗風中留存下來的兩大禪法之一。其心性論特點在於其特重主體性，以「無位真人」觀念作為其心性論核心，使人由世俗事物的相對關係中超越出來。而其機用，則充滿動感，隨機施設，相較於曹洞禪，顯然有一不同之風格。曹洞禪是主靜的，臨濟禪則是主動的。

回應：

禪在佛教來講，可以說是一種人文主義的轉向。從涉及存有論方面的概念擱下，集中在講人，所以臨濟才會提出「無位真人」。這個觀念就是佛的意思，雖然已經覺悟，但還是以人的外在形態生活，沒有進入涅槃而成為佛，還是生活在世間，以一個凡夫的模樣出現，他真的曾經是凡夫，在得到覺悟解脫以前，就是一個一般的

人生活在這世界上。然後經過不斷的修行，最後能證得真理，得到覺悟解脫，那時不是以一個得到解脫的佛或菩薩的形象出現，還是以普通人的形象出現，跟現實的世界還是保持密切的關係。也可說在覺悟得度前是相，然後看破一切後，證得空之真理，就是無相。雖然體證到真理，已經覺悟，得到解脫，可是依然從超越的境界回到現象世界的相的層次，無位真人還是以人的形態出現，所以在這我們就可說若跟佛、菩薩相比，他是有比較濃厚的人文主義色彩。

中國的佛學加上印度的佛學，從義理上來講已經發展到圓教，即是華嚴那種「別教一乘圓教」，和天臺的「同教一乘圓教」。既然是圓教，後面就不會再有教法發展，就是說那套義理或學說，發展到圓教已經是最高峰，不能再向前發展，不然的話，天臺、華嚴的教法就不能叫做圓教。所以到了禪，佛教不能再往前發展了，雖然惠能禪的形態跟天臺接近，北宗禪比較靠近華嚴，可是在義理上，惠能禪跟北宗禪的理論，天臺、華嚴已經說過了，而且說的比他們更詳細、更具體。所以禪只能轉向，往實踐方面發展，在生活上表現佛教的義理，所以它最後就是走向現實的社會，走向人的世界。這是必然的，只能往世俗方面發展才有出路，不能再像天臺、華嚴那樣去建構理論體系。所以惠能禪以後傳了幾代，就停滯不前，只剩下參話頭公案跟默照打坐兩系，後者是靜態的，前者是動感的。我研究禪也有很多年，最後寫了兩本書，就是《游戲三昧》跟《中國佛學的現代詮釋》（中間有一半的篇幅講禪），之後十幾年都沒有再寫有關禪的文章，因為在義理上已經沒有再發展的空間。

佛教是非實體主義，發展到極點就是天臺宗的中道佛性觀念；實體主義發展到極點則是儒家王陽明所提的良知。中道佛性跟良知

一是非實體主義的盡頭，一是實體主義的盡頭，兩者之間再沒有溝通的可能，沒有進一步的發展，不然就得朝對方的方向尋求出路，這樣就會背離自身的理論立場。智顗與王陽明都不可能這樣做，這兩邊都要守住各自的身分。如果要再前進，就不要站在任何教派（這裡涉及的是佛教與儒家）的立場上處理問題，而是要站在一種完全敞開的態度來看這問題，這樣就能綜合兩者。我便以純粹力動把儒家的絕對有跟佛教的絕對無兩者綜合起來，然後也要注意到二者這樣發展下去可能會導致的流弊。如前者可能成為常住論，後者可能導致虛無主義，這也不行。我就在這種思維的脈絡上提出純粹力動，它一方面能綜合絕對無跟絕對有的優點，同時也超越他們的限制，克服他們所可能發展為虛無主義跟常住論的弊端，所以這套東西就是在這背景下建構起來。在純粹力動的思維裡面，體跟用同樣都是一種超越的活動，也沒有體跟用的分別，在這種情況，體用是完全相同的，所以我們就不用再提這兩個觀念，這是一點。還有就是如果從圓融的形態來講，熊十力先生發展他的《新唯識論》，進而寫出《體用論》，他還是有體與用分隔開來的傾向。若要講圓融，這種分隔就不是圓融，體與用畢竟不同。我現在把這種分隔打破，連結兩者，使它們成為同樣的東西，不過就是從不同的角度來看，這樣子的話才是真正的圓教，是圓融裡面的圓融。若說為禪，則是「圓禪」。

　　牟宗三先生在天臺學方面要建構一套義理，我認為他跟天臺原來的方向已經不同了，天臺學所關心的不是存有的問題，而是如何才能得到覺悟解脫，它畢竟是一種宗教，救贖的意味跟導向很重，宗教就是建立在這種理想上面。所以它的終極關懷還是在工夫論，

就是如何才能覺悟解脫。它並不太注意世界上種種存有的性格、分類等關係，這一套東西幾乎沒有一派佛教是關心的，只有說一切有部（Sarvāsti-vāda）比較關心。可是在某種意義來講，它已經有離開佛教的傾向了。他是講法有我無，就法有這點來看，他已經違背佛陀的緣起性空的立場。其他的佛教還是以工夫論為主，在救贖這個目的上講他們的實踐方法。就算是唯識，最後還是要講「轉識成智」，這跟存有論無關，還是工夫論的意味重。天臺沒有唯識學那套分析存在世界的理論，所以說在佛教裡最強調存有論的是唯識，而非天臺。牟先生這樣提出來是我不能同意的。他自己對存有論很有興趣，他講宋明儒學一定要提到天道、良知才停下來，他不滿於單講主體性的開拓，一定要有形而上的建構才停下來，所以講道德也要有一套形而上學。我的想法是，講道德是否一定要涉及形而上學呢？我們光是講自己的良心不就行了麼？為什麼一定要把它跟天理等同起來，是不是一定要如此才能將道德談的徹底呢？如果不一定的話，那這麼辛苦就白費了。即使講無限心，那亦是主體的道德理性往客體方面開拓出去，是道德性格的同情共感的無限拓展、推廣，這種拓展、推廣仍不脫工夫實踐義，不必提出存有論或形而上學來縛手縛腳。在道德的導向上確立存有論或形而上學，即使提出來，也只能有象徵主義的意味而已，同時不能不向神祕主義傾斜。

參考書目

說明：

一、本參考書目收入梵文、中文、日文、英文、德文、法文、西班
牙文與義大利文有關禪和相關問題具有參考價值的著書。由於
筆者不懂法文、西班牙文與義大利文，故在這方面的著書肯定
會忽略，希望將來有機會補上。

二、本書目只收入著書，不收入論文。論文實在太多，沒有足夠篇
幅提供。

三、參考書目選取用書的原則是質、量並重，但仍以前者為主。因
此我們相當重視學術性（scholarship）的價值。特別是，大陸方
面出版禪和有關問題的著書有越來越多的傾向，但其中很有一
些是不符合學術性規格的。這些著書的作者不諳外文，只是拿
中文資料（包括大藏經和一般著作）來處理一番，沒有與外界（國
際佛學研究界）交流，也不清楚外界在禪學研究方面的成果，因
而無緣、不能參考採用。這是很可惜的。本書目在選擇大陸方
面的禪研究成果，頗為審慎，敬希讀者垂注。

四、本書目強調哲學性、學術性。對傾向於信仰的資料，不予收
入。

五、讀者會發現本書目收入很多京都學派的著書，如久松真一、西

谷啟治、上田閑照、阿部正雄等的著作，那是由於他們比較能
以比較哲學與比較宗教的方法處理禪的問題，與我們的旨趣相
合的緣故。

六、書目中著書的排列次序，中文資料以作者姓名的筆劃多少為
準；日文資料以作者姓名的假名次序為準；梵文、英文、德
文、法文等資料則以作者姓名的羅馬字母（如 a、b、c、d……）
的次序為準。

七、書目中有少數資料的參考價值，我不是很認同。只是同學用
了，才放進去。依一般慣例，本書目不收漢文藏經的文獻。
　　順便一提：禪自達摩以來，都強調「教外別傳，不立文字，直
指人心，見性成佛」的旨趣，它是把見性得覺悟視為第一序
的，語言文字只屬於第二序，雖不拒斥，但並不重視。但歷代
祖師傳下來的語錄、公案及禪宗史的文本，卻比佛教其他學派
所積下來的文本要多得多，至於我們對現代學者在禪研究中所
積集的成果，也遠比佛教其他學派的研究成果大為豐盛，這不
能不是一個弔詭。但這都是事實，顯然未有為歷代祖師所能想
像及的。

一、梵文

De la Vallée Poussin, Louis, ed., *Mūlamadhyamakakārikās de Nāgārjuna avec la Prasannapadā Commentaire de Candrakīrti*, Bibliotheca Buddhica, No. IV, St. Petersbourg, 1903-13.

Suzuki, D. T., comp., *An Index to the Lankavatara Sutra* (Nanjio Edition). Sanskrit-Chinese-Tibetan, Chinese-Sanskrit and Tibetan-Sanskrit. Second, revised, and enlarged Edition. Kyoto: The Sanskrit Buddhist Texts Publishing

Soceity, 1934.

常盤義伸著《ランカーに入る：梵文入楞伽經譯文と研究》，京都：花園大學國際禪學研究所，1999。

二、中文

方廣錩主編《藏外佛教文獻第一輯：天竺國菩提達摩禪師論》，北京：宗教文化出版社，1995。

印順著《中國禪宗史》，臺北：慧日講堂，1971。

冉雲華著《中國禪學研究論集》，臺北：東初出版社，1990。

冉雲華著《宗密》，臺北：東大圖書公司，1988。

冉雲華著《從印度佛教到中國佛教》，臺北：東大圖書公司，1995。

牟宗三著《佛性與般若》上下，臺北：臺灣學生書局，1977。

牟宗三主講、盧雪崑錄音整理《四因說演講錄》，臺北：鵝湖出版社，1997。

吳汝鈞著《中國佛學的現代詮釋》，臺北：文津出版社，1995。

吳汝鈞著《天臺智顗的心靈哲學》，臺北：臺灣商務印書館，1999。

吳汝鈞編著《佛教思想大辭典》，臺北：臺灣商務印書館，1992。

吳汝鈞著《京都學派哲學七講》，臺北：文津出版社，1998。

吳汝鈞著《京都學派哲學：久松真一》，臺北：文津出版社，1995。

吳汝鈞著《純粹力動現象學》，臺北：臺灣商務印書館，2005。

吳汝鈞著《純粹力動現象學續篇》，臺北：臺灣商務印書館，2008。

吳汝鈞著《游戲三昧：禪的實踐與終極關懷》，臺北：臺灣學生書局，1993。

吳汝鈞著《絕對無的哲學：京都學派哲學導論》，臺北：臺灣商務印書館，1998。

吳言生著《禪宗思想源流》，北京：中華書局，2001。

杜繼文、魏道如著《中國禪宗通史》，南京：江蘇古籍出版社，1993。

阿部正雄著、王雷泉、張汝倫譯《禪與西方思想》，臺北：桂冠圖書公司，1992。

杰米·霍巴德、保羅·史萬森主編，龔雋、馮煥珍、周貴華、劉景聯等譯

《修剪菩提樹：「批判佛教」的風暴》，上海：上海古籍出版社，2004。

忽滑谷快天著、朱謙之譯《中國禪學思想史》，上海：上海古籍出版社，1994。

柳田聖山著、吳汝鈞譯《中國禪思想史》，臺北：臺灣商務印書館，1982。

柳田聖山編《胡適禪學案》，京都：中文出版社，1975。

洪修平著《中國禪學思想史》，臺北：文津出版社，1994。

洪修平著《禪宗思想的形成與發展》，南京：江蘇古籍出版社，2000。

姜義華主編《胡適學術文集：中國佛學史》，北京：中華書局，1997。

唐君毅著《中國哲學原論原道篇卷三》，香港：新亞研究所，1974。

陳兵著《佛教禪學與東方文明》，上海：上海人民出版社，1992。

黃連忠著《敦博本六祖壇經校釋》，臺北：萬卷樓圖書公司，2006。

張國一著《唐代禪宗心性思想》，臺北：法鼓文化，2004。

道元著、何燕生譯注《正法眼藏》，北京：宗教文化出版社，2003。

葛兆光著《中國禪思想史：從六世紀到九世紀》，北京：北京大學出版社，1995。

葛兆光著《禪宗與中國文化》，上海：上海人民出版社，1986。

董群著《禪宗倫理》，杭州：浙江人民出版社，2000。

董群著《融合的佛教：圭峰宗密的佛學思想研究》，北京：宗教文化出版社，2000。

聖嚴著《聖嚴法師教默照禪》，臺北：法鼓文化，2004。

楊曾文著《唐五代禪宗史》，北京：中國社會科學出版社，1999。

楊曾文校寫《敦煌新本六祖壇經》，上海：上海古籍出版社，1993。

楊曾文編《馬祖道一與中國禪宗文化》，北京：中國社會科學出版社，2006。

楊惠南著《禪史與禪思》，臺北：東大圖書公司，1995。

鄭曉江主編《即心即佛，非心非佛：禪宗大師馬祖道一》，北京：宗教文化出版社，2006。

賴賢宗著《海德格爾與禪道的跨文化溝通》，北京：宗教文化出版社，2007。

熊十力著《原儒》，臺北：明文書局，1997。

潘桂明著《中國禪宗思想歷程》，北京：今日中國出版社，1992。

戴密微著、耿昇譯《吐蕃僧諍記》，臺北：商鼎文化出版社，1994。

龔雋譯《禪史鉤沉：以問題為中心的思想史論述》，北京：生活、讀書、新
　　知三聯書店，2006。

三、日文

秋月龍珉著《秋月龍珉著作集 8：鈴木禪學と西田哲學の接點～即非と逆對
　　應》，東京：三一書房，1978。

秋月龍珉著《臨濟錄（禪の語錄 10）》，東京：筑摩書房，1987。

阿部正雄著《虛偽と虛無：宗教的自覺におけるニヒリズムの問題》，京
　　都：法藏館，2000。

阿部正雄著《根源からの出發》，京都：法藏館，1996。

阿部正雄著《非佛非魔：ニヒリズムと惡魔の問題》，京都：法藏館，2000。

石川博子著、FAS 協會編《覺と根本實在：久松真一の出立點》，京都：法
　　藏館，2000。

石田慶和著《日本の宗教哲學》，東京：創文社，1993。

伊藤古鑑著《公案禪話：禪、悟りの問答集》，東京：大法輪閣，1990。

伊藤隆壽著《中國佛教の批判的研究》，東京：大藏出版社，1992。

入矢義高編《馬祖の語錄》，京都：禪文化研究所，1984。

入矢義高監修、古賀英彥編著《禪語詞典》，京都：思文閣，1992。

宇井伯壽著《禪宗史研究》，東京：岩波書店，1990。

宇井伯壽著《第二禪宗史研究》，東京：岩波書店，1990。

宇井伯壽著《第三禪宗史研究》，東京：岩波書店，1990。

上田閑照著《生きるということ：經驗と自覺》，京都：人文書院，1991。

上田閑照著《上田閑照集第二卷：經驗と自覺》，東京：岩波書店，2002。

上田閑照著《上田閑照集第四卷：禪～根源的人間》，東京：岩波書店，
　　2008。

上田閑照著《上田閑照集第六卷：道程〈十牛圖を步む〉》，東京：岩波書店，2004。

上田閑照著《上田閑照集第八卷：非神秘主義～エックハルトと禪》，東京：岩波書店，2006。

上田閑照著《上田閑照集第九卷：虛空／世界》，東京：岩波書店，2002。

上田閑照著《上田閑照集第十一卷：宗教とは何か》，東京：岩波書店，2002。

上田閑照著《宗教への思索》，東京：創文社，1997。

上田閑照著《禪佛教：根源的人間》，東京：岩波書店，1993。

上田閑照著《西田幾多郎を讀む》，東京：岩波書店，1992。

上田閑照著《場所：二重世界內存在》，東京：弘文館，1992。

上田閑照、柳田聖山著《十牛圖：自己の現象學》，東京：筑摩書房，1990。

上田閑照編《禪の世界》，東京：理想社，1981。

上田閑照編《情意における空：西谷啟治先生追悼》，東京：創文社，1992。

上田閑照、堀尾孟編《禪と現代世界》，京都：禪文化研究所，1997。

上田閑照監修、北野裕通、森哲郎編集《禪と京都哲學》，京都哲學撰書別卷，京都：燈影舍，2006。

小川隆著《語錄のことば：唐代の禪》，京都：禪文化研究所，2007。

小川隆著《神會：敦煌文獻と初期の禪宗史》，京都：臨川書店，2007。

梶谷宗忍譯注《宗門葛藤集》，京都：法藏館，1983。

鎌田茂雄著《原人論》，東京：明德出版社，1995。

鎌田茂雄著《宗密教學の思想史的研究》，東京：東京大學出版會，1975。

鎌田茂雄著《禪源諸詮集都序（禪の語錄 9）》，東京：筑摩書房，1979。

唐木順三著《禪と自然》，京都：法藏館，1986。

小坂国繼著《西田哲學の研究：場所の論理の生成と構造》，京都：ミネルヴァ書房，1991。

玉城康四郎著《正法眼藏上下（佛典講座 37）》，東京：大藏出版社，1993。

駒澤大學內禪學大辭典編纂所編《禪學大辭典》上下卷、別卷，東京：大修

館書店，1978。

高山岩男著《西田哲學とは何か》，京都：燈影舍，1988。

佐佐木徹著《西谷啟治：その思索への道標》，京都：法藏館，1986。

篠原壽雄、田中良昭責任編集《敦煌佛典と禪》，東京：大東出版社，1990。

辻村公一編《一即一切》，東京：創文社，1986。

鈴木大拙著《金剛經の禪、禪への道》，東京：春秋社，1991。

鈴木大拙著《鈴木大拙全集第一卷：禪思想史研究第一、盤珪の不生禪》，
　　　東京：岩波書店，1968。

鈴木大拙著《鈴木大拙全集第二卷：禪思想史研究第二～達摩から慧能に至
　　　る》，東京：岩波書店，1968。

鈴木大拙著《禪思想史研究第三卷：臨濟の基本思想》，東京：岩波書店，
　　　1987。

鈴木大拙監修、西谷啟治編集《講座禪第一卷：禪の立場》，東京：筑摩書
　　　房，1974。

鈴木大拙監修、西谷啟治編集《講座禪第二卷：禪の實踐》，東京：筑摩書
　　　房，1967。

鈴木大拙監修、西谷啟治編集《講座禪第三卷：禪の歷史（中國）》，東
　　　京：筑摩書房，1967。

鈴木大拙監修、西谷啟治編集《講座禪第六卷：禪の古典（中國）》，東
　　　京：筑摩書房，1968。

鈴木大拙監修、西谷啟治編集《講座禪第八卷：現代と禪》，東京：筑摩書
　　　房，1968。

關口真大著《達磨大師の研究》，東京：春秋社，1969。

關口真大著《達磨の研究》，東京：岩波書店，1994。

竹村牧男著《西田幾多郎と鈴木大拙：その魂の交流に聽く》，東京：大東
　　　出版社，2004。

田中良昭編《禪學研究入門》，東京：大東出版社，1980。

天野貞祐等著《西田幾多郎とその哲學》，京都：燈影舍，1993。

戶坂潤著《日本的哲學という魔：戶坂潤京都學派批判論集》，東京：書肆
　　心水，2007。

唐代語錄研究班編《神會の語錄：壇語》，京都：禪文化研究所，2006。

長尾雅人、中村元監修，三枝充悳編集《講座佛教思想第四卷：人間論、心
　　理學》，東京：理想社，1975。

長尾雅人、中村元監修，三枝充悳編集《講座佛教思想第五卷：宗教論、真
　　理、價值論》，東京：理想社，1982。

中富清和著《無と愛の哲學》，東京：北樹出版，2002。

南山宗教文化研究所編《宗教體驗と言葉：佛教とキリスト教との對話》，
　　東京：紀伊國屋書店，1978。

西谷啟治著《寒山詩》，東京：筑摩書房，1988。

西谷啟治著《宗教とは何か：宗教論集一》，東京：創文社，1973。

西谷啟治著《西谷啟治著作集第一卷：根源的主體性の哲學・正》，東京：
　　創文社，1991。

西谷啟治著《西谷啟治著作集第二卷：根源的主體性の哲學・續》，東京：
　　創文社，1992。

西谷啟治著《西谷啟治著作集第十一卷：禪の立場》，東京：創文社，1988。

西谷啟治著《西谷啟治著作集第十三卷：哲學論攷》，東京：創文社，1994。

西谷啟治著《西谷啟治著作集第二十二卷：正法眼藏講話 I》，東京：創文
　　社，1991。

西谷啟治著《西谷啟治著作集第二十三卷：正法眼藏講話 II》，東京：創文
　　社，1991。

西谷啟治著、上田閑照編《宗教と非宗教の間》，東京：岩波書店，1996。

西谷啟治監修、上田閑照編集《禪と哲學》，京都：禪文化研究所，1988。

日本哲學史フォーラム（代表；藤田正勝）編《日本の哲學第 5 號特集：無
　　／空》，京都：昭和堂，2004。

二本柳賢司著《禪の構造》，京都：法藏館，1987。

根井康之著《絕對無の哲學：西田哲學の繼承と體系化》，東京：農山漁村

文化協會，2005。

J．W.ハイジック編《日本哲學の國際性：海外における受容と展望》，京都：世界思想社，2006。

袴谷憲昭著《道元と佛教：十二卷本〈正法眼藏〉の道元》，東京：大藏出版社，1992。

袴谷憲昭著《批判佛教》，東京：大藏出版社，1990。

袴谷憲昭著《本覺思想批判》，東京：大藏出版社，1989。

伴一憲著《家鄉を離れず：西谷啟治先生特別講義》，東京：創文社，1998。

FAS 協會編《自己・世界・歷史と科學：無相の自覺を索めて》，京都：法藏館，1998。

久松真一著《人類の誓い》，京都：法藏館，2003。

久松真一著《久松真一著作集1：東洋的無》，東京：理想社，1982。

久松真一著《久松真一著作集2：絕對主體道》，東京：理想社，1974。

久松真一著《久松真一著作集3：覺と創造》，東京：理想社，1976。

久松真一著《久松真一著作集4：茶道の哲學》，東京：理想社，1973。

久松真一著《久松真一著作集5：禪と藝術》，東京：理想社，1975。

久松真一著《久松真一著作集6：經錄抄》，東京：理想社，1973

久松真一著《久松真一著作集7：任運集》，東京：理想社，1980

久松真一著《久松真一著作集8：破草鞋》，東京：理想社，1975。

久松真一著《久松真一著作集第九卷：起信の課題・對談集》（增補），京都：法藏館，1996。

川崎幸夫等著《久松真一著作集別卷：久松真一の世界》（增補），京都：法藏館，1996。

久松真一著《久松真一佛教講義第一卷：即無的實存》，京都：法藏館，1990。

久松真一著《久松真一佛教講義第二卷：佛教的世界》，京都：法藏館，1990。

久松真一著《久松真一佛教講義第三卷：還相の論理》，京都：法藏館，

1990。

久松真一著《久松真一佛教講義第四卷：事事無礙》，京都：法藏館，1991。

久松真一、西谷啟治編《禪の本質と人間の真理》，東京：創文社，1969。

平田高士著《碧巖集（佛典講座 29）》，東京：大藏出版社，1990。

平田高士著《無門關（禪の語錄 18）》，東京：筑摩書房，1986。

平野宗淨著《頓悟要門（禪の語錄 6）》，東京：筑摩書房，1985。

藤田正勝編《京都學派の哲學》，京都：昭和堂，2001。

藤田正勝、ブレット・デービス編《世界のなかの日本の哲學》，京都：昭
　　和堂，2005。

藤吉慈海著《禪者久松真一》，京都：法藏館，1987。

藤吉慈海編《久松真一の宗教と思想》，京都：禪文化研究所，1983。

藤吉慈海、倉澤行洋編《真人久松真一》增補版，東京：春秋社，1991。

古田紹欽編集、解說《禪と日本文化 1：禪と藝術 I》，東京：ぺりかん社，
　　1996。

松本史朗著《禪思想の批判的研究》，東京：大藏出版社，1994。

宮本正尊編《佛教の根本真理》，東京：三省堂，1974。

安谷白雲著《禪の心髓：從容錄》，東京：春秋社，1981。

柳田聖山著《達摩の語錄：二入四行論（禪の語錄 1）》，東京：筑摩書房，
　　1983。

柳田聖山著《初期の禪史 I（禪の語錄 2：楞伽師資記、傳法寶記）》，東
　　京：筑摩書房，1985。

柳田聖山著《初期の禪史 II（禪の語錄 3：歷代法寶記）》，東京：筑摩書
　　房，1984。

柳田聖山著《初期禪宗史書の研究》，京都：法藏館，1967。

柳田聖山著《禪思想》，東京：中央公論社，1975。

柳田聖山、梅原猛著《佛教の思想 7：無の探求（中國禪）》，東京：角川書
　　店，1974。

山田無文著《十牛圖：禪の悟りにいたる十のプロセス》，京都：禪文化研

究所，1999。

橫山紘一著《十牛圖：自己發見への旅》，東京：春秋社，1996。

吉津宜英著《華嚴禪の思想史的研究》，東京：大東出版社，1985。

四、英文

Abe, Masao, *Buddhism and Interfaith Dialogue*. Ed. Steven Heine, Honolulu: University of Hawaii Press, 1995.

Abe, Masao, *A Study of Dōgen: His Philosophy and Religion*. Ed. Steven Heine, Albany: State University of New York Press, 1992.

Abe, Masao, *Zen and Comparative Studies*. Ed. Steven Heine, London: Macmillan Press, Ltd., 1997.

Abe, Masao, *Zen and the Modern World*. Ed. Steven Heine, Honolulu: University of Hawaii, 2003.

Abe, Masao, *Zen and Western Thought*. Ed. William R. LaFleur, London: Macmillan Press, Ltd., 1985.

Austin, James H., *Zen and the Brain: Toward an Understanding of Meditation and Consciousness*. Cambridge: The MIT Press, 1999.

Block, H. Gene and Starling, Christopher I., eds., *Japanese Philosophy*. Albany: State University of New York Press, 2001.

Blyth, R. H., *Zen and Zen Classics Volume Four: Mumonkan*. Tokyo: The Hokuseido Press, 1974.

Bowers, Russell H., Jr., *Someone or Nothing: Nishitani's "Religion and Nothingness" as a Foundation for Christian-Buddhist Dialogue*. New York: Peter Lang, 1995.

Buri, Fritz, *The Buddha-Christ as the Lord of the True Self: The Religious Philosophy of the Kyoto School and Christianity*. Trans. Harold H. Oliver, Macon, Georgia: Mercer University Press, 1997.

Chan, Wing-tsit, trans., *The Platform Scripture: The Basic Classic of Zen Buddhism*.

New York: St. John's University Press, 1963.

Chang, Chung-yuan, *Original Teachings of Ch'an Buddhism: Selected from The Transmission of the Lamp*. New York: Vintage Books, 1971.

Cleary, Thomas, trans., *Sayings and Doings of Pai-chang: Ch'an Master of Great Wisdom*. Los Angeles: Center Publications, 1978.

Cleary, Thomas and Cleary, J. C., trans., *The Blue Cliff Record*. 3 Vols, Boulder and London: Shambhala, 1977.

Cobb, John B. Jr. and Ives, Christopher, eds., *The Emptying God: A Buddhist-Jewish-Christian Conversation*. New York: Orbis Books, 1991.

Corless, Roger and Knitter, Paul F., eds., *Buddhist Emptiness and Christian Trinity: Essays and Explorations*. New York: Paulist Press, 1990.

Dumoulin, Heinrich, *A History of Zen Buddhism*. Trans. Paul Peachey, Boston: Beacon Press, 1963.

Dumoulin, Heinrich and Sasaki, Ruth Fuller, *The Development of Chinese Zen after the Sixth Patriarch in the Light of Mumonkan*. New York: First Zen Institute of America, 1953.

Dilworth, David A. and Viglielmo, Valdo H. with Jacinto Zavala, Agustin, *Sourcebook for Modern Japanese Philosophy: Selected Documents*. Westport: Greenwood Press, 1998.

Enomiya-Lasalle, H. M., *Zen: Way to Enlightenment*. New York: Taplinger, 1968.

Frank, Frederick, ed., *The Buddha Eye: An Anthology of the Kyoto School*. New York: Crossroad, 1991.

Fromm, Erich, Suzuki, D.T. and De Martino, Richard, *Zen Buddhism and Psychoanalysis*. London: George Allen and Unwin, 1960.

Gregory, Peter N., ed., *Sudden and Gradual: Approaches to Enlightenment in Chinese Thought*. Honolulu: University of Hawaii Press, 1987.

Griffiths, Paul J., *On Being Mindless: Buddhist Meditation and the Mind-Body Problem*. La Salle IL: Open Court, 1986.

Hanaoka, Eiko, *Zen and Christianity: From the Standpoint of Absolute Nothingness.* Kyoto: Maruzen Kyoto Publication Service Center, 2008.

Heisig, James W., *Philosophers of Nothingness: An Essay on the Kyoto School.* Honolulu: University of Hawaii Press, 2001.

Heisig, James W. and Maraldo, John, eds., *Rude Awakening: Zen, the Kyoto School and the Question of Nationalism.* Honolulu: University of Hawaii Press, 1995.

Herrigel, Eugen, *The Method of Zen.* Trans. R. F. C. Hull, London: Routledge and Kegan Paul, 1976.

Hisamatsu, Shin'ichi, *Zen and the Fine Arts.* Trans. Gishin Tokiwa, Tokyo: Kodansha International, 1971.

Hoffmann, Yoel, trans., *Radical Zen: The Sayings of Jōshū.* Brookline: Autumn Press, 1978.

Hori, Victor Sogen, *Zen Sand: The Book of Capping Phrases for Kōan Practice.* Honolulu: University of Hawaii Press, 2003.

Hubbard, Jamie and Swanson, Paul L., eds., *Pruning the Bodhi Tree: The Storm over Critical Buddhism.* Honolulu: University of Hawaii Press, 1997.

Johnston, William, *Silent Music: The Science of Meditation.* New York: Harper and Row, 1974.

Kasulis, T. P., *Zen Action, Zen Person.* Honolulu: University of Hawaii Press, 1981.

Kristiansen, Roald, *Creation and Emptiness: Transforming the Doctrine of Creation in Dialogue with the Kyoto School of Philosophy.* Ph. D. dissertation, Emory University. Ann Arbor: University Microfilms.

LaFleur, William R., *Dogen Studies.* Honolulu: University of Hawaii Press, 1985.

Lai, Whalen and Lancaster, Lewis R., eds., *Early Ch'an in China and Tibet.* Berkeley, Cal.: Asian Humanities Press, 1983.

Lopez, Donald S. Jr., ed., *Buddhist Hermeneutics.* Honolulu: University of Hawaii Press, 1988.

McRae, John R., *The Northern School and the Formation of Early Ch'an Buddhism*. Honolulu: University of Hawaii Press, 1986.

Merton, Thomas, *Mystics and Zen Masters*. New York: The Noonday Press, 1967.

Merton, Thomas, *Zen and the Birds of Appetite*. New York: New Directions Books, 1968.

Mitchell, Donald W., ed., *Masao Abe: a Zen Life of Dialogue*. Boston: Charles E. Tuttle Company, Inc., 1998.

Miura, Isshū and Sasaki, Ruth Fuller, *Zen Dust. The History of the Kōan and Kōan Study in Rinzai Zen*. New York: Harcourt, Brace and World, 1968.

Munsterberg, Hugo, *Zen and Oriental Art*. Rutland: Charles E. Tuttle Company, 1993.

Ng, Yu-kwan, *T'ien-t'ai Buddhism and Early Mādhyamika*. Honolulu: University of Hawaii Press, 1993.

Nishitani, Keiji, *Religion and Nothingness*. Trans. Jan Van Bragt, Berkeley: University of California Press, 1982.

Nishitani, Keiji, *The Self-Overcoming of Nihilism*. Trans. Graham Parkes with Setsuko Aihara, Albany: State University of New York Press, 1990.

Parkes, Graham, ed., *Heidegger and Asian Thought*. Honolulu: University of Hawaii Press, 1987.

Roy, Louis O. P., *Mystical Consciousness: Western Perspectives and Dialogue with Japanese Thinkers*. Albany: State University of New York Press, 2003.

Sasaki, Ruth Fuller, Iriya, Yoshitaka, Fraser, Dana R., trans., *A Man of Zen: The Recorded Sayings of Layman P'ang*. New York: Weatherhill, 1976.

Sato, Koji, *The Zen Life*. Ryojun Victoria, trans., New York, Tokyo, Kyoto: Weatherhill/Tankosha, 1977.

Schinzinger, Robert, *Intelligibility and the Philosophy of Nothingness*. Tokyo: Maruzen, 1958.

Sekida, Katsuki, *Zen Training: Methods and Philosophy*. New York: Weatherhill,

1975.

Shaw, R. D. M., trans., *The Blue Cliff Records*. London: Michael Joseph, 1961.

Shibayama, Zenkei, *A Flower Does Not Talk*. trans. Sumiko Kudo, Rutland: Charles E. Tuttle Company, 1975.

Suzuki, D. T., *An Introduction to Zen Buddhism*. New York: Dell, A Delta Book, 1955.

Suzuki, D.T., *Essays in Zen Buddhism, First Series*. London: Rider and Company, 1958.

Suzuki, D.T., *Essays in Zen Buddhism, Second Series*. London: Rider and Company, 1958.

Suzuki, D.T., *Essays in Zen Buddhism, Third Series*. London: Rider and Company, 1958.

Suzuki, D. T., *The Lankavatara Sutra*. Translated for the first Time from the Original Sanskrit. London: Routledge and Kegan Paul Ltd., 1973.

Suzuki, D.T., *Manual of Zen Buddhism*. London: Rider and Company, 1956.

Suzuki, D.T., *Mysticism: Christian and Buddhist*. Westport, CT: Greenwood Press, 1975

Suzuki, D. T., *Studies in Zen*. Ed. Christmas Humphreys, New York: Dell, A Delta Book, 1955.

Suzuki, D. T., *Zen and Japanese Culture*. Princeton: Princeton University Press, 1959.

Suzuki, D. T., *Zen Buddhism: Selected Writings of D.T. Suzuki*. Ed. William Barrett, New York: Doubleday Anchor Books, 1956.

Unno, T., ed., *The Religious Philosophy of Nishitani Keiji: Encounter with Emptiness*. Berkeley: Asian Humanities Press, 1989.

Waldenfels, Hans, *Absolute Nothingness: Foundations for a Buddhist-Christian Dialogue*. Trans. J. W. Heisig, New York/Ramsey: Paulist Press, 1980.

Wargo, Robert J. J., *The Logic of Basho and the Concept of Nothingness in the*

Philosophy of Nishida Kitarō. Ph. D. dissertation, University of Michigan. Ann Arbor: University Microfilms, 1972.

Wargo, Robert J. J., *The Logic of Nothingness: A Study of Nishida Kitarō*. Honolulu: University of Hawaii Press, 2005.

Wolmes, Stewart W. and Horioka, Chimyo, *Zen Art for Meditation*. Rutland: Charles E. Tuttle Company, 1990.

Yampolsky, P. B., trans., *The Platform Sutra of the Sixth-Patriarch*. New York: Columbia University Press, 1967.

Yoo, Chul Ok, *Nishida Kitarō's Concept of Absolute Nothingness in its Relation to Japanese Culture*. Ph. D. dissertation, Boston University. Ann Arbor: University Microfilms, N. D.

Yusa, Michiko, *Zen and Philosophy: An Intellectual Biography of Nishida Kitarō*. Honolulu: University of Hawaii Press, 2002.

五、德文

Benoit, H., *Die hohe Lehre. Der Zen-Buddhismus als Grundlage psychologischer Betrachtungen*. München-Planegg, 1958.

Benz, E., *Zenbuddhismus und Zensnobismus: Zen in westlicher Sicht*. Weilheim, 1962.

Brüll, Lydia, *Die Japanische Phiosophie: Eine Eirführung*. Darmstadt: Wissenschaftliche Buchgesellschaft, 1993.

Buri, Fritz, *Der Buddha-Christus als der Herr des wahren Selbst: Die Religionsphilosophie der Kyoto-Schule und das Christentum*. Bern und Stuttgart: Verlag Paul Haupt, 1982.

Dumoulin, Heinrich, *Zen: Geschichte und Gestalt*. Bern, Franke Verlag, 1959.

Dumoulin, Heinrich, *Östliche Meditation und christliche Mystik*. Freiburg-München, 1966.

Eberfeld, Rolf, ed., *Logik des Ortes: Der Anfang der modernen Philosophie in*

Japan. Darmstadt: Wissenschaftliche Buchgesellschaft, 1999.

Enomiya-Lassalle, H. M., *Zen-Buddhismus*. Köln, 1966.

Enomiya-Lassalle, H. M., *Zen-Meditation für Christen*. Weilheim, 1971.

Enomiya-Lassalle, H. M., *Zen unter Christen*. Graz-Wien-Köln, 1973.

Gundert, W., übers., *Bi-yän-lu. Die Niederschrift von der smaragdenen Felswand*. 3 Bde. München, 1964, 1967, 1974.

Gundert, W., *Japanische Religionsgeschichte*. Tokyo-Stuttgart, 1935.

Herrigel, Eugen, *Der Zen Weg*. Weilheim: Otto Weilheim Barth-Verlag, 1958.

Herrigel, Eugen, *Zen in der Kunst des Bogenschießens*. München-Planegg, 1956.

Hirata, Takashi und Fischer, Johanna, übers., u. hg., *Die Fülle des Nichts. Vom Wesen des Zen*. Eine systematische Erläuterung von Hoseki Shin'ichi Hisamatsu. Neske Pfullingen, 1975.

Iwamoto, N., übers., *Shōbōgenzō Zuimonki. Wortgetreue Niederschrift der lehrreichen Worte Dōgen-Zenzis über den wahren Buddhismus*. Ausgewählt, übersetzt und mit kurzer Biographie sowie einem Anhang versehen. Tokyo, 1943.

Johnston, W., *Der ruhende Punkt. Zen und christliche Mystik*. Freiburg-Basel-Wien, 1974.

Kapleau, P., *Die drei Pfeiler des Zen: Lehre, Übung, Erleuchtung*. Weilheim, 1972.

Kurtz, W., *Das Kleinod in der Lotus-Blüte. Zen-Meditation heute*. Stuttgart, 1972.

Münch, Armin, *Dimensionen der Leere: Gott als Nichts und Nichts als Gott im christlich-buddhistischen Dialog*. Münster: LIT, 1998.

Nishitani, Keiji, *Was ist Religion?* Vom Verfasser autorisierte deutsche Übertragung von Dora Fischer-Barnicol, Frankfurt a. M.: Insel Verlag, 1982.

Ohasama, S. und Faust, A.,übers., *Zen: Der lebendige Buddhismus in Japan*. Gotha-Stuttgart, 1925.

Ohashi, Ryōsuke, ed., *Die Philosophie der Kyōto-Schule: Texte und Eirführung*. Freiburg/München: Verlag Karl Alber, 1990.

Ohashi, Ryōsuke, und Brockard, Hans, übers. u. hg., *Die Fünf Stände von Zen-Meister Tosan Ryokai*. Strukturanalyse des Erwachens von Hoseki Shin´ichi Hisamatsu. Neske Pfullingen, 1980.

Rzepkowski, H., *Die Erleuchtung im Zen-Buddhismus. Gespräche mit Zen-Meister und psycho-pathologische Analyse*. Freiburg-München, 1974.

Schinzinger, Robert, *Japanisches Denken: Der weltanschauliche Hintergrund des heutigen Japan*. Berlin: Eric Schmidt Verlag, 1983.

Suzuki, D. T., *Die große Befreiung: Einführung in den Zen-Buddhismus*. Mit einem Geleitwort von C. G. Jung. Weilheim, 1972.

Tsujimura, K.und Buchner, H., übers., *Der Ochs und sein Hirte*. Eine altchinesische Zen-Geschichte, erläutert von Meister Daizohkutsu R. Ohtsu mit Japanischen Bildern aus dem 15. Jahrhundert. Pfullingen, 1973.

Waldenfels, Hans, *Absolutes Nichts: Zur Grundlegung des Dialoges zwischen Buddhismus und Christentum*. Freiburg: Herder, 1976.

六、法文

Demiéville, Paul, *Le concile de Lhasa: une controverse sur le quiétisme entre bouddhistes de l'Inde et de la Chine au VIIIᵉ siècle de l'ère chrétienne*. Bibliothéque de l'Institut des hautes etudes chinoises, vol. 7, Paris Impr. nationale de France, 1952.

Stevens, Bernard, *Topologie du néant: Une approche de l'école de Kyōto*. Paris: Éditions Peeters, 2000.

七、西班牙文與義大利文

Heisig, James W., *Filósofos de la nada: Un ensayo sobre la escuela de Kioto*. Barcelona: Editorial Herder, 2001.

Jacinto Zavala, Agustin, *Zen y Personalidad*. Michoacán: El Colegio de Michoacán, 1985.

Jacinto Zavala, Agustin, ed., *Textos de la filosofia japonesa moderna*. Michoacán: El Colegio de Michoacán, 1995.

Nishitani, Keiji, *La religión y la nada*. Trans. Raquel Bouso Garcia, Madrid: Ediciones Siruela, 1999.

Prieto, Félix, ed. and Trans., *Dogen, La naturaleza de Buda (Shobogenzo)*. Barcelona: Ediciones Obelisco, 1989.

Rodante, Angelo, *Sunyata buddhista e kenosi cristologica in Masao Abe*. Roma: Citta Nuova, 1995.

國家圖書館出版品預行編目資料

禪的存在體驗與對話詮釋

吳汝鈞著.– 初版.– 臺北市：臺灣學生，2010.03
面；公分
參考書目：面

ISBN 978-957-15-1485-7 (平裝)

1. 禪宗 2. 佛教修持 3. 佛教哲學

226.65　　　　　　　　　　　　　　　　98025458

禪的存在體驗與對話詮釋

著　作　者：吳　　　　汝　　　　鈞
出　版　者：臺　灣　學　生　書　局　有　限　公　司
發　行　人：楊　　　　雲　　　　龍
發　行　所：臺　灣　學　生　書　局　有　限　公　司
　　　　　　臺北市和平東路一段七十五巷十一號
　　　　　　郵　政　劃　撥　帳　號：00024668
　　　　　　電　話　：（02）23928185
　　　　　　傳　眞　：（02）23928105
　　　　　　E-mail : student.book@msa.hinet.net
　　　　　　http : //www.studentbook.com.tw
本　書　局　登
記　證　字　號：行政院新聞局局版北市業字第玖捌壹號
印　刷　所：長　欣　印　刷　企　業　社
　　　　　　新北市中和區中正路九八八巷十七號
　　　　　　電　話　：（02）22268853

定價：新臺幣四○○元

二○一○年三月初版
二○一七年四月初版二刷

22607　　　　　有著作權·侵害必究
ISBN 978-957-15-1485-7 (平裝)